SECOURISME

ORIENTÉ VERS LA SÉCURITÉ

Deuxième édition – 1988

Ambulance Saint-Jean
312, avenue Laurier est
Ottawa, Canada K1N 6P6

2e édition entièrement mise à jour
et augmentée
(1re édition : ISBN 0-919434-45-2)

Première édition 1983

Deuxième édition 1988

Première impression 1988 — 12 000

Deuxième impression 1989 — 7 000

Données de catalogage avant publication (Canada)

Vedette principale au titre :
  Secourisme orienté vers la sécurité

Deuxième éd.
Publ. aussi en anglais sous le titre : First aid safety oriented.
Comprend un index.
ISBN 0-919434-69-X

1. Premiers soins — Guides, manuels, etc. 2. Réanimation
cardiorespiratoire — Guides, manuels, etc. I. Ambulance
Saint-Jean

RC86.7.F5714   1988   616.02'52   C88-090015-6

Numéro de catalogue : 3471
Imprimé au Canada

TABLE DES MATIÈRES

AVANT-PROPOS DE LA PREMIÈRE ÉDITION

Depuis sa fondation, il y a presque un siècle, l'Ordre très vénérable de l'Hôpital de Saint-Jean de Jérusalem a eu le grand privilège de compter, parmi ses fondateurs et ses bâtisseurs, des personnalités de tout premier plan. C'est le Bienheureux Gérard, le plus remarquable des premiers organisateurs, qui a consolidé et agrandi le modeste hôpital d'alors et fondé l'Ordre des Hospitaliers. En 1120, Raymond du Puy lui succéda; celui qu'on devait appeler le deuxième fondateur de l'Ordre en resta à la tête pendant quarante ans. Il transforma l'Ordre en une organisation militaire et posa les fondations du plus célèbre ordre de chevalerie au monde. Il donna aux moines leurs premières règles écrites : la Règle de Raymond du Puy. Quel dommage qu'il ne nous ait pas laissé également un manuel de secourisme! Il est certain que cet ouvrage aurait contenu les méthodes les plus modernes de l'époque, car la renommée de l'hôpital de Jérusalem s'étendait à toutes les régions de la Chrétienté : à leur retour en Europe de l'Ouest, les croisés qui y avaient été soignés ne manquaient pas d'en chanter les louanges.

Si l'on se penche sur les ouvrages publiés par l'Ordre de Saint-Jean, on remarque que les méthodes prescrites ont évolué au cours du temps pour refléter les récentes découvertes médicales. L'un des grands atouts de l'Ordre est précisément cette faculté d'adaptation au changement, comme en témoigne l'évolution des techniques de respiration artificielle enseignées dans les publications de l'Ordre.

C'est en 1928, alors qu'il était étudiant de première année en médecine, que l'auteur de cet avant-propos a suivi son premier cours de secourisme conçu par l'Ambulance Saint-Jean. On y enseignait la respiration artificielle par la méthode Schaefer. Sept ou huit ans plus tard, il enseignait cette même méthode aux recrues du Service médical de l'Armée royale canadienne. Vers 1950, la méthode Schaefer se vit remplacée par la méthode Holger Nielsen. Au cours des années soixante, l'Ambulance Saint-Jean enseignait déjà la respiration artificielle bouche-à-bouche et, peu après, le "massage cardiaque externe". Aujourd'hui, elle enseigne la réanimation cardiorespiratoire, technique complexe assurant une respiration et une circulation artificielles.

L'augmentation constante du nombre de personnes formées au secourisme grâce aux cours de l'Ambulance Saint-Jean a produit un effet considérable sur les statistiques de décès et de blessures graves, surtout en milieu industriel. Un facteur moins évident mais tout aussi important est une diminution du taux d'accidents attribuable à une sensibilisation accrue des travailleurs à la sécurité. Secourisme orienté vers la sécurité, qui reflète le souci de modernisme de l'Ordre, souligne l'importance de la prévention et des consignes de sécurité pour chaque type de blessure ou de maladie envisagé. Il a été prouvé que l'enseignement du secourisme dans ce contexte *d'efficacité accrue réduit le nombre des accidents et minimise les blessures qui en résultent.*

Si Raymond du Puy et les autres pionniers de l'Ordre pouvaient constater la compétence des secouristes d'aujourd'hui, ils seraient surpris de la diversité et de la complexité des techniques utilisées, comme de l'accent qui est mis sur la prévention et la sécurité, mais ils seraient fiers et satisfaits des fruits de leur travail, comme des traditions qui ont été observées tout au long des siècles et continueront de l'être à l'avenir.

Robert C. Dickson,
OC, OBE, CD, QHP,
MD(Tor), LLD(Dal), MACP, FRCP(Lond), FRCP(C)

Janvier 1983

PRÉFACE DE LA DEUXIÈME ÉDITION

Le secourisme, au même titre que tous les autres domaines, se doit d'être au faîte des progrès réalisés par le biais de la recherche et du développement. L'Ambulance Saint-Jean revoit régulièrement tous ses outils pédagogiques afin de s'assurer que ses secouristes possèdent les dernières connaissances théoriques et pratiques lorsqu'ils sont appelés à administrer les premiers soins aux malades et aux blessés.

Le Comité consultatif médical national de l'Ambulance Saint-Jean s'est réuni en 1984 et à nouveau en 1986 pour discuter des changements à apporter à certaines techniques de premiers soins, notamment en cas de morsures de serpent, d'empoisonnement et de blessures à la colonne vertébrale. Ce même comité a aussi étudié les nouvelles normes recommandées par la American Heart Association et la Fondation canadienne des maladies du coeur en matière de réanimation cardiorespiratoire. La deuxième édition de Secourisme orienté vers la sécurité reflète fidèlement l'ensemble des dernières normes régissant les soins immédiats en réanimation cardiorespiratoire. Le comité a reconnu que les techniques enseignées jusque là n'étaient pas dangereuses mais que ces nouvelles normes s'appuient sur des techniques jugées supérieures, plus faciles à maîtriser et qui devraient se traduire par une plus grande capacité à retenir la matière enseignée.

La clef du succès pour le secouriste réside dans les cours et la pratique mais la formation continue est la seule façon de maintenir ses connaissances et techniques à jour. Cette deuxième édition a donc pour objet de transmettre l'information la plus récente sur laquelle doit se fonder la formation des nouveaux secouristes et le recyclage de ceux oeuvrant déjà dans le domaine.

W. Roy Coleman, CStJ, CD, MD, FRCP (C)
Directeur médical national

Janvier 1988

REMERCIEMENTS

Le Prieuré du Canada de l'Ambulance Saint-Jean tient à exprimer ses remerciements les plus sincères aux organismes qui lui ont permis de reproduire certains textes ou ont contribué en général à la production de ce manuel, en particulier les suivants :

The American Academy of Orthopaedic Surgeons
American Heart Association
La Fondation canadienne des maladies du cœur
Industrial Accident Prevention Association de l'Ontario

COMITÉ DE RÉDACTION

J.K. Besley, KStJ, CD, MD, FRCS(C), FACS, président
Mgén J.W.B. Barr, KStJ, CMM, CD, QHP, MD CM, DHA
Bgén JJ.S.G. Benoit, OStJ, CD, BA, MD, CRCP(C), CSPQ
W.R. Coleman, CStJ, CD, MD, DMR, FRCP(C)
F.B. Fallis, SBStJ, MD, CCFP, FCFP
J.V. Findlay, OStJ, CD, PEng
D.H. Johnson, MD, FRCS(C), FACS
I.M. Mackay, KStJ, CD, MD, FRCP(C), DA(AB), FACA,
A.C. King, OStJ, CD

MÉDECINS-CONSEILS DE LA PREMIÈRE ÉDITION

Anesthésie	*S.L. Vandewater, MD, FRCP(C), DA(AB)*
Cardiologie	*R.E. Rossall, MB, ChB, MD, FRCP(Lond), FRCP(C), FACP, FACC*
Médecine d'urgence	*J.C. Fallis, SBStJ, MD, FRCS(C), FACS*
Soins infirmiers d'urgence	*E.J. Blackmore, infirmière autorisée*
Chirurgie générale	*D.R. Brown, BSc, MD CM, FRCS(C), DABS, FACS*
Médecine du travail	*K.H. Hedges, OStJ, MB, ChB, MSc, MFCM, MFOM, DTM&H, DIH*
Ophtalmologie	*B. St. L. Liddy, KStJ, CD, MA, MB, BCh, FRCS(C)*
Chirurgie orthopédique	*R.B. Salter, CStJ, OC, MD, MS, FRCS, FRCS(C), FACS*

FIGURES

CHAPITRE 1

PRINCIPES ET TECHNIQUES DU SECOURISME ORIENTÉ VERS LA SÉCURITÉ

PRINCIPES GÉNÉRAUX DE SÉCURITÉ

Toute activité quotidienne comporte certains risques. On peut cependant prévenir les dangers ou les réduire considérablement en sachant les reconnaître, en posant les gestes appropriés et en respectant les règles de la sécurité. À titre de secouriste, vous devez connaître les graves conséquences que peut entraîner une blessure. Cela vous éveillera aux dangers et vous incitera à appliquer les principes de sécurité propres à éviter les blessures.

Appliquer les principes de sécurité, c'est :

- **évaluer les risques** et rapporter tout accident susceptible de se produire. Sachez reconnaître les risques inhérents à la manipulation de produits dangereux en lisant les étiquettes et en vous référant au *Système d'information sur les matières dangereuses utilisées au travail (SIMDUT).* Vous devez aussi vous familiariser avec les plaques et les étiquettes qui font partie du même système afin d'identifier tout matériel pouvant présenter un danger pendant le transport;

- **préparer à l'avance le travail** à accomplir pour pouvoir l'exécuter en toute sécurité et pour maîtriser toute situation dangereuse qui pourrait survenir. Suivez les conseils de sécurité qui figurent sur les étiquettes explicatives et sur les *Fiches techniques santé-sécurité (FTSS);*

- **s'entraîner** pour pouvoir s'acquitter de ses fonctions et manier l'équipement et le matériel en toute sécurité, apprendre à reconnaître les situations dangereuses et prendre les mesures appropriées pour éliminer tout risque d'accident;

- **utiliser le matériel de protection** recommandé pour un travail ou une activité donnée, comme par exemple lunettes de protection, respirateurs de sauvetage, ceintures et chaussures de sécurité, filets, casques et gants protecteurs, etc.;

- **s'engager personnellement à promouvoir la sécurité** au travail, au foyer et pendant les loisirs, non seulement dans son propre intérêt mais aussi pour donner l'exemple aux autres. Cela signifie aussi la volonté d'identifier la cause des accidents et de prendre des mesures de sécurité pour les éviter.

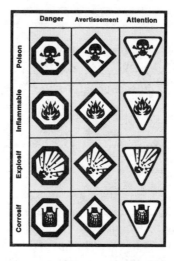

Fig. 1-1 Symboles des produits dangereux

Apprenez à reconnaître les symboles des produits dangereux et prenez les précautions indiquées pour prévenir les blessures. Pour obtenir de plus amples renseignements sur les matières dangereuses utilisées en milieu de travail, référez vous à la page 13.

LA SÉCURITÉ DU SECOURISTE

Les secouristes s'exposent fréquemment à de graves dangers et doivent agir avec rapidité. Il faut cependant prendre le temps d'évaluer les risques et ne pas négliger d'appliquer les règles de la sécurité. Toute négligence risque de vous ajouter au nombre des victimes et de priver les blessés des soins qu'ils requièrent. Il vous faut donc évaluer minutieusement la situation et planifier votre intervention avec soin. Si vous devez prendre des risques pour venir en aide à un accidenté, agissez de façon réfléchie.

Trois aspects d'un accident peuvent présenter un danger pour le secouriste :

- **la source d'énergie ou le facteur à l'origine de la blessure.** Quand le corps humain est soumis à une dose d'énergie supérieure à son niveau de tolérance, des blessures en résultent. Le secouriste doit donc évaluer les risques de danger que présente la source d'énergie (électricité ou machine, par exemple) puis en éliminer, réduire ou dévier les effets, ou prendre les mesures de protection appropriées pendant le sauvetage et les premiers soins.

- **les facteurs secondaires ou indirectement reliés à l'accident.** Il arrive que la vie du secouriste soit menacée par un facteur autre que celui qui a causé directement l'accident. Un accident de la route peut par exemple se compliquer d'un feu ou d'une explosion, ou provoquer un embouteillage qui augmente les risques de carambolage. C'est pourquoi le secouriste qui s'arrête sur les lieux d'un accident doit prendre les précautions nécessaires à sa propre sécurité et à celle des blessés.

- **les risques du sauvetage ou des premiers soins.** Le secouriste averti, sensibilisé aux dangers de situations données, saura se protéger tout en prodiguant des premiers soins ou en procédant à un sauvetage. Il saura par exemple qu'il faut se servir d'une corde d'assurance et d'un respirateur de sauvetage pour secourir l'asphyxié ayant succombé au gaz émanant d'un silo, ou que l'on peut éviter de se faire mal au dos en apprenant les techniques de relevage et de transport des blessés (voir chap. 17). En administrant les premiers soins, il devra s'assurer de prendre toutes les précautions d'hygiène nécessaires, particulièrement en cas de contact avec des liquides organiques – salive, sang, vomissures, urine ou matières fécales. Ces liquides peuvent être porteurs d'agents pathogènes pouvant être transmis par contact avec une lésion cutanée (écorchures, coupures ou gerçures) ou une muqueuse. Bien se laver les mains et toute autre région contaminée aussitôt que possible après l'accident.

SECOURISME

DÉFINITIONS & OBJECTIFS

Pratiquer le **secourisme,** c'est porter secours sur place au blessé ou à la personne se trouvant soudainement malade, en utilisant le matériel à sa disposition. Les objectifs du secourisme sont :

● de maintenir le blessé ou le malade en vie;

● d'empêcher son état de s'aggraver;

● de favoriser son rétablissement.

De bonnes habitudes de sécurité préviennent les accidents, et les premiers soins empêchent ceux qui surviennent de tourner à la tragédie.

Les **secours médicaux** sont les traitements administrés par un médecin, ou sous sa direction, dans un centre médical ou en route vers un tel établissement.

RESPONSABILITÉ DU SECOURISTE

Aspect juridique

Toutes les juridictions n'ont pas de loi du "bon Samaritain",[1] mais les préceptes n'en sont pas moins acceptés d'un bout à l'autre de l'Amérique du Nord. Ces préceptes dictent que quiconque se porte au secours d'une personne ayant besoin de soins médicaux ne saura être tenu responsable de négligence pour ce qu'il fait ou omet de faire, sauf en cas d'errence gratuite et délibérée.[2] Il n'y a donc pas lieu d'hésiter ou de s'inquiéter de sa responsabilité légale pourvu que :

Tout gens de 14 ans et + peut refuser Notre aide

● les premiers soins ne soient pas imposés à un adulte ou un enfant assez âgé qui refuse votre aide. On suppose que le bébé, le jeune enfant ou la personne inconsciente accepte qu'il lui soit porté

---

[1] *Luc 10:30-36*

[2] *Rozovsky, Lorne Elkin, The Canadian Patient's Book of Rights (Doubleday Canada Limited, Toronto, 1980), p. 61.*

secours : c'est ce que l'on appelle le **consentement tacite.** Si un adulte responsable accompagne l'enfant ou le bébé, son **consentement verbal** devrait être obtenu;

- la victime ne soit pas abandonnée. Une fois votre aide acceptée, il faut entreprendre et poursuivre les soins jusqu'à ce que la victime soit remise entre les mains de secours plus compétents. Si votre aide est refusée, restez à ses côtés jusqu'à l'arrivée de secours;

- votre intervention soit empreinte de bon sens. Si la vie de la victime n'est pas menacée et que vous ne savez que faire, restez auprès d'elle et faites dépêcher de l'aide;

- vous fassiez preuve de prudence pour ne pas aggraver la blessure;

- vous prodiguiez les soins que vous voudriez recevoir dans les mêmes circonstances.

SÉVICES EXERCÉS SUR DES ENFANTS

Lorsqu'il administre des premiers soins à un enfant, le secouriste doit ouvrir l'œil pour repérer tout signe de sévices. Les meurtrissures, brûlures et fractures chez les enfants et les bébés, lorsque la cause n'est pas apparente à première vue ou est de nature suspecte, devraient éveiller les soupçons du secouriste, et à plus forte raison si l'enfant manifeste une peur apparente devant le parent ou la gardienne.

Peu importe la gravité des blessures, insister alors pour que l'enfant reçoive un examen médical complet. En cas de refus, il est de votre devoir de communiquer avec le bureau local de l'Aide à l'enfance ou une autre autorité. **N'accusez pas le parent ou la gardienne de sévices; cependant, pour le bien-être de l'enfant, n'hésitez pas à signaler tout cas suspect.**

L'ORDRE DE PRIORITÉ DES INTERVENTIONS

Le Principe d'ordre de priorité des interventions (POPI) désigne la séquence d'exécution à suivre en arrivant sur les lieux d'un accident ou d'une maladie subite. Même si les circonstances peuvent dicter un changement dans l'ordre des interventions, le secouriste doit dans la mesure du possible respecter le POPI.

Appliquer le POPI, c'est :

1.   prendre la situation en main;

2.   crier pour attirer l'attention de passants pour que l'on vienne vous donner un coup de main;

3.   évaluer les dangers;

4.   rendre les lieux sûrs pour votre sécurité ainsi que celle des autres;

5.   indiquer que vous êtes secouriste et offrir votre aide;

6.   évaluer rapidement l'état de chaque victime pour repérer les urgences vitales;

7.   administrer les premiers soins pour les urgences vitales;

8.   envoyer quelqu'un appeler de l'aide — ambulance, police, etc.

SÉCURITÉ DES LIEUX

Si les services d'urgence ont été appelés mais ne sont pas encore arrivés sur les lieux, le secouriste doit prendre la situation en main pour éviter que les choses ne s'enveniment davantage. Les précautions varient selon la nature et la cause de l'accident. En voici quelques exemples :

● **accident de la route** – Couper le contact et avertir les gens de ne pas fumer. Faire appel à des passants pour diriger la circulation, retenir les curieux, appeler les secours et, si possible, aider à traiter les blessés;

● **accident électrique** – Couper le courant ou interrompre le contact entre la source d'électricité et l'électrocuté. Utiliser un matériel isolant, comme un bâton de bois sec, pour écarter les fils sous tension. S'assurer que le courant restera interrompu ou que les fils sont à bonne distance de la victime tant que celle-ci n'est pas déplacée; **ne pas s'approcher de fils de haute tension qui jonchent le sol tant qu'un responsable de la compagnie d'électricité n'en aura pas donné l'autorisation. Un courant se transmettant au sol peut tuer!**

- **gaz, fumée, vapeurs toxiques** – Arrêter les émanations et placer le sujet au grand air;

- **incendie et effondrement de bâtiment** – Retirer le blessé et le placer à l'abri du feu, de la fumée ou des débris (voir chap. 28).

ÉVALUATION DE L'ÉTAT DES VICTIMES

Pour établir si des premiers soins s'imposent, le secouriste se fonde sur les circonstances de l'accident (ou les antécédents de la maladie), les signes et les symptômes.

Les **circonstances/antécédents** sont les renseignements sur les circonstances précédant immédiatement et entourant l'incident. Les facteurs suivants pourront influer sur le diagnostic : l'état de santé du sujet, la manifestation de troubles analogues par le passé, les renseignements fournis par des témoins, des indices de violence physique, des odeurs de gaz, la présence de contenants de médicament ou de drogue.

Les **signes** sont les indications de maladie ou de blessure que peut observer le secouriste. Trois d'entre eux : la température, le pouls et la respiration sont appelés signes vitaux. On trouvera dans les chapitres suivants une explication du sens à donner aux variations de ces signes par rapport à la normale pour différentes blessures et maladies.

Les **symptômes** désignent les sensations ressenties ou décrites par le blessé ou le malade, généralement des sensations désagréables de chaleur, de froid, de douleur, de nausée, ou encore des sensations anormales. Sont également des symptômes le manque de sensation ou l'engourdissement.

Interpréter correctement les circonstances/antécédents, les signes et les symptômes exige du secouriste qu'il fasse appel à tous ses sens et qu'il comprenne la signification des fonctions vitales du corps humain.

EXAMEN DU SUJET

Dans bien des cas, l'observation seule suffit à déterminer la nature et l'étendue des troubles; un examen plus approfondi devient alors inutile. Par exemple, la cause de certaines brûlures ou lacérations est souvent évidente. Toutefois, dans d'autres cas, les antécédents, les signes et les symptômes peuvent indiquer qu'un examen systématique et détaillé de tout le corps est de mise. Prenons par exemple le cas d'un sujet inconscient souffrant de blessures difficiles à identifier ou de troubles médicaux non diagnostiqués.

L'examen se fait en deux temps :

● un **examen primaire** pour déceler les troubles qui mettent la vie en danger;

● un **examen secondaire** pour découvrir les blessures ou les maladies qui normalement ne présentent pas de danger mortel immédiat.

Examen primaire

À l'examen primaire, le secouriste identifie les urgences vitales et administre les premiers soins selon l'ordre de priorité suivant :

● **respiration** – S'assurer que la personne respire. Dans la négative, le secouriste ouvre les voies respiratoires et commence immédiatement la respiration artificielle (voir chap. 7);

● **hémorragie** – Réprimer les hémorragies externes graves (voir chap. 13);

● **inconscience** – L'inconscience constitue une urgence parce qu'elle peut entraîner des difficultés respiratoires (voir chap. 11). La personne inconsciente qu'on laisse étendue sur le dos risque de suffoquer. Tout sujet sans connaissance qu'on doit laisser seul doit donc être placé en **position latérale de sécurité** si ses blessures le permettent (voir chap. 11).

Repérez les urgences vitales et donnez les premiers soins qui s'imposent chez toutes les victimes avant de procéder à l'examen secondaire.

Examen secondaire

Lorsque la vie de la victime n'est plus en danger, le secouriste procède à un examen secondaire s'il le juge nécessaire. L'examen secondaire est un examen systématique de la tête aux pieds effectué sans changer la victime de position, et dont le but est de découvrir les blessures qui, sans être fatales, nécessitent des premiers soins. Soyez à l'affût de tout changement pouvant trahir l'aggravation de l'état d'une victime.

Sujet conscient

Quand le blessé ou le malade est conscient, le secouriste n'a pas à l'examiner pour rechercher des blessures hypothétiques. Il doit lui demander :

- où se trouve la blessure ou le foyer de la douleur et examiner cette région en premier;

- s'il y a quelque chose d'autre qui ne va pas, puis s'assurer que la douleur, l'absence de sensation ou l'effet de médicaments ne masque pas d'autres blessures.

Les circonstances de l'accident ou la nature de la maladie sont les facteurs qui dictent l'ampleur de l'examen. S'il est évident qu'une seule partie du corps est affectée et que le sujet ne se plaint d'aucun autre trouble, il n'est pas nécessaire de procéder à un examen complet.

Quand un examen complet s'impose, il faut examiner le malade ou le blessé avec soin et méthode, en palpant chaque partie du corps d'un geste sûr mais sans brusquerie pour découvrir toute anomalie :

- évaluer d'abord les signes vitaux – température, pouls et respiration – pour pouvoir ensuite en suivre l'évolution. Prendre la température au front et à la hauteur de la gorge; prendre le pouls radial ou carotidien, en notant le rythme et l'intensité; noter la qualité de la respiration, sa fréquence, son rythme et sa particularité sonore;

- commencer par la tête; examiner les yeux pour voir s'ils réagissent à la lumière. Les pupilles peuvent être anormalement dilatées, petites ou asymétriques. Examiner le crâne : y a-t-il hémorragie, bosse ou enfoncement? Des liquides s'échappent-ils de la bouche, du nez ou des oreilles?

- examiner le cou et palper délicatement pour déceler toute déformation. Un point sensible peut indiquer une blessure;

- examiner soigneusement le dos et la colonne vertébrale pour voir s'il y a aspérité; passer doucement la main sur le dos pour vérifier s'il y a hémorragie;

- observer si la cage thoracique présente des mouvements anormaux; voir s'il y a des plaies et palper délicatement pour repérer les fractures;

- examiner l'abdomen : y a-t-il contusions, éraflures ou plaies? Tout point dur ou sensible au toucher peut être l'indice de blessures internes;

- vérifier s'il y a signes de fracture ou d'écrasement dans la région du bassin. Observer si la jambe est anormalement arquée vers l'extérieur, signe d'une fracture possible à la partie supérieure du fémur;

- examiner les membres inférieurs pour voir s'il y a douleur ou sensibilité au toucher et remarquer toute anomalie telle que contusion, enflure, position anormale et autres déformations de l'os; accorder une attention particulière à une perte de motricité ou une absence de sensation;

- vérifier s'il y a blessure, paralysie totale ou partielle ou absence de sensation dans les membres supérieurs.

Une perte de sensation ou une incapacité motrice des membres supérieurs ou inférieurs pourrait indiquer une blessure au cou ou au dos. Vérifier la circulation dans les membres et comparer avec le côté opposé.

Sujet inconscient

L'évaluation du sujet inconscient est plus ardue puisque ce dernier ne peut décrire ses symptômes. Le secouriste doit donc se fonder sur les antécédents/circonstances et sur une interprétation juste des signes physiques pour déterminer les premiers soins nécessaires.

PRIORITÉ DES PREMIERS SOINS – BLESSURES MULTIPLES

En présence d'une victime de blessures multiples ou de plusieurs blessés, le secouriste doit déterminer l'ordre de traitement des blessures et des accidentés, autrement dit, procéder à un triage. Le secouriste établit cet ordre de priorité dès que cela peut se faire en toute sécurité. Les priorités doivent être revues fréquemment et modifiées au besoin selon l'urgence des soins.

En **premier lieu,** il faut traiter les personnes qui doivent être soignées et évacuées parce qu'elles souffrent des troubles suivants :

● asphyxie et détresse respiratoire;

● hémorragie grave;

● inconscience;

● état de choc;

● toute autre urgence d'ordre médical mettant la vie en danger immédiat.

En **deuxième lieu,** on traite les personnes dont les soins et l'évacuation peuvent être différés, comme les victimes de :

● brûlures;

● fractures;

● blessures au dos.

En **troisième lieu,** on s'occupe de ceux dont le traitement et le transport peuvent se faire en dernier, par exemple les cas de :

- fracture bénigne;

- saignement mineur;

- comportement anormal.

Administrez les premiers soins selon l'ordre de priorité propre à stabiliser l'état de la victime en vue de son transport. Ne pas différer l'évacuation pour pouvoir traiter les blessures ou troubles mineurs.

Le secouriste doit continuer à surveiller les victimes et au besoin modifier la priorité des soins et d'évacuation. Il doit rester auprès des blessés jusqu'à ce que la responsabilité des soins soit assumée par une personne qualifiée : un secouriste dont la formation est supérieure, un ambulancier agréé, un(e) infirmier(ère) ou un médecin.

SOINS COMPLÉMENTAIRES

Après avoir administré les premiers soins immédiats, le secouriste doit :

- appeler les services d'urgence si cela n'a pas déjà été fait;

- surveiller la victime sans arrêt;

- protéger la victime et la placer à l'abri jusqu'à l'arrivée des secours médicaux;

- surveiller ses effets personnels;

- aider à son évacuation par ambulance;

- s'assurer que les personnes ne requérant pas de soins médicaux soient confiées à des parents ou amis;

- prendre note du nom des victimes et des témoins et des soins prodigués.

L'appel des services d'urgence

En appelant les services d'urgence, il faut transmettre au préposé tous les renseignements propres à assurer une réponse efficace, soit :

● les circonstances de l'accident et l'état des victimes;

● les secours prodigués sur place;

● l'endroit de l'accident, l'intersection des rues au besoin;

● le nombre de victimes;

● le numéro de téléphone d'où est fait l'appel.

Répondez à toutes les questions que peut vous poser le préposé et ne raccrochez pas avant d'avoir communiqué tous les renseignements. SOYEZ LE DERNIER À RACCROCHER.

Au moment de remettre le malade ou le blessé entre les mains de personnes plus compétentes, le secouriste doit être en mesure de fournir un rapport complet sur l'état de chacune des victimes et la nature des premiers soins prodigués.

Une personne qui a perdu conscience, même brièvement, ne doit pas rentrer seule chez elle, et il faut lui recommander de consulter un médecin.

La responsabilité d'aviser la famille ou les proches incombe à la police, au médecin ou au personnel hospitalier à qui a été confiée la victime.

MATIÈRES DANGEREUSES UTILISÉES EN MILIEU DE TRAVAIL

Les produits dangereux utilisés en milieu de travail s'accompagnent d'un des symboles du SIMDUT (voir page 14) sur lesquels apparaissent une mise en garde concernant l'inflammabilité et la réactivité du produit, les risques qu'il pose pour la santé de l'usager ainsi que les précautions que celui-ci doit prendre.

Une FTSS comporte un énoncé des premiers soins à administrer en cas d'accident. Initiez-vous aux gestes à poser.

Catégorie	Symbole	Division
A		**GAZ COMPRIMÉS**
B		**MATIÈRES INFLAMMABLES ET COMBUSTIBLES**
C		**MATIÈRES COMBURANTES**
D		**MATIÈRES TOXIQUES ET INFECTIEUSES**
D-1		**Matières ayant des effets toxiques immédiats et graves**
D-2		**Matières ayant d'autres effets toxiques**
D-3		**Matières infectieuses**
E		**MATIÈRES CORROSIVES**
F		**MATIÈRES DANGEREUSEMENT RÉACTIVES**

Extrait de la *Gazette du Canada*, partie II, Vol. 122, N° 2, 20 janvier 1988

Fig. 1-2 Signaux de danger des produits utilisés en milieu de travail

CHAPITRE 2

I.   INTRODUCTION À L'ANATOMIE ET À LA PHYSIOLOGIE

Il n'est pas nécessaire au secouriste de connaître à fond l'anatomie et la physiologie pour prodiguer des premiers soins. Il lui faut cependant connaître les grands principes de la structure et du fonctionnement normal du corps humain. Le présent chapitre et les subséquents donneront une description des principaux organes et fonctions de la peau, des systèmes musculo-osseux, nerveux, digestif et urinaire, circulatoire et respiratoire. Cette connaissance lui permettra de mieux comprendre les dysfonctions et les blessures ainsi que l'interdépendance de tous les systèmes de l'organisme, et l'aidera à déterminer les premiers soins appropriés en cas de blessure ou de maladie.

TERMES D'ANATOMIE

Il existe de nombreux termes utilisés en anatomie pour décrire les plans du corps, la position des organes et le type de mouvement. D'autres termes décrivent les régions du corps et les différentes faces. Les termes suivants, d'usage courant en secourisme, vous permettront de transmettre une information précise concernant l'état du sujet :

- **antérieur** : partie ou face avant;

- **postérieur** : partie ou face arrière;

- **distal** : partie d'un membre la plus éloignée du point d'attache;

- **proximal** : partie d'un membre la plus rapprochée du point d'attache;

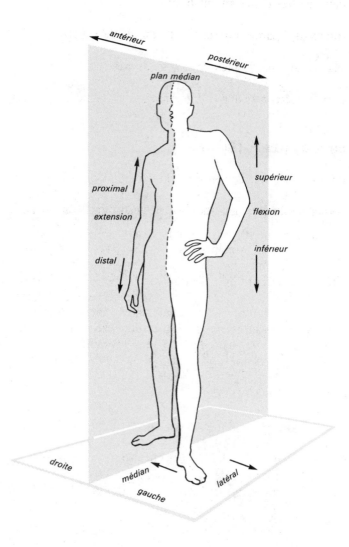

Fig. 2-1 Anatomie topographique

● **extension** : redressement ou ouverture de l'angle formé par les
deux parties d'une articulation;

- **flexion** : fléchissement ou diminution de l'angle formé par les deux parties d'une articulation;

- **inférieur** : partie loin de la tête, du haut du corps;

- **supérieur** : partie près de la tête, du haut du corps;

- **plan médian du corps** : ligne imaginaire verticale qui divise le corps en deux côtés, gauche et droite;

- **médian** : près du plan médian;

- **latéral** : loin du plan médian du corps;

- **gauche et droite** : gauche et droite anatomiques du plan médian.

II. LA PEAU

La peau, l'un des organes les plus importants du corps, a trois fonctions principales : la protection de l'organisme contre l'infection

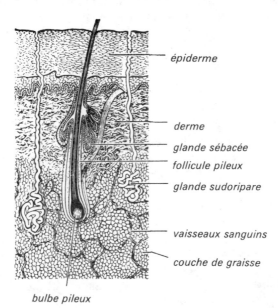

épiderme

derme

glande sébacée

follicule pileux

glande sudoripare

vaisseaux sanguins

couche de graisse

bulbe pileux

Fig. 2-2 La peau et les tissus sous-cutanés

et les dangers provenant du milieu extérieur, l'élimination de déchets sous forme de sueur et la perception des changements de température.

Protection contre le milieu extérieur. Grâce à un dense réseau de nerfs, la peau informe le cerveau des modifications du milieu ambiant; ces nerfs enregistrent les changements de température, la douleur, le toucher, et transmettent ces sensations au cerveau. La peau protège le corps des températures extrêmes et l'aide à s'y adapter. Par temps froid, la constriction des vaisseaux sanguins ralentit le refroidissement général du corps; les couches de graisse sous-cutanées font fonction d'isolant, conservant la chaleur corporelle. Par temps très chaud, l'évaporation de la sueur fait baisser la température.

III.   LE SYSTÈME MUSCULO-OSSEUX

Le système musculo-osseux est le terme employé pour décrire la charpente du corps humain renfermant organes et autres systèmes. Il comprend les muscles, les tendons, les articulations et les os, qui protègent les organes, soutiennent le corps et lui permettent de se mouvoir. Les différentes composantes de ce système sont intimement liées, c'est pourquoi une blessure à l'une d'elles perturbe souvent les fonctions des autres.

LES MUSCLES

Le muscle est une structure tissulaire dotée de la propriété de se contracter (se raccourcir) sous l'effet d'impulsions nerveuses. La plupart des mouvements corporels sont provoqués par l'action combinée de plusieurs muscles qui se contractent et se relâchent. Les muscles sont dits volontaires ou involontaires. Ils se définissent comme suit :

- les muscles **volontaires** sont commandés directement par le cerveau. On peut les contracter ou les relâcher à volonté. Les muscles de l'ossature sont volontaires. Ils sont fixés aux différentes parties du squelette par des **tendons** très solides. Quand les muscles se contractent, les tendons provoquent le mouvement coordonné des os auxquels ils sont rattachés;

● les muscles **involontaires** se contractent et se relâchent à un rythme régulier, sans effort conscient de la part du sujet. Le muscle cardiaque, qui possède son propre système régulateur, en est un bon exemple.

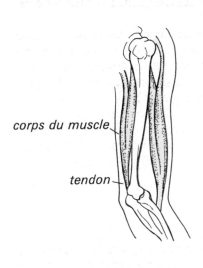

corps du muscle

tendon

Fig. 2-3 Muscles volontaires

Le **diaphragme,** grand muscle en forme de coupole séparant les cavités thoracique et abdominale, possède les caractéristiques des muscles volontaires et involontaires. Au rythme de la respiration, le diaphragme se contracte automatiquement et s'aplatit, puis se relâche et prend la forme d'une coupole. On peut modifier à volonté, pendant de courts moments, la fréquence des mouvements respiratoires et des contractions de ce muscle.

Le sang artériel alimente les muscles en oxygène et en nutriments alors que les veines évacuent les déchets produits par l'activité musculaire. Les muscles sont dotés d'un réseau de nerfs qui permet la transmission des impulsions nerveuses à destination ou en provenance du cerveau.

LE SQUELETTE

Le squelette forme la charpente osseuse du corps humain et lui donne forme et solidité. Il fournit également une protection aux organes vitaux. Le cerveau est protégé par le crâne; le cœur et les poumons par les côtes; le foie, la rate et les reins en partie par la moitié inférieure de la cage thoracique; la moelle épinière par les vertèbres qui forment le canal rachidien.

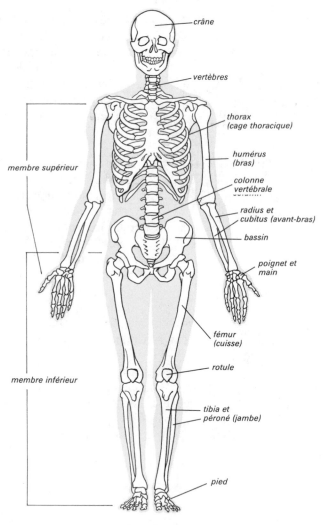

Fig. 2-4 Le squelette humain

Les articulations

Les os du squelette permettent le mouvement du corps en servant de support rigide aux tendons et aux muscles. Les articulations sont formées par la jonction de deux ou plusieurs os. Elles sont **fixes** quand les extrémités des os sont fermement imbriquées et ne peuvent se déplacer. Les os du crâne de l'adulte en sont un bon exemple. Elles sont **mobiles** quand les os sont unis de façon à permettre le mouvement dans une ou plusieurs directions. Il existe trois types d'articulations mobiles :

- **les énarthroses,** articulations par emboîtement réciproque où la tête arrondie d'un os s'emboîte dans la concavité d'un autre, permettant une mobilité dans toutes les directions, comme par exemple la hanche et l'épaule;

- **les articulations charnières,** où la surface articulaire d'un os épouse les contours de l'autre, limitant la mobilité à un seul plan, comme par exemple la mâchoire inférieure, le coude, le genou et les doigts;

- **les articulations peu mobiles,** ne permettant qu'une mobilité limitée, comme par exemple l'articulation des vertèbres et celle des côtes avec la colonne vertébrale.

Dans une articulation mobile, les extrémités osseuses sont recouvertes d'un **cartilage** lisse qui réduit la friction au minimum et sont reliées par des bandes de tissus très résistants, les **ligaments.** L'articulation elle-même est enveloppée d'une membrane résistante, la **capsule synoviale.** À l'intérieur de l'articulation, un liquide, la synovie, sert de lubrifiant.

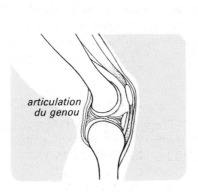

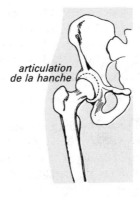

articulation
de la hanche

articulation
du genou

Fig. 2-5
Articulation charnière

Fig. 2-6
Énarthrose
(articulation par
emboîtement)

La colonne vertébrale

La colonne vertébrale se compose de 33 os appelés vertèbres. La face antérieure de chaque vertèbre présente une surface cylindrique osseuse; à la face postérieure, trois prolongements osseux forment une cavité à leur point de rencontre. La superposition de ces ouvertures vertébrales forme un long canal, le canal rachidien.

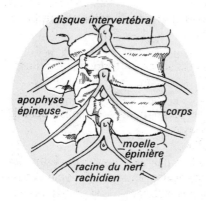

Fig. 2-7 Les vertèbres

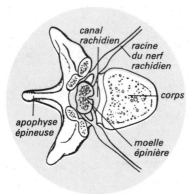

Fig. 2-8 Le canal rachidien

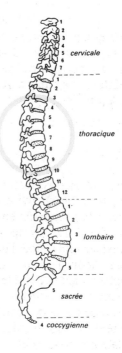

Fig. 2-9 La colonne vertébrale

Le canal rachidien renferme la moelle épinière et permet le passage de nerfs qui se ramifient vers les différentes parties du corps. La colonne vertébrale se divise en cinq régions :

- les 7 premières vertèbres forment la **colonne cervicale** (le cou);

- les 12 vertèbres suivantes, auxquelles 12 paires de côtes sont rattachées, forment la **colonne dorsale** ou **thoracique** (le dos);

- viennent ensuite 5 vertèbres qui forment la **colonne lombaire** (région des reins);

- les 5 vertèbres suivantes sont soudées et forment la **colonne sacrée** (sacrum) et une partie du bassin;

- les 4 dernières vertèbres sont aussi soudées et constituent la **colonne coccygienne** (ou coccyx).

Les vertèbres sont reliées entre elles par des ligaments. Entre les vertèbres cervicales, dorsales et lombaires se trouvent d'épais coussins de cartilage, les **disques intervertébraux.** Les disques et les ligaments permettent la torsion et la flexion normale du tronc mais empêchent tout mouvement excessif qui pourrait endommager la moelle épinière.

Le crâne

L'ensemble des os crâniens, charpente de la tête, se divise en deux parties : la voûte crânienne et le crâne facial. Les os de la **voûte crânienne** sont soudés l'un à l'autre de façon à former une enveloppe protectrice rigide pour le cerveau. Les os faciaux s'imbriquent avec les os de la voûte crânienne pour constituer les cavités orbitaires et nasales et assurer la protection des organes olfactifs et visuels qui sont vulnérables. La

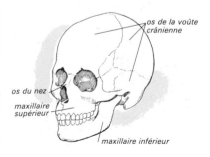

os de la voûte crânienne

os du nez
maxillaire supérieur
maxillaire inférieur

Fig. 2-10 Le crâne

mâchoire comprend deux parties : le **maxillaire supérieur** (mâchoire supérieure) fait partie de la structure osseuse du visage et est fixe; le **maxillaire inférieur** (mâchoire inférieure ou mandibule) est rattaché au crâne par une articulation charnière des deux côtés de la face permettant à la bouche de s'ouvrir et de se fermer.

Le thorax

Le **thorax** (cage thoracique) est constitué des **côtes,** des 12 vertèbres thoraciques et du **sternum.**

Les côtes sont formées de 12 paires d'os incurvés disposés en arc de chaque côté des vertèbres thoraciques, auxquelles elles sont fixées. Dix d'entre elles se rattachent à l'avant du corps de la manière suivante :

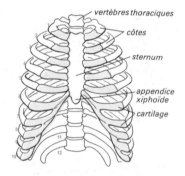

- les 7 paires supérieures sont reliées au sternum par un cartilage;

- les 3 paires suivantes sont reliées entre elles et se rattachent aux côtes se trouvant immédiatement au-dessus.

Les 2 dernières paires sont libres à l'avant et appelées côtes flottantes.

Fig. 2-11 Le thorax

Le milieu de la face antérieure de la cage thoracique constitue le sternum, os en forme de dague pointant vers le sol. **L'appendice xiphoïde,** partie saillante de l'extrémité inférieure du sternum, sert de point de repère pour certaines techniques importantes de secourisme.

Le thorax renferme et protège la trachée, les poumons, le cœur, les principaux vaisseaux sanguins et l'oesophage. Il protège en partie le foie, l'estomac, le pancréas, la rate et les reins.

L'épaule et les membres supérieurs

Le membre supérieur est fixé à l'épaule, qui lui sert de support. Les os de l'épaule sont la **clavicule, l'omoplate** et **l'humérus** (os du bras).

La clavicule est un os étroit légèrement incurvé situé entre l'extrémité supérieure du sternum et l'articulation de l'épaule. D'un côté, la clavicule est attachée par des ligaments à la partie supérieure et latérale du sternum; de l'autre, elle rejoint l'omoplate près de l'articulation de l'épaule. La clavicule sert de support à l'épaule.

L'omoplate est située dans la partie supérieure et externe du dos; elle forme la concavité où s'emboîte l'humérus.

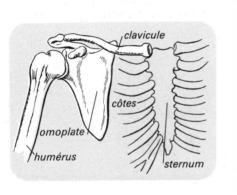

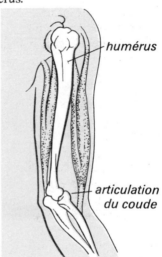

Fig. 2-12 L'articulation de l'épaule

Fig. 2-13 Le bras

Le membre supérieur comprend l'humérus, le radius et le cubitus ainsi que les os carpiens, métacarpiens et les phalanges, composantes du poignet et de la main. L'humérus va de l'épaule jusqu'au coude. Au sommet, sa tête arrondie s'emboîte dans la cavité articulaire de l'omoplate. Sa partie inférieure s'articule avec les os de l'avant-bras pour former l'articulation du coude.

Les deux os de l'avant-bras sont le **radius,** du côté du pouce et le **cubitus,** du côté de l'auriculaire (petit doigt). Ils peuvent pivoter l'un sur l'autre, ce qui permet à l'avant-bras et à la main de tourner. Le radius et le cubitus forment, avec les huit os **carpiens**, l'articulation du poignet. Ceux-ci sont disposés en deux rangées de quatre.

La paume de la main contient cinq longs **métarcarpiens.** Les quatre doigts contiennent trois os courts, les **phalanges;** le pouce n'en compte que deux.

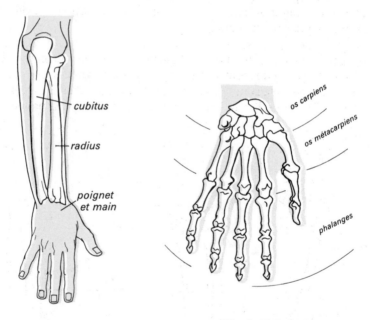

Fig. 2-14 L'avant-bras

Fig. 2-15 Le poignet et la main, côté paume

Le bassin et les membres inférieurs

Le **bassin** (pelvis) est une ceinture osseuse en forme de cuvette attachée à la partie inférieure de la colonne vertébrale. Il se compose du **sacrum** et des deux os iliaques, ou os des hanches. Ces deux os présentent les cavités nécessaires à l'articulation des hanches. Le poids du corps entier est distribué, par le bassin, aux membres inférieurs.

Le bassin forme la cavité pelvienne et soutient les organes du bas-ventre. Il protège la vessie, **l'urètre** (voies urinaires), la partie inférieure de l'intestin et le **rectum** ainsi que les organes de reproduction.

Le membre inférieur se compose du **fémur** (os de la cuisse), de la **rotule** (genou), du **tibia** et du **péroné** (os de la jambe), du **tarse,** du **métatarse** et des **phalanges** (os du pied). De tous les os du corps, le fémur est le plus long et le plus solide. Il va de la cavité articulaire du bassin jusqu'au genou et s'articule avec la partie supérieure du tibia pour en former l'articulation.

Le genou est la plus grosse articulation charnière du corps. Les ligaments qui lui donnent sa stabilité sont complexes et très vulnérables aux blessures, surtout au cours d'activités sportives. La rotule est située à l'avant de l'articulation du genou et en assure la protection.

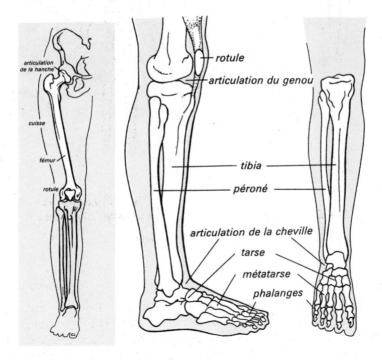

Fig. 2-16 La cuisse

Fig. 2-17 La jambe et le pied

Le tibia va du genou à la cheville et constitue une des parties des articulations du genou et de la cheville. On peut en palper le bord anguleux juste sous la peau de la face antérieure de la jambe. Le péroné est accolé au tibia du côté externe, et n'intervient pas dans le jeu de l'articulation du genou, mais son extrémité inférieure forme la face externe de l'articulation de la cheville.

Le pied s'apparente à la main sous plusieurs rapports. Il comprend 7 os irréguliers (le **tarse**) qui forment le cou-de-pied et supportent le poids de tout le corps; 5 os longs (le **métatarse**) qui sont logés devant le cou-de-pied et se joignent aux os des orteils ainsi que 14 phalanges qui forment les orteils, 2 dans le gros orteil et 3 dans chacun des autres orteils.

CHAPITRE 3

LE SYSTÈME NERVEUX

Le système nerveux comprend le cerveau, la moelle épinière et les nerfs. Le cerveau et la moelle épinière forment le **système nerveux central** et les nerfs, qui se ramifient vers toutes les parties du corps, les **nerfs périphériques.** Le système nerveux se subdivise par fonction pour former les systèmes nerveux volontaire et autonome. Le **système nerveux volontaire** règle les fonctions par volonté délibérée, tandis que le **système nerveux autonome** règle les fonctions involontaires, telles que l'action du cœur, sans qu'il y ait effort conscient de la part de l'individu.

LE SYSTÈME NERVEUX CENTRAL

Le **cerveau,** centre moteur du corps, occupe presque tout l'intérieur de la voûte crânienne. Il est le siège de la conscience et, outre ses nombreuses fonctions particulières telles la mémoire et la pensée, il reçoit des informations et transmet des impulsions nerveuses par la **moelle épinière** et les **nerfs périphériques** à toutes les parties du corps, que les activités soient volontaires ou involontaires.

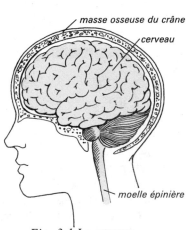

Fig. 3-1 Le cerveau

La moelle épinière, continuation du cerveau logée dans le canal rachidien, est formée d'un long faisceau de nerfs qui aboutissent aux nerfs périphériques. Les nerfs de la moelle épinière, entourés d'une gaine de tissus protecteurs, descendent jusqu'aux deux tiers de la colonne vertébrale. Le canal rachidien, constitué par la succession des trous vertébraux, livre passage aux nerfs qui vont en se ramifiant jusqu'aux différents organes et muscles.

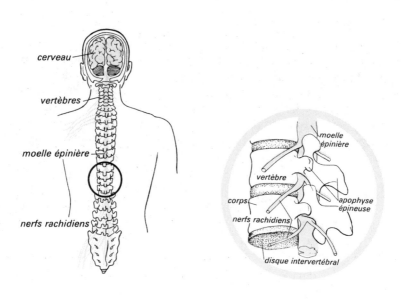

Fig. 3-2 La colonne vertébrale   *Fig. 3-3 La moelle épinière*

LES NERFS PÉRIPHÉRIQUES

Les nerfs périphériques qui relient la moelle épinière aux différentes parties du corps sont de deux types : les **nerfs moteurs,** qui transmettent les impulsions du cerveau provoquant un mouvement, et les **nerfs sensoriels,** qui transmettent au cerveau les sensations tactiles, gustatives, de chaleur, de froid et de douleur.

LE SYSTÈME NERVEUX AUTONOME

Les nerfs qui fonctionnent de façon autonome et continue sont appelés nerfs involontaires ou autonomes. C'est du système nerveux autonome que dépend toute l'activité nerveuse affectant les muscles involontaires du corps, y compris le muscle cardiaque et les glandes. Il règle également les fonctions respiratoires et digestives et régularise la température du corps.

NOTES

CHAPITRE 4

LE SYSTÈME DIGESTIF ET L'APPAREIL URINAIRE

Le système digestif et l'appareil urinaire convertissent ce qui est ingéré en substances nutritives pour les cellules. D'autre part, ils recueillent et excrètent les déchets, solides et liquides. Les organes digestifs et urinaires sont divisés en organes creux et pleins (solides); les organes creux sont tubulaires et transportent les substances gastriques et urinaires alors que les organes pleins sont des masses de tissu riches en sang.

Toute blessure à un organe creux peut en déverser le contenu dans l'abdomen et causer une infection alors que la rupture d'un organe plein provoque une hémorragie interne. Il est utile de connaître l'emplacement et la fonction de chacun de ces organes pour évaluer les blessures internes.

LE SYSTÈME DIGESTIF

Les aliments et les liquides passent par la bouche, le pharynx et l'oesophage pour aller jusqu'aux organes de la digestion situés dans l'abdomen. Voici les principaux :

- **l'estomac,** organe en forme de poire situé dans la partie supérieure gauche de l'abdomen, en partie dans la cage thoracique. Contenant d'innombrables glandes gastriques, richement irrigué en sang et pourvu de nerfs, il sert à emmagasiner, réchauffer et amollir la nourriture venant de l'oesophage avant de l'évacuer, en petites quantités, vers l'intestin;

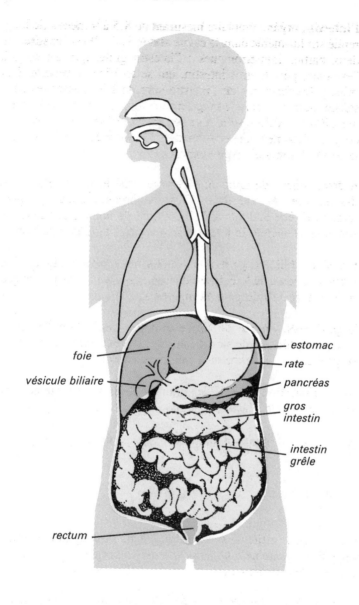

foie

vésicule biliaire

estomac

rate

pancréas

gros
intestin

intestin
grêle

rectum

Fig. 4-1 Le système digestif

- **l'intestin,** organe tubulaire mesurant de 8,5 à 9 mètres de long, replié sur lui-même dans la cavité abdominale. Il est constitué de deux parties ininterrompues : l'intestin grêle, qui fait suite à l'estomac, puis le gros intestin, qui se termine au rectum. Les principales fonctions de l'intestin sont de faire passer les substances nutritives dans le sang à travers les parois intestinales et de recueillir les déchets solides qui seront évacués par le rectum. Un coup à l'abdomen peut endommager l'intestin et toute blessure à la paroi abdominale peut l'exposer.

- le **foie,** organe de taille considérable situé juste au-dessous du diaphragme, du côté droit. C'est un organe délicat qui peut facilement être endommagé; il contient de nombreux vaisseaux sanguins et sécrète la bile, substance qui aide à la digestion;

- la **vésicule biliaire,** petit organe en forme de sac s'adjoignant à la partie inférieure du foie. Il sert de réservoir à la bile jusqu'à ce que celle-ci soit utilisée pour la digestion;

- le **pancréas,** organe de forme allongée situé juste devant la colonne vertébrale, derrière l'estomac. Il contribue à la digestion en produisant l'insuline et le suc pancréatique.

L'estomac, l'intestin et la vésicule biliaire sont des organes creux alors que le foie et le pancréas sont pleins.

La rate, organe du système lymphatique, est décrite au chapitre 5.

L'APPAREIL URINAIRE

L'appareil urinaire retire du sang tous les déchets qui s'y trouvent, les éliminant de l'organisme sous forme d'urine. Les organes de l'appareil urinaire sont les suivants :

- les **reins,** deux organes placés près de la colonne vertébrale dans la partie supérieure de l'abdomen et qui sont partiellement protégés par les côtes. Le sang, qui pénètre dans les reins par des branches de l'aorte, est alors filtré de tout déchet avant de ressortir par la veine cave. Une quantité de liquide est alors éliminée sous forme d'urine;

- les **uretères,** les deux canaux qui conduisent l'urine des reins à la vessie;

- la **vessie,** organe en forme de sac situé, lorsqu'il est vide, dans le bassin, mais qui se prolonge dans l'abdomen lorsque plein. Sa fonction est de recevoir et de retenir l'urine jusqu'à ce que celle-ci soit expulsée dans l'urètre. La vessie, quand elle est pleine, est vulnérable aux blessures par force directe ou fractures du bassin (voir chap. 14);

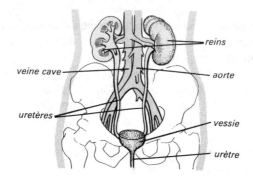

Fig. 4-2 L'appareil urinaire

- **l'urètre,** canal musculaire qui s'étend de la vessie jusqu'à l'extérieur du corps.

Les reins constituent les organes pleins de l'appareil urinaire. Tous les autres sont des organes creux.

CHAPITRE 5

LE SYSTÈME CIRCULATOIRE

Le système circulatoire est une structure complexe formée d'un organe musculaire, le cœur, et de vaisseaux sanguins : les artères, artérioles, capillaires, veinules et veines, qui font circuler le sang en circuit fermé dans toutes les régions du corps. La circulation du sang assure la distribution de l'oxygène et des éléments nutritifs aux cellules, et permet de recueillir les déchets qu'elles produisent en vue de leur excrétion.

LE CŒUR

Le **cœur** est un organe musculaire qui fonctionne telle une pompe double, assurant une circulation constante du sang vers les poumons

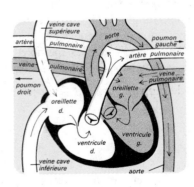

et les différentes parties du corps. Il est situé dans la cavité thoracique, derrière le sternum.

Le cœur se divise en deux côtés, le droit et le gauche. Chaque côté se subdivise en une cavité supérieure où arrive le sang, **l'oreillette,** et une cavité inférieure musculaire d'où il est expulsé, le **ventricule.** Entre chaque oreillette et ventricule, une valvule empêche le reflux du sang.

Fig. 5-1 Le cœur et ses vaisseaux principaux

LES ARTÈRES ET ARTÉRIOLES

De tous les vaisseaux sanguins, les **artères** sont les plus résistants. Leurs parois sont renforcées par un tissu musculaire élastique recouvert d'une couche fibreuse. Elles transportent le sang sous pression du cœur aux différentes parties du corps. Les artères se dilatent sous l'effet de chaque afflux sanguin propulsé par l'action du cœur, puis reviennent à la normale pendant que le cœur se remplit à nouveau pour la contraction suivante. La plus grosse de ces artères est **l'aorte.** Les artères mineures sont appelées **artérioles.**

LES CAPILLAIRES

Les **capillaires** sont les plus petits vaisseaux sanguins du corps. Ils sont pratiquement du diamètre d'un cheveu, et leurs parois extrêmement minces permettent l'échange de liquides et de gaz avec les cellules des tissus. Les capillaires relient les artérioles aux veinules, veines minuscules.

LES VEINES ET VEINULES

Les **veines** ramènent le sang au cœur. Leurs parois, plus minces que celles des artères, sont jalonnées de valvules en forme de coupes qui ne laissent passer le sang que dans la direction du cœur.

Les veines de tout le corps en viennent à se réunir pour former les deux veines principales : la **veine cave supérieure** et la **veine cave inférieure.** La première ramène au cœur le sang de la tête, du cou, des épaules et des membres supérieurs, alors que la seconde ramène le sang des régions abdominale et pelvienne ainsi que des membres inférieurs. Ces deux veines déversent leur sang dans l'oreillette droite, du côté droit du cœur.

LE SANG

Le sang désigne le liquide qui circule dans le cœur, les artères, les capillaires et les veines. Il transporte oxygène et nutriments aux cellules de même que gaz carbonique et autres déchets aux reins et autres organes excréteurs.

Le sang se compose de plasma, de **globules rouges,** de **globules blancs** et de **plaquettes.** Le **plasma** est une substance jaunâtre dans laquelle baignent les globules et les plaquettes ainsi que d'autres éléments et nutriments qui s'y dissolvent pour être acheminés aux cellules. Les **globules rouges** donnent au sang sa couleur caractéristique. Elles renferment ce que l'on appelle **l'hémoglobine,** qui se combine avec l'oxygène qu'elle cède ensuite aux tissus pour se charger de gaz carbonique. Le sang oxygéné est d'un rouge plus vif que celui saturé de gaz carbonique.

Les **globules blancs,** moins nombreux que les globules rouges, sont de tailles variées. Les plus gros sont attirés par les substances étrangères; ils traversent rapidement les minces parois des capillaires pour aller engloutir et détruire bactéries nuisibles et autres substances étrangères. Quand un grand nombre de globules blancs est détruit par des bactéries, du pus se forme, indiquant la présence d'une infection.

Les **plaquettes** sont formées dans la moelle des os à partir d'autres cellules et jouent un rôle dans la coagulation du sang.

LA CIRCULATION

Le système circulatoire peut être comparé à une canalisation fermée, débutant et aboutissant au cœur, et formée de deux circuits :

- la **circulation pulmonaire (petite circulation),** qui s'amorce du côté droit du cœur où le sang est pompé vers les poumons;

- la **circulation générale (grande circulation),** qui s'amorce dans le côté gauche du cœur où le sang est pompé vers les différentes parties du corps.

À chaque relâchement du muscle cardiaque, le sang se déverse dans les oreillettes, qui se contractent pour remplir les ventricules. À chaque contraction, le sang est expulsé des ventricules vers ces deux systèmes circulatoires.

Dans le système circulatoire pulmonaire, le sang veineux, qui a été drainé du corps par les veines, se déverse dans l'oreillette droite. De là, il franchit une valvule pour passer dans le ventricule droit, qui se contracte et le refoule par compression dans les artères pulmonaires jusqu'aux poumons. Lors de son passage dans les capillaires pulmonaires, le sang libère du gaz carbonique qui sera expiré par les poumons; il se charge de l'oxygène contenu dans l'air inspiré.

Le sang, maintenant riche en oxygène, revient dans les veines pulmonaires à l'oreillette gauche. De cette cavité, il passe dans le ventricule gauche, qui se contracte pour acheminer le sang par les artères dans le système circulatoire général.

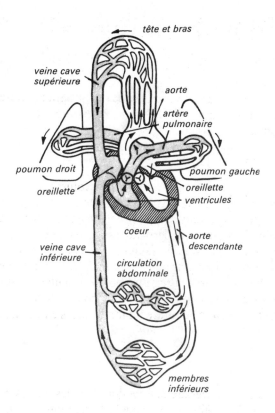

Fig. 5-2 Le système circulatoire

Le rôle de la circulation générale (ou systémique) est double : elle distribue oxygène et éléments nutritifs à toutes les parties du corps et transporte les déchets aux organes excréteurs. Le sang retourne à l'oreillette droite par les capillaires, les veinules et les veines. Et le cycle se répète continuellement.

LA PRESSION SANGUINE (TENSION ARTÉRIELLE)

La **pression sanguine** désigne la pression qu'exerce le sang contre les parois des vaisseaux sanguins. Trop faible pour être perçue dans les veines, elle peut cependant être détectée dans les artères sous forme de pouls.

Trois facteurs déterminent la pression sanguine :

● le volume sanguin, c'est-à-dire la quantité de sang dans l'organisme;

● le calibre et l'élasticité des vaisseaux sanguins (cette dernière permet aux parois d'offrir une résistance variable au flot sanguin);

● la force des battements cardiaques.

De manière à maintenir en tout temps le volume du sang sous une pression normale, le système nerveux règle automatiquement le calibre des artères et des veines, qui offrent ainsi une résistance variée au flot sanguin. Lorsque l'on perd du sang, les artères et les veines s'adaptent au nouveau volume sanguin. Par cet ajustement automatique, l'organisme s'efforce de conserver une pression adéquate, surtout dans les artères, pour assurer une bonne circulation aux organes vitaux. Cependant, si le sujet a perdu beaucoup de sang, sa circulation fait défaut et son état se détériore : il tombe alors en état de choc (voir chap. 10).

LE POULS

Le **pouls** est la poussée que l'on perçoit dans les artères chaque fois que le cœur pompe du sang par l'aorte. Cette poussée, ou pouls, est perçue en palpant les grandes et moyennes artères là où elles sont à fleur de peau. Le pouls est plus facilement perceptible au poignet (**pouls radial**), au cou (**pouls carotidien**) et au bras (**pouls brachial**). Le pouls est important pour évaluer l'état d'un sujet. Parce qu'indiquant la présence ou l'absence d'un battement cardiaque, il est appelé **signe vital**.

Le pouls – fréquence et caractéristiques

Chez l'adulte en santé et au repos, le pouls varie entre 50 et 100 pulsations par minute, la moyenne étant d'environ 72. Il est plus lent chez les personnes âgées et les jeunes athlètes et plus rapide chez le jeunes enfants et les bébés. Le pouls normal est bien marqué et régulier. L'activité physique en augmente la fréquence et l'intensité, mais n'en change pas le rythme. Maladies et blessures peuvent causer une accélération ou un ralentissement anormal du pouls; son volume peut devenir plein et bondissant ou faible et peu marqué, et les pulsations, irrégulières. Prendre le pouls pendant une minute entière pour en noter la fréquence, l'intensité et le rythme. Ne pas appliquer une trop forte pression puisque cela peut comprimer l'artère et couper la circulation.

Le pouls radial

Pour prendre le pouls d'un adulte, la méthode la plus courante est de palper, au poignet, une artère située près du radius (d'où l'expression **"pouls radial"**). Pour prendre le pouls radial, placez le bout d'un ou de deux doigts sur la face interne de l'avant-bras à environ 2,5 cm au-dessus du pli du poignet et 1,25 cm de son bord. Il peut être nécessaire d'exercer une légère pression du bout des doigts pour sentir les pulsations du sang dilatant les artères. Ne vous servez pas de votre pouce car, celui-ci étant doté d'une artère, vous risqueriez de compter vos propres pulsations.

Fig. 5-3 Prise du pouls radial

Le pouls carotidien

On prend généralement le **pouls carotidien** chez le sujet dont la pression sanguine est basse, une personne inconsciente en arrêt cardiaque ou respiratoire notamment (voir chap. 7 et 8). Les artères carotides sont situées de chaque côté du cou, dans le sillon entre la trachée et les grands muscles du cou. Pour prendre le pouls carotidien, il faut d'abord repérer du bout de deux doigts la pomme d'Adam à l'avant du cou. Glissez les doigts vers l'arrière, du côté le plus proche de vous, pour trouver l'artère carotide entre le muscle du cou et la trachée. **Ne palpez ou ne comprimez pas les deux artères carotides en même temps.**

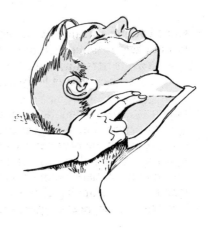

Fig. 5-4 Le pouls carotidien

Le pouls brachial

Chez les bébés, le pouls carotidien peut être difficile à localiser et s'avérer peu fiable. On lui préfère le **pouls brachial,** que l'on repère en plaçant le bout de deux doigts sur la face interne du bras. Il faut alors presser légèrement entre le grand muscle du bras et l'os jusqu'à perception des pulsations.

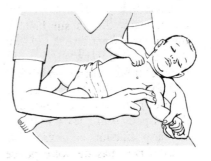

Fig. 5-5 Le pouls brachial

LE SYSTÈME LYMPHATIQUE

Lorsque le sang se répand dans les capillaires du système circulatoire général, la **lymphe** (liquide organique dont la composition est semblable à celle du plasma) traverse les parois capillaires et baigne les cellules du corps. La lymphe libère de l'oxygène, des éléments nutritifs et de l'eau à l'intention des cellules, puis recueille les déchets, y compris le gaz carbonique. Elle revient ensuite dans le sang par les capillaires et canaux lymphatiques.

Le système lymphatique comprend tout un réseau de minuscules canaux à la grandeur du corps, les **vaisseaux lymphatiques.** Ce réseau comporte de petites structures, les **ganglions lymphatiques,** qui servent de barrière à l'invasion du corps par les microbes. Par exemple, dans le cas de l'infection d'un doigt, les ganglions lymphatiques de l'aisselle ou du coude enflent et deviennent douloureux, indiquant leur réaction devant l'infection. Des stries rougeâtres irradiant du siège de l'infection vers la glande lymphatique trahissent une inflammation des vaisseaux lymphatiques.

LA RATE

La **rate** est un petit organe de forme allongée situé dans la partie supérieure gauche de l'abdomen, juste au-dessous du diaphragme (voir fig. 4-1). Délicate et fréquemment endommagée lors d'accidents, elle sert de réservoir pour le sang. L'hémorragie résultant d'un éclatement de la rate est grave et des mesures de premiers soins ne suffisent pas à l'enrayer.

CHAPITRE 6

LE SYSTÈME RESPIRATOIRE

LA RESPIRATION

La respiration est le phénomène d'échange entre l'oxygène (O_2) et le gaz carbonique (CO_2) dans l'organisme. La **respiration externe** est l'échange de ces gaz dans les poumons alors que la **respiration interne** désigne l'échange d'oxygène et de gaz carbonique entre le sang et les cellules du corps.

L'air normal est un mélange gazeux composé d'environ 21% d'oxygène. L'air expiré en contient environ 16%, quantité suffisante pour assurer la survie lorsque l'on administre la respiration artificielle par méthode directe.

LES VOIES RESPIRATOIRES

L'air inspiré dans les poumons passe successivement par le nez et la bouche, le **pharynx** (arrière-gorge) et le **larynx** (les cordes vocales) pour pénétrer ensuite dans la **trachée.** L'ensemble de ce passage s'appelle les **voies respiratoires.** La partie supérieure du larynx est protégée par **l'épiglotte,** obturateur mobile qui s'ouvre au moment de la respiration et se ferme au moment de la déglutition.

LES POUMONS

La trachée se divise en deux branches pour former les **bronches** qui pénètrent dans le poumon droit et le poumon gauche où elles se ramifient en petites **bronchioles.** Celles-ci se multiplient à leur tour et se divisent en une multitude **d'alvéoles pulmonaires** (sacs d'air).

Des capillaires, un fin réseau de vaisseaux sanguins, entourent les alvéoles. Les parois de ces alvéoles sont si minces que les gaz peuvent les traverser; c'est ainsi que les globules rouges du sang se débarrassent de leur gaz carbonique et se chargent de l'oxygène présent dans l'air inspiré.

LA PLÈVRE

Chaque poumon est enveloppé d'une double membrane à surface lisse et continue appelée **plèvre**. La couche intérieure adhère au poumon tandis que l'autre tapisse l'intérieur de la paroi thoracique. La plèvre a pour fonctions de contribuer, par une lubrification, au mouvement normal des poumons contre la paroi thoracique et d'assurer leur expansion sous l'action de celle-ci.

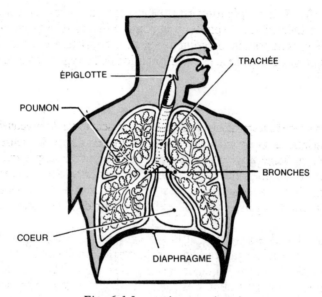

Fig. 6-1 Le système respiratoire

LE DIAPHRAGME

Le **diaphragme,** large cloison musculaire en forme de coupole, sépare les cavités thoracique et abdominale. Quand le diaphragme se relâche, il a la forme d'un dôme; en état de contraction, il s'aplatit. Ce mouvement augmente puis réduit le volume de la cavité thoracique.

LA CAGE THORACIQUE ET LES MUSCLES INTERCOSTAUX

Les **muscles intercostaux** (entre les côtes) sont disposés en deux couches. À l'inspiration, les muscles du côté externe se contractent, soulevant les côtes vers le haut et vers l'extérieur et obligeant la cage thoracique à se dilater. À l'expiration, les muscles du côté interne se relâchent, tirant les côtes vers le bas et vers l'intérieur, entraînant ainsi une réduction du volume de la cavité thoracique et expulsant l'air des poumons.

LE CENTRE DE LA RESPIRATION

Le **centre de la respiration** est situé au cerveau, à la base du crâne. Il règle le mécanisme respiratoire et réagit à divers stimuli chimiques dont le plus important, du point de vue du secouriste, est une augmentation de gaz carbonique et une diminution de l'oxygène dans le sang.

MÉCANISME DE LA RESPIRATION

Le centre de la respiration réagit à une augmentation du niveau de gaz carbonique dans l'organisme, transmettant par fibres nerveuses des stimuli au diaphragme et aux muscles de la cage thoracique, qui, sous excitation, augmentent l'amplitude et la fréquence des mouvements respiratoires. L'augmentation du volume de la cavité thoracique crée une pression négative, un vide qui attire l'air dans les poumons.

Lorsque les alvéoles rejettent le gaz carbonique et absorbent l'oxygène, le niveau de gaz carbonique du corps tombe. Le centre de la respiration cesse de stimuler les muscles intercostaux et le diaphragme, qui se relâchent. Les côtes s'abaissent et se compriment; le diaphragme reprend sa forme de coupole. Ce mouvement cause une réduction du volume de la cavité thoracique, ce qui entraîne l'expulsion de l'air des poumons.

Les cellules du corps consomment de l'oxygène et produisent du gaz carbonique en quantité variable selon le degré d'activité physique. C'est pourquoi, quand le niveau de gaz carbonique atteint le point critique, le centre de la respiration réagit et le cycle respiratoire reprend.

Respiration — fréquence, rythme, amplitude

Signes précurseurs de changements physiques et d'urgences vitales, la fréquence, le rythme et l'amplitude respiratoires constituent des indices révélateurs de notre état de santé. La respiration est au nombre des signes vitaux. Le secouriste doit donc apprendre à reconnaître une respiration normale pour être en mesure de déceler toute déficience à cet égard. Une respiration normale est silencieuse, facile, soutenue et régulière.

La **fréquence respiratoire** désigne le nombre de cycles de respiration (inspirations et expirations) en une minute. Bien que la respiration normale varie selon l'âge et le sexe, la fréquence moyenne chez l'adulte en santé au repos se situe entre 10 et 18 cycles à la minute. La fréquence est plus rapide chez l'enfant et le bébé, soit de 18 à 28 chez l'enfant de cinq à sept ans et 41 à 55 chez le bébé.[1]

Le **rythme respiratoire** fait référence à l'intervalle entre chaque respiration. En respiration normale, dite **régulière,** les intervalles sont réguliers et la respiration semble s'effectuer sans effort. Une **respiration irrégulière** se reconnaît à des intervalles inégaux. Cela trahit habituellement un trouble ou une détresse respiratoire.

L'amplitude respiratoire se dit du volume d'air inspiré et expiré à chaque mouvement respiratoire. Le secouriste devrait apprendre à distinguer la respiration normale d'une respiration superficielle ou profonde. Une amplitude anormale est souvent associée à d'autres troubles respiratoires tels que respiration haletante, laborieuse ou bruyante.

ÉVALUATION DE LA RESPIRATION

À l'aide d'une montre, évaluez l'état respiratoire pendant au moins trente secondes et multipliez par deux pour obtenir la fréquence par minute. Faites de cette évaluation un prolongement de la prise du pouls pour éviter que le sujet en prenne conscience. La respiration pourrait autrement devenir un geste conscient, ce qui risquerait de fausser les résultats. Après la prise du pouls, laissez les doigts en place, mais comptez les cycles respiratoires tout en notant le rythme et l'amplitude de la respiration. Sachez déceler une respiration très lente, rapide, laborieuse ou bruyante, signes de troubles graves requérant des soins médicaux urgents.

---

[1] Respiration and Circulation, *Altman, Philip L. et Dorothy S. Dittner, rédacteurs pour la série Biological Handbooks, Federation of American Societies for Experimental Biology, Bethesda, Maryland, 1971, p.42.*

CHAPITRE 7

L'ASPHYXIE ET LA
RESPIRATION ARTIFICIELLE

L'ASPHYXIE

L'asphyxie désigne l'état où il y a carence en oxygène dans le sang pouvant endommager les tissus vitaux et causer éventuellement la mort. L'asphyxie se produit quand l'air inspiré est trop faible en oxygène, quand les poumons et le cœur ont cessé de fonctionner efficacement et quand les voies respiratoires sont obstruées.

Dans des endroits clos comme une armoire étanche, une mine ou un égout, le **taux d'oxygène dans l'air** diminue rapidement même quand la personne respire normalement. Des gaz toxiques remplacent l'oxygène, réduisant ainsi le taux d'oxygène dans le sang. Les émanations de monoxyde de carbone de moteurs à combustion et les gaz qui se forment dans les silos et les réservoirs de fumier en sont des exemples.

Les **fonctions cardiaques et pulmonaires** sont réglées par des impulsions nerveuses et nécessitent l'action mécanique des muscles et des côtes. Des atteintes aux systèmes circulatoire et respiratoire, causées par un choc électrique, une blessure à la colonne vertébrale ou par l'ingestion de drogue et de certains poisons, peuvent affecter les fonctions cardiaques et respiratoires. Des blessures aux côtes, au sternum ou aux muscles intercostaux réduisent le mouvement de la paroi thoracique, ce qui provoque une perte totale ou partielle des fonctions respiratoires.

L'**obstruction des voies respiratoires** peut être causée par la présence d'un corps étranger logé dans la gorge, par du sang et des mucosités provenant de blessures à la bouche ou par des vomissures; mais la plupart du temps, elle est provoquée par la chute de la langue dans l'arrière-gorge chez la personne inconsciente. Un spasme des muscles de la gorge résultant de la présence d'eau ou de nourriture dans les voies respiratoires ou de l'oedème des tissus de la gorge causé par une allergie, une maladie ou une blessure, peuvent également obstruer les voies respiratoires.

SIGNES DE DÉTRESSE RESPIRATOIRE

On reconnaît une respiration anormale et la détresse respiratoire à l'un ou plusieurs des signes suivants :

- le rythme de la respiration est irrégulier, trop rapide ou trop lent;

- la respiration est superficielle ou anormalement profonde;

- la respiration est bruyante et rauque ou difficile et haletante;

- les vaisseaux sanguins de la tête et du cou sont congestionnés;

- les lèvres, les oreilles et les ongles sont de coloration bleutée, signe d'un manque d'oxygène dans le sang (cyanose);

- la poitrine ne s'élève et ne s'abaisse pas; on ne peut ni entendre ni sentir l'air s'échapper des poumons;

Le sujet perdra rapidement conscience et, si la respiration artificielle n'est pas administrée, la mort par asphyxie s'ensuivra.

LA RESPIRATION ARTIFICIELLE

Il est essentiel que les organes vitaux, comme le cerveau et le cœur reçoivent un apport continu d'oxygène. **Privé d'oxygène pendant plus de quatre minutes, le cerveau peut subir des lésions irréversibles.** La respiration artificielle est la méthode employée pour fournir l'air aux poumons d'une personne incapable de respirer par elle-même. En cas de défaillance des fonctions respiratoires, il faut absolument commencer la respiration artificielle immédiatement; c'est une question de secondes!

La respiration artificielle est une combinaison de cinq techniques simples :

- évaluation de la faculté de réponse;

- évaluation de la respiration;

- ouverture des voies respiratoires;

- ventilation des poumons;

- évaluation du pouls.

ÉVALUATION DE LA FACULTÉ DE RÉPONSE

Si le sujet semble inconscient, le secouriste ne doit procéder à aucune autre manœuvre avant d'avoir établi qu'il y a perte de conscience. Il doit secouer légèrement les épaules du sujet et lui demander d'une voix forte : "Est-ce que ça va?" Si les circonstances de l'accident laissent supposer une blessure à la tête ou au cou, il faut évaluer la faculté de réponse avec soin.

ÉVALUATION DE LA RESPIRATION

Pour évaluer l'état respiratoire, ou établir l'absence de respiration, il faut placer l'oreille contre la bouche et le nez du sujet puis écouter et sentir contre la joue s'il y a échange respiratoire. Ce faisant, regardez attentivent si la poitrine s'élève et s'abaisse avec chaque dilatation et contraction des poumons. Cette évaluation devrait se faire en 3 à 5 secondes.

Fig. 7-1 Évaluation de la respiration

Afin de réduire au minimum le mouvement de la tête et du cou, évaluez la respiration avant d'ouvrir les voies respiratoires ; les sujets inconscients ne sont pas tous victimes d'un arrêt respiratoire.

OUVERTURE DES VOIES RESPIRATOIRES

Lorsque l'on perd conscience, les muscles de la bouche et de la gorge se relâchent. Si le sujet est étendu sur le dos, la langue tombera dans l'arrière-gorge, empêchant ainsi l'air de se rendre aux poumons. La respiration s'interrompera alors. Des lésions cérébrales et la mort peuvent s'ensuivre à moins d'une intervention rapide. Ouvrir les voies respiratoires en dégageant la langue de l'arrière-gorge peut suffire à rétablir la respiration. Il existe deux méthodes d'ouverture des voies respiratoires; le renversement de la tête avec soulèvement du menton et le déplacement de la mâchoire en avant sans renversement de la tête.

Fig. 7-2 Voies respiratoires fermées

Fig. 7-3 Voies respiratoires partiellement obstruées

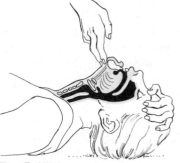

Fig. 7-4 Voies respiratoires ouvertes

Renversement de la tête avec soulèvement du menton

Cette méthode d'ouverture des voies respiratoires s'avère la plus efficace lorsque l'on ne soupçonne pas de blessure au cou. Le renversement de la tête redresse les voies respiratoires et dégage la langue de l'arrière-gorge. Le soulèvement du menton déplace la mâchoire et la langue encore plus vers le haut pour une ouverture maximale des voies respiratoires.

Placez une main sur le front du sujet et appuyez vers l'arrière. Dans un même temps, placez les doigts de l'autre main sous la région osseuse du menton et soulevez. Évitez d'exercer une pression des doigts sur les tissus mous du menton, ce qui risquerait d'obstruer les voies respiratoires.

Pour ouvrir les voies respiratoires d'un bébé, renversez légèrement la tête en arrière. Accentuez le renversement chez un enfant. Évitez l'hyperextension du cou, particulièrement chez les bébés, et prenez

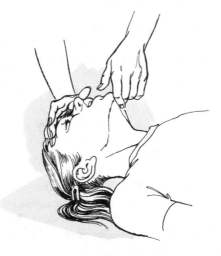

Fig. 7-5 (a) Renversement de la tête avec soulèvement du menton – sujet adulte

Fig. 7-5 (b) Renversement de la tête avec soulèvement du menton – sujet bébé

garde de ne pas fermer la bouche du sujet ou de faire pression sur les tissus mous du menton, ce qui pourrait provoquer l'obstruction des voies respiratoires.

Déplacement de la mâchoire en avant sans renversement de la tête

La méthode du déplacement de la mâchoire en avant sans renversement de la tête est la plus sûre dans toute situation où l'on soupçonne une blessure au cou. La mâchoire doit être déplacée vers le haut sans qu'il y ait soulèvement ou extension du cou, et la tête, maintenue en place dans l'alignement du corps.

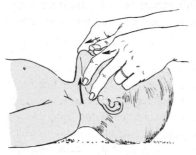

Fig. 7-6 Déplacement de la mâchoire en avant sans renversement de la tête – sujet bébé

Placez les mains de chaque côté de la tête du sujet, immobilisant ainsi la tête et le cou. Saisissez des doigts la mandibule (mâchoire inférieure) au niveau de l'angle et déplacez-la vers le haut. De vos pouces, abaissez la lèvre inférieure pour ouvrir la bouche. Scellez de votre joue le nez du sujet et insufflez par la bouche.

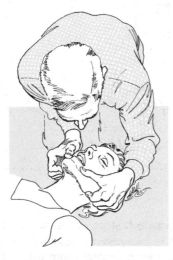

Fig. 7-7 Déplacement de la mâchoire en avant sans renversement de la tête – sujet adulte

Fig. 7-8 Nez scellé par la joue

Si les poumons ne se dilatent pas, renversez légèrement la tête vers l'arrière et essayez à nouveau. Le renversement de la tête peut effectivement aggraver une blessure au cou, mais c'est là un risque à prendre si l'on veut ventiler les poumons.

VENTILATION DES POUMONS

La respiration artificielle consiste à suppléer à la respiration d'une victime. Le taux d'oxygène dans l'air expiré est suffisant pour maintenir une personne en vie si la ventilation est effectuée comme il se doit.

L'insufflation d'air dans les poumons d'une victime dont la respiration s'est interrompue se fait par le biais de la bouche, du nez, de la bouche et du nez, et du stomate dans le cas des laryngectomisés. Assurez-vous que les voies respiratoires sont bien ouvertes et que le contact est hermétique. Scellez tout autre orifice par lequel l'air pourrait s'échapper, notamment les narines dans le cas du bouche-à-bouche. Inspirez profondément puis ventilez lentement les poumons; allouez 1 à 1,5 secondes à chaque insufflation. Des insufflations lentes risquent moins d'ouvrir l'oesophage et de faire pénétrer de l'air dans l'estomac.

Fig. 7-9 Ventilation bouche-à-bouche

Fig. 7-10 La poitrine s'abaisse-t-elle?

Après chaque insufflation, décollez votre bouche et tournez la tête vers la poitrine en gardant l'oreille et la joue juste au-dessus du sujet. Regardez si la poitrine s'abaisse et écoutez et sentez contre votre joue s'il y a expiration. Ces signes vous permettront d'établir si l'air parvient aux poumons.

Si tel n'est pas le cas, replacez la tête en position et relevez davantage le menton ou la mâchoire. Assurez un contact hermétique et essayez à nouveau. Si les poumons ne se dilatent pas, soupçonnez une obstruction des voies respiratoires et procédez aux techniques de premiers soins en cas d'étouffement (voir chap. 9).

Ventilation – fréquence et amplitude

Les insufflations doivent se donner avec juste assez de force pour dilater la poitrine du sujet, à une fréquence aussi près que possible de la respiration normale. Allouer de 1 à 1,5 secondes à chaque insufflation. Cela optimisera l'échange respiratoire et préviendra l'hyperventilation chez le secouriste.

Adultes (8 ans et plus). Insufflez à la fréquence d'une insufflation complète aux cinq secondes, soit environ 12 par minute.

Enfants (1 à 8 ans). Les poumons de l'enfant sont plus petits que chez l'adulte et la fréquence respiratoire est plus rapide. La ventilation doit donc se faire par petites bouffées, à la fréquence d'une insufflation aux quatre secondes, soit environ 15 par minute. Allouer de 1 à 1,5 secondes à chaque insufflation.

Bébés (moins d'un an). Les poumons du bébé sont plus petits encore que ceux de l'enfant et la fréquence respiratoire plus rapide. L'intensité des insufflations est donc réduite à de légères bouffées administrées aux trois secondes, soit environ 20 par minute. Allouer de 1 à 1,5 secondes à chaque insufflation.

Distension stomacale

Une infiltration d'air dans l'estomac exercera une pression ascendante sur le diaphragme, rendant la respiration artificielle plus difficile et augmentant le risque de régurgitation et d'aspiration des vomissures. Si la respiration de secours provoque la distension de l'estomac, procédez à nouveau à l'examen des voies respiratoires et à la mise en position du sujet, regardez si la poitrine s'élève et s'abaisse, et évitez d'exercer une trop grande pression sur les voies respiratoires. L'expérience montre que l'administration de poussées manuelles sur la partie supérieure de l'abdomen entraîne presque immanquablement si l'estomac est plein, la régurgitation. Si la tension est telle qu'elle empêche la dilatation des poumons, faites pivoter la victime sur le côté, la tête abaissée, avant d'exercer une pression abdominale. Les vomissures peuvent être expulsées de l'estomac en même temps que l'air. Dans ce cas, essuyez rapidement la bouche du sujet et reprenez la respiration artificielle.

ÉVALUATION DU POULS

En l'absence de battements cardiaques, il n'y a pas de circulation sanguine. Les tissus vitaux, comme le cerveau, sont ainsi privés de leur apport d'oxygène, et ce indépendamment du fait que vous assuriez la respiration du sujet. Il vous faut donc établir si le cœur bat en prenant le pouls.

Après avoir donné deux insufflations initiales et vous être assuré que les poumons se dilatent, vérifiez le pouls carotidien chez l'adulte ou l'enfant et le pouls brachial chez le bébé (voir chap. 5). Prenez 5 à 10 secondes pour détecter même un pouls lent et faible. En l'absence de pulsations, commencez la RCR si vous en avez reçu la formation (voir chap. 8) ou envoyez chercher des secours compétents.

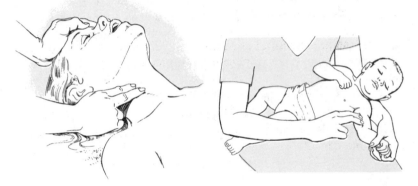

Fig. 7-11 Prise du pouls carotidien   *Fig. 7-12 Prise du pouls brachial*

Si le pouls est perceptible, continuez la respiration artificielle et vérifiez-le de nouveau après une minute et à des intervalles de quelques minutes par la suite.

LES MÉTHODES DIRECTES DE RESPIRATION ARTIFICIELLE

La respiration artificielle peut être donnée par méthode directe : **bouche-à-bouche, bouche-à-nez, bouche-à-bouche-et-nez,** ou **bouche-à-stomate.** Les méthodes directes sont jugées supérieures pour les raisons suivantes :

- elles fournissent aux poumons un plus grand volume d'air;

- on peut les commencer immédiatement et continuer pendant le déplacement hors de danger ou vers des secours médicaux. Ceci est particulièrement important quand on donne la respiration artificielle aux noyés pendant qu'on les retire de l'eau;

- elles peuvent être amorcées dès que le secouriste arrive auprès du sujet et que la bouche est dégagée; il peut ne pas être nécessaire de le bouger. Il n'en reste pas moins qu'il vaut toujours mieux allonger le sujet sur le dos, sur une surface rigide;

- elle permettent d'évaluer sur-le-champ si les voies respiratoires sont obstruées;

- elles ne sont pas éprouvantes physiquement et peuvent être administrées pendant une longue période sans trop de fatigue.

MÉTHODE BOUCHE-À-BOUCHE

Pour procéder à l'administration de la respiration artificielle bouche-à-bouche, assurez-vous d'abord que les voies respiratoires sont bien ouvertes. Pincez les narines entre le pouce et l'index pour prévenir toute fuite d'air.

Fig. 7-13 Ouverture des voies respiratoires et pincement du nez

Fig. 7-14 Méthode bouche-à-bouche

Inspirez profondément, plaquez votre bouche largement ouverte sur celle du sujet en assurant un contact hermétique et insufflez.

*Fig. 7-15 La poitrine s'abaisse-
t-elle?*

Donnez deux insufflations. Après chaque insufflation, dé- collez votre bouche pour permet- tre à l'air de s'échapper. Écoutez et sentez contre votre joue : l'air s'échappe-t-il de la bouche et du nez? Regardez : la poitrine s'abaisse-t-elle?

Si l'air parvient aux poumons lors des deux insufflations ini- tiales et que le pouls est percep- tible, poursuivez la respiration artificielle.

À moins que les prothèses dentaires ne perturbent le passage d'air, elles devraient être laissées en place; elles assurent une meilleure étanchéité autour de la bouche.

MÉTHODE BOUCHE-À-NEZ

On emploie la méthode bouche-à-nez en cas de blessure à la bouche ou quand il est impossible d'assurer l'étanchéité du contact bouche-à- bouche.

L'on procède selon le même principe que pour le bouche-à-bouche, à la différence près que l'on insuffle dans le nez du sujet. D'une main, basculez la tête vers l'arrière, mais ne pincez pas les narines. Avec votre autre main, relevez le menton du sujet tout en fermant sa bouche

Fig. 7-16 Méthode bouche-à-nez

avec votre pouce. Placez votre bouche sur le nez du sujet et donnez deux insufflations. Ouvrez la bouche du sujet entre les insufflations pour permettre à l'air de s'échapper. Si l'air par- vient aux poumons et que le pouls est perceptible, continuez la ventilation rythmique comme pour le bouche-à-bouche.

MÉTHODE BOUCHE-À-BOUCHE-ET-NEZ

La méthode bouche-à-bouche-et-nez est préférable chez le **bébé**. La technique est essentiellement la même que chez l'adulte à quelques exceptions près :

● relevez le menton, mais ne renversez pas la tête trop loin en arrière car l'aplatissement de la trachée risquerait de restreindre le passage d'air; prenez garde de ne pas fermer la bouche du nourrisson ou de faire pression sur les tissus mous du menton, cela pourrait obstruer les voies respiratoires;

● assurez un contact étanche autour de la bouche et du nez;

Fig. 7-17 Méthode bouche-à-bouche-et-nez

Fig. 7-18 La poitrine s'abaisse-t-elle?

● insufflez de petites bouffées d'air et non des insufflations complètes;

● situez et prenez le pouls brachial. Si le pouls est perceptible . . .

● continuez la respiration artificielle et réévaluez le pouls fréquemment. Si le pouls est absent, commencez la RCR (voir chap. 8).

MÉTHODE BOUCHE-À-STOMATE

À la suite d'une ablation du larynx, certaines personnes doivent respirer par une ouverture ou **stomate** pratiquée dans la trachée. Ces personnes sont appelées des laryngectomisés.

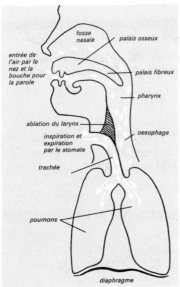

fosse nasale
palais osseux
entrée de l'air par le nez et la bouche pour la parole
palais fibreux
pharynx
ablation du larynx
oesophage
inspiration et expiration par le stomate
trachée
poumons
diaphragme

Fig. 7-19 Laryngectomie complète

Le secouriste aura sans doute rarement l'occasion de donner la respiration artificielle à un laryngectomisé; cependant, il doit être en mesure d'administrer promptement la respiration artificielle bouche-à-stomate.

La méthode bouche-à-stomate suit la règle générale de la respiration artificielle directe indiquée plus haut, moyennant quelques modifications. Souvenez-vous que l'air ne peut pas arriver aux poumons du laryngectomisé par sa bouche ou son nez; l'air doit entrer par l'ouverture dans la trachée, le stomate.

Si vous avez établi promptement que le sujet est un laryngectomisé, procédez de la manière suivante :

● enlevez tout ce qui peut empêcher l'accès au stomate;

● placez un rembourrage sous les épaules pour les soulever légèrement; gardez la tête du sujet dans l'alignement du corps, le menton relevé;

● assurez un contact hermétique de votre bouche et insufflez directement dans le stomate;

● sachez déceler toute obstruction du stomate en regardant, en écoutant et en sentant le mouvement de l'air contre votre joue;

● maintenez l'ouverture propre au moyen d'un linge net. Ne vous servez jamais de mouchoirs de papier.

Fig. 7-20 Méthode bouche-à-stomate

Chez certains laryngectomisés, une canule trachéale a été insérée dans le stomate. Celle-ci peut être facilement débloquée à l'aide d'un linge ou d'un mouchoir propre. Faites vite; il vaut mieux insuffler un peu d'air dans une ouverture partiellement dégagée que beaucoup lorsqu'il est trop tard.

Chez les personnes ayant subi une laryngectomie partielle, la bouche et le nez communiquent encore; le secouriste doit fermer la bouche et pincer les narines pour empêcher l'air de s'échapper.

ORDRE SÉQUENTIEL DE LA RESPIRATION ARTIFICIELLE

Dès que vous soupçonnez un arrêt respiratoire, rendez les lieux sûrs et posez les gestes suivants rapidement mais sans précipitation :

1. **Évaluer la faculté de réponse.** Secouez légèrement les épaules du sujet et demandez-lui d'une voix forte : "Est-ce que ça va?" S'il ne répond pas ...

2. **Évaluer la respiration.** Regardez, écoutez et sentez contre la joue s'il y a signe d'échange respiratoire (allouez de 3 à 5 secondes). Si aucun signe ne se manifeste ...

3. **Appeler de l'aide.** Criez ou utilisez tout autre moyen pour attirer l'attention d'un passant, qui pourrait appeler les secours médicaux ou aider à l'administration des premiers soins.

4. **Mettre le sujet en position.** Faites pivoter le sujet sur le dos en un seul bloc, tout en lui soutenant la tête et le cou.

5. **Ouvrir les voies respiratoires.** Procédez à l'ouverture des voies respiratoires en utilisant la méthode du renversement de la tête avec soulèvement du menton ou du déplacement de la mâchoire en avant sans renversement de la tête. Tout en assurant l'ouverture des voies respiratoires ...

6. **Vérifier à nouveau la respiration.** Encore une fois, regardez, écoutez et sentez contre la joue s'il y a signe d'échange respiratoire (allouez de 3 à 5 secondes). La respiration peut reprendre spontanément après l'ouverture des voies respiratoires. Si aucun signe de respiration n'est décelé . . .

7. **Commencer la respiration artificielle.** Ventilez les poumons. Après les deux insufflations initiales, maintenez les voies respiratoires ouvertes et . . .

8. **Évaluer le pouls.** Repérez et prenez le pouls carotidien chez les adultes et les enfants, et le pouls brachial chez les bébés. Allouez de 5 à 10 secondes à la vérification initiale pour détecter même un pouls lent et faible. Si le pouls est perceptible . . .

9. **Faire dépêcher des secours.** Demandez à une personne présente d'appeler les secours médicaux. Assurez-vous qu'elle est en mesure de communiquer tous les renseignements nécessaires à la police ou au répartiteur des services d'urgence (voir chap. 1). **Ne quittez jamais une victime d'arrêt respiratoire dont le cœur bat toujours pour aller appeler des secours médicaux.**

10. **Reprendre la respiration artificielle.** Ventilez les poumons toutes les 5 secondes chez l'adulte, toutes les 4 secondes chez l'enfant et toutes les 3 secondes chez le bébé. Regardez s'il y a mouvement du thorax, écoutez et sentez contre la joue si de l'air s'échappe des poumons après chaque insufflation.

11. **Évaluer à nouveau le pouls.** Évaluez le pouls carotidien ou brachial (5 secondes devraient suffire) après la première minute de respiration artificielle et à des intervalles de quelques minutes par la suite.

Il est possible que de l'air s'infiltre dans l'estomac lors de la respiration artificielle. Cela peut entraîner des vomissements pendant la manoeuvre proprement dite ou la période de recouvrement. Si tel est le cas, faites immédiatement pivoter la victime sur le côté pour permettre l'écoulement des sécrétions de la bouche. Dégagez la bouche pour en retirer tout corps étranger, essuyez-la et reprenez la respiration artificielle.

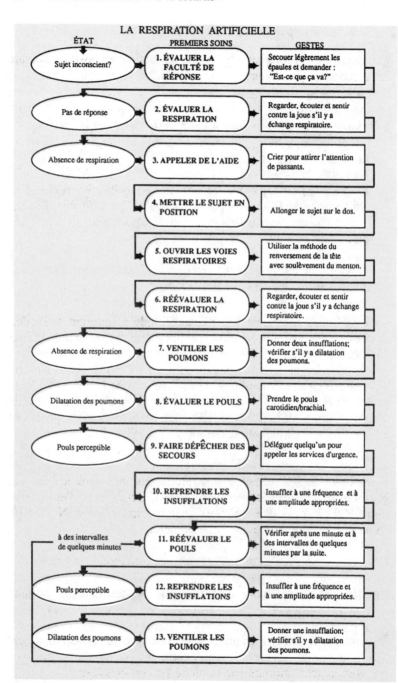

LA RESPIRATION ARTIFICIELLE

ÉTAT	PREMIERS SOINS	GESTES
Sujet inconscient?	1. ÉVALUER LA FACULTÉ DE RÉPONSE	Secouer légèrement les épaules et demander : "Est-ce que ça va?"
Pas de réponse	2. ÉVALUER LA RESPIRATION	Regarder, écouter et sentir contre la joue s'il y a échange respiratoire.
Absence de respiration	3. APPELER DE L'AIDE	Crier pour attirer l'attention de passants.
	4. METTRE LE SUJET EN POSITION	Allonger le sujet sur le dos.
	5. OUVRIR LES VOIES RESPIRATOIRES	Utiliser la méthode du renversement de la tête avec soulèvement du menton.
	6. RÉÉVALUER LA RESPIRATION	Regarder, écouter et sentir contre la joue s'il y a échange respiratoire.
Absence de respiration	7. VENTILER LES POUMONS	Donner deux insufflations; vérifier s'il y a dilatation des poumons.
Dilatation des poumons	8. ÉVALUER LE POULS	Prendre le pouls carotidien/brachial.
Pouls perceptible	9. FAIRE DÉPÊCHER DES SECOURS	Déléguer quelqu'un pour appeler les services d'urgence.
	10. REPRENDRE LES INSUFFLATIONS	Insuffler à une fréquence et à une amplitude appropriées.
à des intervalles de quelques minutes	11. RÉÉVALUER LE POULS	Vérifier après une minute et à des intervalles de quelques minutes par la suite.
Pouls perceptible	12. REPRENDRE LES INSUFFLATIONS	Insuffler à une fréquence et à une amplitude appropriées.
Dilatation des poumons	13. VENTILER LES POUMONS	Donner une insufflation; vérifier s'il y a dilatation des poumons.

SOINS COMPLÉMENTAIRES

Une fois la respiration rétablie, placez la victime en position latérale de sécurité. Si vous soupçonnez des blessures au cou et que vous devez laisser la victime seule, posez un collet cervical avant de la faire pivoter (voir chap. 16). Placer le sujet en position latérale de sécurité aide à maintenir les voies respiratoires ouvertes et à empêcher l'ingestion de sécrétions ou de vomissures.

On doit aussi observer attentivement les victimes atteintes de difficultés respiratoires au cas où les troubles se manifesteraient à nouveau; le sujet doit recevoir rapidement des soins médicaux.

LES MÉTHODES INDIRECTES DE RESPIRATION ARTIFICIELLE

Les méthodes indirectes (ou manuelles) de respiration artificielle apportent l'air aux poumons par compression et expansion de la cage thoracique. Celle-ci est d'abord comprimée par des pressions manuelles dorsales ou thoraciques puis dilatée par les mouvements d'extension exercés sur les membres supérieurs. Les deux méthodes indirectes de respiration artificielle sont la méthode **pressions dorsales avec élévation des bras,** ou Holger Nielsen, et la méthode **pressions thoraciques avec élévation des bras,** ou Sylvester.

Bien que les méthodes indirectes soient moins efficaces que les méthodes directes, elles ne sont pratiquées que dans les cas par exemple de blessures graves au visage ou à la bouche ou d'empoisonnement par gaz toxique. Le choix de la méthode, Holger Nielsen ou Sylvester, est déterminé par l'état du sujet.

Les règles suivantes s'appliquent aux deux méthodes indirectes :

- dégagez et maintenez ouvertes les voies respiratoires par une extension du cou;

- couchez le sujet sur un plan rigide, au niveau du sol de préférence;

- commencez toujours par la phase de compression;

- prenez garde en comprimant la cage thoracique de ne pas fracturer les côtes ou les autres os de la poitrine;

- vérifiez le pouls carotidien après une minute ou douze cycles complets. Si le pouls est perceptible, reprenez les compressions et réévaluez-le à des intervalles de quelques minutes.

MÉTHODE PRESSIONS DORSALES AVEC ÉLÉVATION DES BRAS (HOLGER NIELSEN)

La méthode Holger Nielsen peut être utilisée quand les blessures causent un écoulement qui encombre la gorge. Elle est contre-indiquée pour les femmes en état de grossesse avancée ou pour les personnes obèses. Les blessures au cou, au dos ou aux membres supérieurs rendent aussi cette méthode impraticable.

Position du sujet

Couchez le sujet sur le ventre, les mains l'une sur l'autre sous le front, et la tête légèrement tournée de côté de manière à permettre l'écoulement des sécrétions de la bouche. Placez un rembourrage souple sous la tête pour allonger le cou; ceci fait pointer le menton vers le haut et aide à maintenir les voies respiratoires ouvertes. Rien ne doit obstruer la bouche et le nez.

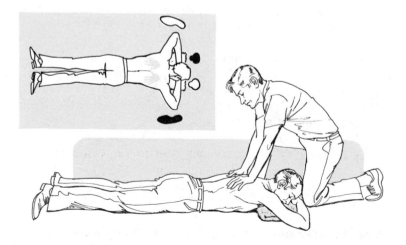

Fig. 7-21 Position du sujet et du secouriste

Position du secouriste

Placez-vous à la tête du sujet, un genou au sol près de son visage et le pied de l'autre jambe légèrement avancé de manière à être bien stable. Placez les mains à plat sur le dos du sujet, le talon de chaque main en ligne avec les aisselles et les doigts écartés vers le bas. Les pouces sont côte à côte le long de la colonne vertébrale et les bras sont droits.

Cycle respiratoire

Pour faciliter l'apprentissage, on décrit le cycle respiratoire comme ayant quatre phases. Le cycle complet se pratique de façon rythmée, de manière à provoquer des mouvements respiratoires d'une fréquence de 12 par minute. Chaque cycle dure donc 5 secondes. Un rythme régulier et constant est beaucoup plus important qu'une synchronisation précise.

Phase de compression (expiration). Gardez vos bras droits et basculez légèrement vers l'avant, jusqu'à ce qu'ils soient en position verticale. Ce geste crée une pression sur le dos de la victime. Comprimez juste assez pour que l'air soit expulsé des poumons. Durant cette manoeuvre, comptez : **UN** et **DEUX** et . . .

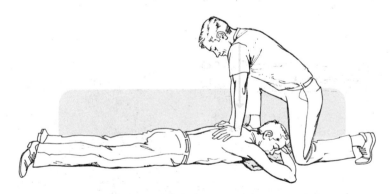

Fig. 7-22 Phase de compression (expiration)

Phase de transition (1). Basculez vers l'arrière en glissant vos mains au-delà des épaules de la victime et saisissez ses bras juste au-dessus du coude. Comptez : **TROIS** et . . .

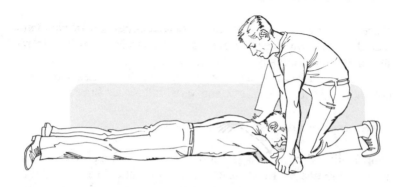

Fig. 7-23 Phase de transition (1)

Phase d'expansion (inspiration). Basculez maintenant vers l'arrière en soulevant et en tirant vers vous les bras du sujet jusqu'à extension complète. Vos bras doivent rester droits et la poitrine du sujet ne doit pas quitter le sol. Au cours de cette phase, comptez: **QUATRE** et **CINQ** et ...

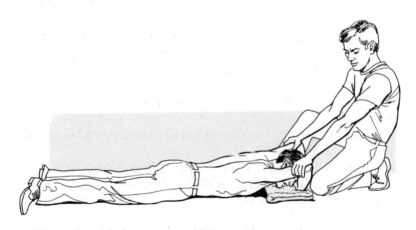

Fig. 7-24 Phase d'expansion (inspiration)

Phase de transition (2). Glissez vos mains le long des bras de la victime et reprenez votre position initiale, les mains à plat sur le dos, le talon en ligne avec les aisselles, prêt à enchaîner avec la phase de compression.

Méthode Holger Nielsen pour enfants

Pour les enfants de cinq ans et plus, la technique demeure la même sauf que la pression exercée dans le dos est moins forte et se fait qu'avec le bout des doigts seulement.

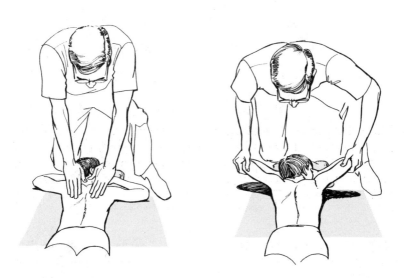

Fig. 7-25 Méthode Holger Nielsen pour enfants

La manière de procéder pour les moins de cinq ans est la suivante :

● couchez l'enfant sur le ventre, les bras le long du corps; placez un tampon sous son front pour réaliser l'extension du cou et tournez légèrement sa tête de côté;

● saisissez les épaules de l'enfant, les pouces sur les omoplates;

● pressez avec les pouces et comptez **UN** et **DEUX** et . . . Ce geste produit l'expiration;

● soulevez les épaules pour dilater la cage thoracique et comptez **TROIS** et **QUATRE** et . . . Ce geste produit l'inspiration.

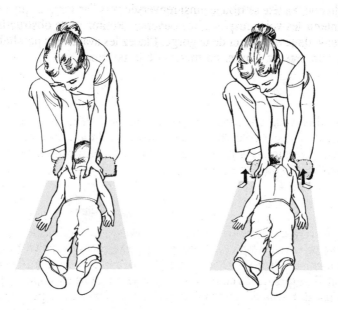

*Fig. 7-26 Méthode Holger Nielsen pour enfants
de moins de cinq ans*

Répétez les phases d'expiration et d'inspiration à une fréquence d'environ 15 mouvements respiratoires par minute ou un cycle toutes les 4 secondes.

MÉTHODE PRESSIONS THORACIQUES AVEC ÉLÉVATION DES BRAS (SYLVESTER)

La méthode Sylvester peut être utilisée chez les femmes en état de grossesse avancée, les personnes obèses et les blessés qui ne peuvent être placés sur le ventre. Elle est contre-indiquée pour les victimes dont les blessures entraînent un écoulement de substances dans la gorge et pour celles qui ont une blessure au cou, au dos ou aux membres supérieurs.

Position du sujet

Allongez le sujet sur le dos, sur un plan rigide. Placez une couverture ou un manteau mis en rouleau sous ses épaules pour réaliser l'extension du cou. Sa tête se trouve ainsi renversée vers l'arrière, ce qui aide à maintenir les voies respiratoires ouvertes. Retirez toute obstruction apparente de la bouche et de la gorge. Placez les avant-bras parallèlement, l'un près de l'autre, en travers de la poitrine.

Position du secouriste

Agenouillez-vous en ligne avec le dessus de la tête du sujet, les genoux de chaque côté. En gardant vos bras droits, encerclez ses poignets et croisez-les à la base du sternum, en position pour la première phase du cycle, la compression.

Le cycle respiratoire

Le cycle de la respiration comporte trois phases. Le cycle complet se pratique de façon rythmée, de manière à provoquer des mouvements respiratoires à raison de 12 par minute chez l'adulte et de 15 à 20 chez l'enfant. En exerçant les compressions, le secouriste doit toujours être conscient du risque de fracturer les côtes; quand il s'agit de personnes de poids léger ou d'enfants, la force des compressions doit être diminuée en conséquence.

Phase de compression (expiration). Saisissez fermement les poignets du sujet tout en inclinant votre poids vers l'avant de manière à comprimer le thorax pour que l'air soit expulsé des poumons. Comptez: **UN** et **DEUX** et . . .

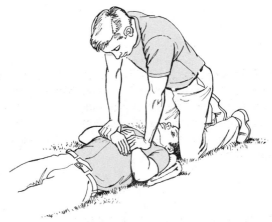

Fig. 7-27 Phase de compression

Phase d'expansion (inspiration). Basculez vers l'arrière, les fesses sur vos talons, tout en élevant les bras du sujet et en les étendant complètement vers l'arrière. Ce geste dilate le thorax et attire l'air dans les poumons. Au cours de cette manoeuvre, comptez: **TROIS** et **QUATRE** et . . .

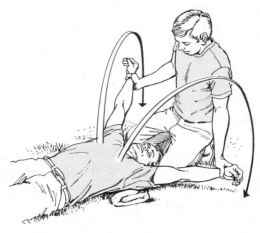

Fig. 7-28 Phase d'expansion

Transition. Replacez les poignets dans leur position initiale, en travers de la poitrine, en comptant: **CINQ** et . . . Reprenez le cycle au rythme qui convient selon l'âge du sujet.

CHAPITRE 8

LA RÉANIMATION CARDIORESPIRATOIRE (RCR)

La réanimation cardiorespiratoire, ou RCR, allie deux techniques essentielles pour assurer la survie : la circulation artificielle (réanimation cardiaque) et la respiration artificielle (réanimation pulmonaire). On combine ces deux techniques pour traiter le sujet qui ne respire plus et dont le cœur s'est arrêté de battre. Les compressions thoraciques externes créent une circulation artificielle, poussant le sang dans les poumons où il se charge de l'oxygène qu'il acheminera aux organes vitaux. La respiration artificielle, parfois appelée respiration de secours, alimente les poumons du sujet en oxygène. Correctement exécutées par un ou deux sauveteurs, ces techniques peuvent assurer la survie jusqu'au rétablissement des fonctions cardiopulmonaires normales.

GÉNÉRALITÉS

La RCR s'impose lorsque l'évaluation du pouls et de la respiration indique que le sujet ne respire pas et que le cœur a cessé de battre. Le sujet est alors dit en arrêt cardiaque et respiratoire. L'arrêt cardiaque peut se manifester subitement ou conséquemment à un arrêt respiratoire non traité lorsque s'épuise le stock d'oxygène dans l'organisme. L'administration immédiate de la respiration artificielle à une personne dont la respiration s'est interrompue peut prévenir l'arrêt cardiaque, trouble plus grave.

Chez les enfants et les bébés, l'arrêt cardiaque est rarement le fait d'une crise cardiaque. Il est le plus souvent le résultat d'une insuffisance en oxygène imputable à des difficultés respiratoires. Une intervention faite avant que le cœur ne cesse de battre a des meilleures chances de succès. Il vous faut donc savoir reconnaître les signes précurseurs de difficultés respiratoires et passer à l'action rapidement. Rappelez-vous que la respiration artificielle est la technique de premiers soins la plus importante en présence d'un enfant ou d'un bébé dont la respiration s'est interrompue.

Apprenez à reconnaître les signes et les symptômes d'une crise cardiaque imminente (voir chap. 25) de façon à obtenir des services médicaux d'urgence avant l'arrêt cardiaque proprement dit.

MANOEUVRES DE RCR

L'administration de la RCR comporte six manoeuvres. L'évaluation de la faculté de réponse, l'évaluation de la respiration, l'ouverture des voies respiratoires, la ventilation des poumons et l'évaluation du pouls ont été vues dans le cadre de la respiration artificielle (voir chap. 7); le présent chapitre se consacre à leur application en RCR et illustre en détail l'administration des compressions thoraciques, y compris les variantes entre les sujets adulte, enfant et bébé.

ADULTE – ENFANT – BÉBÉ

Les manoeuvres de RCR varient selon que le sujet est un adulte, un enfant ou un bébé. Sans en faire une règle d'or, les groupes d'âge s'établissent comme suit :

● adulte – 8 ans et plus,

● enfant – 1 à 8 ans,

● bébé – moins d'un an.

Cela dit, le facteur le plus important pour déterminer laquelle des trois variantes utiliser reste la taille du sujet. Pour cette raison des échelles de pression sont recommandées, et le bon sens dicte que la force utilisée pour les compressions thoraciques et les insufflations doit être atténuée chez les enfants et les adultes de petite constitution.

ÉVALUATION DE LA FACULTÉ DE RÉPONSE

Tapez ou secouez légèrement les épaules de la victime et demandez "Est-ce que ça va?" pour établir si elle est inconsciente. En cas de blessure possible à la tête ou au cou, soyez délicat.

ÉVALUATION DE LA RESPIRATION

Une vérification de 3 à 5 secondes vous permettra de déceler tout signe de mouvement respiratoire.

OUVERTURE DES VOIES RESPIRATOIRES

Ouvrir les voies respiratoires, par la méthode du renversement de la tête avec soulèvement du menton ou du déplacement de la mâchoire en avant sans renversement de la tête, suffit souvent à rétablir la respiration. Toujours réévaluer la respiration après l'ouverture des voies respiratoires.

Autant que possible, maintenez les voies respiratoires ouvertes durant la RCR. Une deuxième personne peut maintenir la tête renversée vers l'arrière pendant que vous vous chargez des compressions thoraciques. Chez l'enfant, la tête peut être maintenue avec une main alors que l'autre exécute les compressions; quant au bébé, il peut être placé de façon à ce que la tête soit renversée vers l'arrière pendant les compressions.

VENTILATION DES POUMONS

La ventilation des poumons s'effectue lentement, en allouant de 1 à 1,5 secondes à chaque insufflation, et est suivie d'une pause pour permettre au sujet d'expirer. Complètes chez l'adulte, les insufflations sont plus légères chez l'enfant et réduites à de simples bouffées chez le bébé.

Donnez deux insufflations lorsque l'évaluation confirme l'absence de respiration. En RCR, les insufflations subséquentes sont coordonnées avec les compressions thoraciques dans un rapport dépendant de l'âge de la victime et du nombre de sauveteurs :

- **adulte – un sauveteur** — donnez 2 insufflations après chaque séquence de 15 compressions, pour un **rapport de 15:2;**

- **adulte – deux sauveteurs** — donnez 1 insufflation après chaque séquence de 5 compressions, pour un **rapport de 5:1;**

- **enfant – un ou deux sauveteurs** — donnez 1 insufflation après chaque séquence de 5 compressions, pour un **rapport de 5:1;**

- **bébé – un sauveteur** — donnez une bouffée d'air après chaque séquence de 5 compressions, pour un **rapport de 5:1.**

ÉVALUATION DU POULS

Pour prendre le pouls, il faut palper à l'aide de deux doigts la région d'une artère, en évitant de la comprimer. Prenez le temps de détecter ce qui pourrait être un pouls lent et irrégulier : procéder à des compressions thoraciques sur un cœur qui bat pourrait entraîner de graves complications. La vérification initiale peut vous demander de 5 à 10 secondes; les vérifications subséquentes ne devraient pas nécessiter plus de 5 secondes.

L'évaluation du pouls se fait :

- après les deux insufflations initiales;

- après la première minute de RCR;

- à des intervalles de quelques minutes pendant la RCR;

- par un second sauveteur avant de prendre la relève de la RCR;

- par une équipe de deux sauveteurs avant d'entamer la RCR et lors de la substitution;

- sans interruption, pour juger de l'efficacité des compressions pendant la RCR à deux sauveteurs.

Il faut interrompre les compressions thoraciques dès la reprise spontanée des pulsations. Si la respiration est toujours absente, poursuivez la respiration artificielle et vérifiez le pouls aux quelques minutes.

LES COMPRESSIONS THORACIQUES

Les compressions thoraciques augmentent la pression dans la poitrine et peuvent exercer une pression directe sur le cœur, forçant le sang à circuler artificiellement. En passant dans les poumons, le sang se charge d'oxygène qu'il transporte vers le cœur et le cerveau, prévenant ainsi des dommages tissulaires jusqu'au rétablissement de la circulation et de la respiration normales.

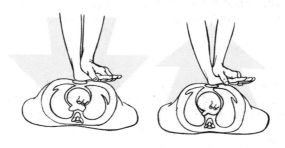

Fig. 8-1 Augmentation de la pression dans la cage thoracique

Pour assurer l'efficacité des compressions, placez le sujet sur une surface plane et rigide. La paume de la main peut convenir chez le nourrisson. Toute élévation de la tête réduira encore davantage la circulation vers le cerveau, alors qu'élever les membres inférieurs peut avoir l'effet contraire.

Exercez une pression longitudinale sur la partie inférieure du sternum avec assez de force pour comprimer la poitrine :

- de 3,8 cm à 5 cm chez l'adulte;

- de 2,5 cm à 3,8 cm chez l'enfant;

- de 1,3 cm à 2,5 cm chez le bébé.

Prenez garde de n'exercer de pression ni sur les côtes en bordure du sternum ni sur l'appendice xiphoïde (extrémité inférieure du sternum); cela pourrait fracturer les côtes ou causer des blessures internes.

Compressions thoraciques – sujet adulte

Position du sauveteur. Agenouillez-vous auprès de la victime, au niveau des épaules. La main située du côté de ses jambes servira à trouver le repère.

Repère sternal. Pour placer correctement les mains sur la moitié inférieure du sternum et au-dessus de l'appendice xiphoïde, procédez comme suit :

● de l'index et du majeur de votre main de repère, localisez le bord inférieur de la cage thoracique le plus près de vous;

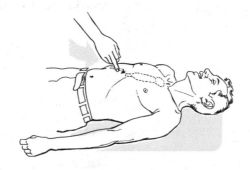

Fig. 8-2 (a) Point de repère – suivre les côtes

● suivez des doigts le rebord des côtes jusqu'au creux où elles se rattachent au sternum;

Fig. 8-2 (b) Point de repère – majeur sur le creux de l'estomac

- gardez votre majeur sur ce creux et laissez se poser votre index juste à côté, sur la partie inférieure du sternum;

- accolez votre autre main contre votre index de façon à ce que le talon de celle-ci soit placé dans l'alignement du sternum, les doigts soulevés ou pointant en travers de la poitrine;

- ramenez votre main de repère sur la première, les doigts tendus parallèlement ou entrecroisés pour éviter toute pression sur les côtes.

Fig. 8-2 (c) Point de repère – position de la main

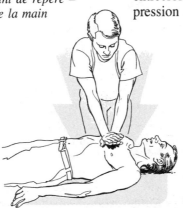

Fig. 8-2 (d) Position pour les compressions

Compressions thoraciques. Exercez à la verticale une pression sur le sternum. Si la pression est exécutée un tant soit peu de biais, le corps pourra pivoter et l'effet sera perdu. La pression n'est exercée qu'avec le talon des mains. Les mains bien en position sur le sternum, procédez aux compressions comme suit :

- barrez les coudes afin que les bras soient bien droits;

- dressez les épaules juste au-dessus des mains;

- utilisez le poids de votre corps, et non la force des bras, pour comprimer le thorax de 3,8 cm à 5 cm;

Fig. 8-3 Compressions thoraciques

● relâchez complètement la pression pour permettre au sang de revenir au cœur, mais en gardant les mains en position et légèrement en contact avec le thorax;

● répétez les deux phases – pression et relâchement – de façon rythmique afin que toutes deux soit d'égale durée.

Utilisez tout moyen mnémonique, tel que **UN** et **DEUX** et **TROIS** et **QUATRE** et **CINQ,** pouvant vous aider à garder un rythme régulier et une fréquence de 80 à 100 compressions à la minute.

Faites une pause aux moments appropriés (après chaque séquence de 5 ou de 15 compressions) pour ventiler les poumons ou permettre au second sauveteur de s'en charger. Répétez la technique du repère sternal si vous avez bougé les mains pour procéder aux insufflations.

Compressions thoraciques – sujet enfant

Les techniques de compressions thoraciques chez l'enfant s'apparentent à celles utilisées chez l'adulte, à quelques exceptions près.

Repère sternal. Utilisez la main située du côté des jambes de l'enfant pour trouver le repère sternal et exercer les compressions. De l'autre main, maintenez la tête renversée pour garder les voies respiratoires ouvertes. La mise en position se fait comme suit :

● de l'index et du majeur de votre main de repère, localisez le bord inférieur de la cage thoracique le plus près de vous;

● suivez des doigts le rebord des côtes jusqu'au creux où elles se rattachent au sternum;

● gardez votre majeur sur ce creux et laissez se poser votre index juste à côté, sur la partie inférieure du sternum;

● faites pivoter la main pour que le talon de celle-ci repose sur le thorax, juste à côté de l'endroit où pointe votre index;

● alignez le talon de la main dans l'axe du sternum et tendez les doigts au-dessus de la poitrine.

Fig. 8-4 Compressions thoraciques – sujet enfant

Compressions thoraciques. Barrez le coude pour que le bras soit bien droit. En utilisant le poids de votre corps, et non la force des bras, exercez une pression à la verticale sur le sternum pour comprimer le thorax de 2,5 cm à 3,8 cm.

Faites une pause après chaque séquence de 5 compressions pour donner une insufflation; des yeux, trouvez à nouveau le point de repère si vous avez bougé la main. Un repère visuel vous permettra de passer rapidement aux compressions et de maintenir le rythme approprié de 80 à 100 compressions à la minute.

Compressions thoraciques – sujet bébé

Position du sauveteur et du sujet. Placez le nourrisson à l'horizontale sur une surface plane et rigide. Glisser la paume de votre main sous les épaules est idéal car la tête sera ainsi renversée légèrement vers l'arrière et les voies respiratoires resteront ouvertes.

Repère sternal. Chez le bébé, l'administration des compressions thoraciques se fait du bout de deux doigts. La mise en position est la suivante :

- repérez le centre du sternum sur la ligne imaginaire reliant les deux mamelons;

- placez le bout de votre index sur le sternum juste sous la ligne mamillaire et laissez se poser les deux doigts adjacents juste à côté;

- relevez l'index, laissant ainsi les deux doigts prêts à exécuter les compressions.

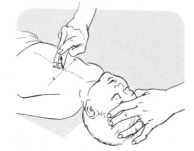

Fig. 8-5 Point de repère et compressions thoraciques – sujet bébé

Compressions thoraciques. Comprimez le sternum à la verticale d'environ 1,3 cm à 2,5 cm. Relâchez la pression au terme de chaque compression pour permettre au thorax de reprendre sa position normale, mais ne décollez pas les doigts du sternum. Les phases de compression et de relâchement doivent être d'égale durée et être exécutées en un mouvement bien contrôlé, sans saccades. Comptez

UN et **DEUX** et **TROIS** et **QUATRE** et **CINQ** pour vous aider à maintenir un rythme régulier et une fréquence d'au moins 100 compressions à la minute.

Donnez une bouffée d'air après chaque séquence de 5 compressions; trouvez le repère sternal et replacez les doigts en position pour poursuivre les compressions.

TECHNIQUE DE RCR – VARIANTES EN FONCTION DE L'ÂGE

MANOEUVRES DE RCR	ADULTE (plus de 8 ans)		ENFANT (1 à 8 ans)	BÉBÉ (moins d'un an)
	1 sauveteur	2 sauveteurs	1 ou 2 sauveteurs	1 sauveteur seulement
INSUFFLATIONS — Méthode d'application	Bouche-à-bouche		Bouche-à-bouche	Bouche-à-bouche-et-nez
INSUFFLATIONS — Volume d'air insufflé	Insufflations complètes		Insufflations légères	Bouffées
ÉVALUATION DU POULS	Pouls carotidien		Pouls carotidien	Pouls brachial
COMPRESSIONS THORACIQUES — Méthode d'application	Talon des deux mains		Talon d'une main	Bout de deux doigts
COMPRESSIONS THORACIQUES — Amplitude	3,8 cm à 5 cm (1½ à 2 po)		2,5 cm à 3,8 cm (1 à 1½ po)	1,3 cm à 2,5 cm (½ à 1 po)
COMPRESSIONS THORACIQUES — Fréquence	80-100 par min.		80-100 par min.	Au moins 100 par min.
RAPPORT COMPRESSIONS-INSUFFLATIONS	15:2	5:1	5:1	5:1

LA RCR – MÉTHODE D'EXÉCUTION

La RCR peut être exécutée par un sauveteur sur un adulte, un enfant ou un bébé et deux sauveteurs sur un adulte et un enfant. Pour la plupart des gens, une formation en RCR à un sauveteur est préférable. La formation à la méthode à deux sauveteurs est recommandée pour ceux et celles qui, de par leurs fonctions, sont appelés à assurer les premiers secours en cas d'urgence. Pour des raisons de synchronisme, la RCR à deux sauveteurs demande une formation de plus longue durée.

La RCR, une fois entamée, doit être poursuivie jusqu'à la reprise du pouls et de la respiration spontanée ou l'entrée en scène de sauveteurs plus compétents.

RCR À UN SAUVETEUR – SUJET ADULTE

La séquence d'exécution pour la RCR à un sauveteur administrée à un adulte est la suivante.

1. **Évaluer la faculté de réponse.** Secouez légèrement les épaules du sujet apparemment inconscient et demandez-lui "Est-ce que ça va?" S'il n'y a pas de réaction . . .

2. **Évaluer la respiration.** Placez l'oreille contre la bouche du sujet et regardez s'il y a expansion du thorax. Écoutez et sentez contre votre joue s'il y a signe d'échange respiratoire. En l'absence de respiration . . .

3. **Appeler de l'aide.** Criez ou utilisez tout autre moyen pour attirer l'attention de passants.

4. **Mettre le sujet en position.** Allongez le sujet sur le dos sur une surface plane et rigide, en prenant soin de bien lui soutenir la tête et le cou.

5. **Ouvrir les voies respiratoires.** Procédez à l'ouverture des voies respiratoires en utilisant la méthode du renversement de la tête avec soulèvement du menton.

6. **Réévaluer la respiration.** Regardez, écoutez et sentez contre votre joue s'il y a signe d'échange respiratoire. En l'absence de respiration . . .

7. **Ventiler les poumons.** Pincez les narines du sujet, inspirez profondément et assurez un contact étanche à la bouche. Insufflez pendant 1 à 1,5 secondes. Faites une pause pour permettre au sujet d'expirer puis donnez une autre insufflation. Maintenez le renversement de la tête et . . .

8. **Évaluer le pouls.** Repérez l'artère carotide sur la face du cou la plus rapprochée de vous et sondez le pouls. Soyez vigilant pour pouvoir déceler un pouls même faible et irrégulier. S'il y a absence de pulsations . . .

9. **Faire dépêcher des secours.** Si quelqu'un a répondu à votre appel à l'aide, envoyez-le aviser les services d'urgence. Donnez-lui tous les renseignements propres à assurer une réponse rapide (voir chap. 1) et priez-le de revenir une fois l'appel passé.

10. **Commencer la RCR.**

   - Trouvez le repère sternal, mettez les mains en position, barrez les coudes, dressez les épaules directement au-dessus du sternum.

   - Comprimez le thorax de 3,8 cm à 5 cm puis relâchez pour lui permettre de reprendre sa position normale. Les phases de pression et de relâchement devraient être d'égale durée et prendre moins d'une seconde.

   - Exercez 15 compressions à la fréquence de 80 à 100 à la minute. Cela ne devrait pas nécessiter plus de 9 à 11 secondes. Compter à une cadence régulière – UN et DEUX et TROIS et QUATRE et **CINQ** et UN et DEUX et TROIS et QUATRE et **DIX** et UN et DEUX et TROIS et QUATRE et **QUINZE** – vous aidera à maintenir le rythme et la fréquence voulus.

   - Ventilez deux fois les poumons.

   - Exécutez quatre cycles complets de 15 compressions et 2 insufflations, ce qui devrait se faire en environ 1 minute.

11. **Réévaluer le pouls.** Sondez l'artère carotide pour déceler toute reprise spontanée du pouls. S'il y a absence de pulsations . . .

12. **Ventiler les poumons.** Donnez 2 insufflations.

13. **Poursuivre la RCR.** Reprenez les compressions et les insufflations dans un rapport de 15 à 2 et réévaluez le pouls à des intervalles de quelques minutes.

Si personne n'a répondu à l'appel à l'aide que vous avez lancé un peu plus tôt, chargez-vous d'aller appeler les services médicaux d'urgence après une minute de RCR. Ne laissez pas la victime seule pendant plus de quatre minutes – rappelez-vous que des lésions cérébrales peuvent survenir si le cerveau est privé d'oxygène pour plus longtemps.

Sauveteur de relève

Un sauveteur de relève, peut-être la personne que vous avez envoyée appeler les secours médicaux, peut si vous êtes pris de fatigue vous remplacer dans votre rôle de sauveteur cardiaque. Il devrait s'identifier comme suit : "Je connais la RCR. Puis-je vous aider?" Dans l'affirmative, faites place au sauveteur à l'étape où vous interrompez la RCR pour réévaluer le pouls. Une fois que vous avez bouclé le cycle par deux insufflations :

● le sauveteur de relève repère et évalue le pouls carotidien (étape 11). S'il y a absence de pulsations après 5 secondes d'évaluation . . . ;

● le sauveteur de relève ouvre les voies respiratoires et insuffle à deux reprises;

● le sauveteur de relève trouve le repère sternal et reprend les compressions et les insufflations dans un rapport de 15 à 2;

● le sauveteur de relève administre la RCR pendant que vous gardez les voies respiratoires ouvertes et vérifiez le pouls carotidien afin d'évaluer l'efficacité des compressions thoraciques. Vérifiez à des intervalles de quelques minutes si le pouls a repris spontanément.

Soyez prêt à reprendre vos fonctions de sauveteur cardiaque aux premiers signes de fatigue chez le sauveteur de relève.

RCR À UN SAUVETEUR – SUJET ENFANT

La RCR à un sauveteur administrée à un enfant suit la même séquence d'exécution que la RCR chez l'adulte. Les manoeuvres sont toutefois modifiées pour que les insufflations soient de moindre volume, que les compressions thoraciques soient administrées du talon d'une main seulement et à plus faible intensité et que le rapport compressions-insufflations soit de 5 à 1. La séquence est la suivante.

1. **Évaluer la faculté de réponse.** Secouez légèrement les épaules de l'enfant apparemment inconscient et demandez-lui "Est-ce que ça va?" S'il n'y a pas de réaction . . .

2. **Évaluer la respiration.** Placez l'oreille contre la bouche de l'enfant. Regardez s'il y a expansion du thorax et écoutez et sentez contre votre joue s'il y a signe d'échange respiratoire. En l'absence de respiration . . .

3. **Appeler de l'aide.** Criez ou utilisez tout autre moyen pour attirer l'attention de passants.

4. **Mettre le sujet en position.** Allongez le sujet sur le dos sur une surface plane et rigide, en prenant soin de bien lui soutenir la tête et le cou.

5. **Ouvrir les voies respiratoires.** Procédez à l'ouverture des voies respiratoires en utilisant la méthode du renversement de la tête avec soulèvement du menton.

6. **Réévaluer la respiration.** Regardez, écoutez et sentez contre votre joue s'il y a signe d'échange respiratoire. En l'absence de respiration . . .

7. **Ventiler les poumons.** Pincez les narines de l'enfant et assurez un contact hermétique en couvrant de votre bouche celle de la victime. (Chez les jeunes enfants, couvrir la bouche et le nez.) Donnez deux insufflations de 1 à 1,5 secondes chacune, d'un

volume d'air approprié à la taille de l'enfant, entrecoupées d'une pause afin de lui permettre d'expirer. Maintenez le renversement de la tête et . . .

8. **Évaluer le pouls.** Repérez l'artère carotide sur la face du cou la plus rapprochée de vous et sondez le pouls. Soyez vigilant pour pouvoir déceler un pouls même faible et irrégulier. S'il y a absence de pulsations . . .

9. **Faire dépêcher des secours.** Si un passant a répondu à votre appel à l'aide, demandez-lui d'aller appeler les services d'urgence. Donnez-lui tous les renseignements propres à assurer une réponse rapide (voir chap. 1) et priez-le de revenir une fois l'appel passé.

10. **Commencer la RCR.**

- Trouvez le repère sternal. Placez le talon d'une main sur la moitié inférieure du sternum puis dressez vos épaules directement au-dessus du sternum. Maintenez le renversement de la tête avec l'autre main.

- Du talon de la main, comprimez le thorax de 2,5 cm à 3,8 cm puis relâchez pour lui permettre de reprendre sa position normale. Pression et relâchement doivent être d'égale durée et se faire en moins d'une seconde. Administrez une série de cinq compressions à une fréquence de 80 à 100 à la minute. Allouez de 3 à 4 secondes. Pour vous aider à maintenir le rythme et la fréquence voulus, comptez en cadence : **UN** et **DEUX** et **TROIS** et **QUATRE** et **CINQ** . . .

- Ventilez les poumons. Ouvrez les voies respiratoires et donnez une légère insufflation.

- Exécutez 10 cycles complets de 5 compressions et d'une (1) insufflation, ce qui devrait se faire en environ 1 minute.

11. **Réévaluer le pouls.** Vérifiez s'il y a reprise spontanée du pouls. S'il y a absence de pulsations . . .

12. **Ventiler les poumons.** Donnez une légère insufflation.

13. **Poursuivre la RCR.** Continuez les cycles compressions-insuf-
    flations et réévaluez le pouls à des intervalles de quelques
    minutes.

Si personne n'a répondu à l'appel que vous avez lancé un peu plus tôt,
allez vous-même appeler les services d'urgence, mais ne laissez pas
l'enfant seul pendant plus de 4 minutes.

Sauveteur de relève

Un sauveteur de relève, peut-être la personne que vous avez envoyée
appeler les services médicaux d'urgence, peut vous remplacer dans
votre rôle de sauveteur cardiaque. La méthode de substitution est
décrite dans la section *RCR à un sauveteur – sujet adulte*.

RCR À DEUX SAUVETEURS

Les sauveteurs cardiaques, qui sont formés au travail en équipe,
peuvent unir leurs efforts afin d'administrer la RCR à deux sauveteurs.
Cette technique de réanimation est moins éprouvante et, parce qu'elle
permet aux intervenants de comprimer et de ventiler à tour de rôle,
peut être exécutée pendant plus longtemps que la RCR à un sauveteur.

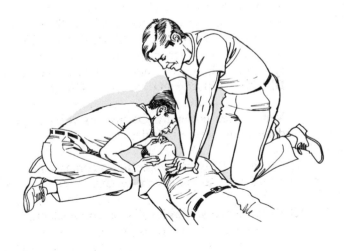

Fig. 8-6 RCR à deux sauveteurs

RCR À DEUX SAUVETEURS – ARRÊT CARDIAQUE NON TRAITÉ

Quand deux sauveteurs sont en présence d'une victime d'un arrêt cardiaque chez qui la RCR n'a pas été administrée, l'un d'eux doit exécuter la RCR pendant que l'autre se charge d'aller appeler les services médicaux d'urgence. Lorsqu'un passant peut s'acquitter de cette tâche, la RCR à deux sauveteurs peut être entreprise immédiatement.

RCR À DEUX SAUVETEURS – SUJET ADULTE OU ENFANT

Dans le cas de la RCR à deux sauveteurs, le premier sauveteur assure la VENTILATION, le deuxième la COMPRESSION. La séquence d'exécution est la suivante :

1. 1er SAUVETEUR (ventilation)   **Évaluer la faculté de réponse.** Secouez légèrement les épaules du sujet apparemment inconscient et demandez-lui : "Est-ce que ça va?" S'il n'y a pas de réaction . . .

2. 1er SAUVETEUR (ventilation)   **Évaluer la respiration.** Placez l'oreille contre la bouche et le nez du sujet, les yeux vers le thorax. Regardez, écoutez et sentez contre votre joue s'il y a signe d'échange respiratoire. En l'absence de respiration, dites : "Pas de respiration!"

3. 1er SAUVETEUR (ventilation)   **Mettre le sujet en position.** Allongez le sujet sur le dos, en prenant soin de bien lui soutenir la tête et le cou.

4. 1er SAUVETEUR (ventilation)   **Ouvrir les voies respiratoires.** Procédez à l'ouverture des voies respiratoires en utilisant la méthode du renversement de la tête avec soulèvement du menton.

5.	1er SAUVETEUR (ventilation)	**Réévaluer la respiration.** Regardez, écoutez et sentez contre votre joue s'il y a signe d'échange respiratoire. En l'absence de respiration, dites : "Pas de respiration!"
6.	1er SAUVETEUR (ventilation)	**Ventiler les poumons.** Pincez les narines du sujet, assurez un contact étanche à la bouche et donnez une insufflation. Faites une pause pour permettre au sujet d'expirer puis donnez une autre insufflation. Maintenez le renversement de la tête et . . .
7.	1er SAUVETEUR (ventilation)	**Évaluer le pouls.** Repérez l'artère carotide sur la face du cou la plus rapprochée de vous et sondez le pouls. Soyez vigilant pour déceler un pouls même faible et irrégulier. S'il y a absence de pulsations, dites : "Pas de pouls!"
8.	2e SAUVETEUR (compression)	**Commencer la RCR.** De la position adoptée pendant la prise du pouls, administrez 5 compressions thoraciques du talon des deux mains chez l'adulte et d'une main chez l'enfant. Comptez à voix haute : "UN et DEUX et TROIS et QUATRE et CINQ." Faites une pause pour donner une insufflation, mais gardez la (les) main (s) en position.
9.	1er SAUVETEUR (ventilation)	**Ventiler les poumons.** Donnez une insufflation tout en gardant les voies respiratoires ouvertes et sondez le pouls pour évaluer l'efficacité des compressions thoraciques.
10.	1er et 2e SAUVETEURS (ventilation/ compression)	**Poursuivre la RCR.** Comprimez le thorax à une fréquence de 80 à 100 compressions à la minute, avec pause après chaque séquence de cinq (5) pour permettre au préposé aux ventilations de donner une insufflation.

11. 1er SAUVETEUR
    (ventilation)

Réévaluer le pouls et ventiler. Après 10 cycles de compressions et d'insufflations (environ 1 minute), dites : "Arrêtez la RCR!", donnez une insufflation et vérifiez s'il y a reprise spontanée du pouls. En l'absence de pulsations, dites : "Pas de pouls!" et insufflez à nouveau.

12. 1er et 2e
    SAUVETEURS
    (ventilation/
    compression)

Recommencer la RCR. Reprenez les compressions et les insufflations. Le préposé aux ventilations demande un examen du pouls à des intervalles de quelques minutes.

Substitution

Le deuxième sauveteur laisse savoir qu'il est fatigué et qu'une substitution s'impose. Plutôt que d'utiliser le procédé mnémonique UN et DEUX et TROIS et QUATRE et CINQ, il dit en cadence : "CHANGE AU CIN-QUIÈME COUP". Une fois terminée la phase respiration du cycle suivant, le premier sauveteur remplace son coéquipier et prend position, prêt à exécuter les compressions. Le deuxième sauveteur prend place pour passer aux insufflations et se charger de la prise du pouls carotidien.

13. 2e SAUVETEUR
    (ventilation)

Réévaluer le pouls. Vérifiez le pouls carotidien. S'il n'y a pas de pulsations, dites : "Pas de pouls!"

14. 2e SAUVETEUR
    (ventilation)

Ventiler les poumons. Donnez une insufflation, maintenez le renversement de la tête et gardez les doigts sur l'artère carotide pour évaluer l'efficacité des compressions thoraciques.

15. 1er SAUVETEUR
    (compression)

Reprendre la RCR. Comprimez le thorax au même rythme et à la même fréquence que précédemment dans un rapport de cinq compressions à une insufflation.

RCR À DEUX SAUVETEURS – ARRÊT CARDIAQUE TRAITÉ

Deux personnes formées à la RCR à deux sauveteurs qui arrivent sur les lieux où un sauveteur cardiaque est à l'œuvre doivent d'abord lui indiquer qu'ils composent une équipe de deux sauveteurs et ensuite procéder à la substitution en prenant la situation en main. Après quoi, ils doivent chercher à établir si les services médicaux d'urgence ont été avisés. Aussitôt que le sauveteur a terminé un cycle de 15 compressions et 2 insufflations, le sauveteur responsable de la ventilation dirige les opérations, prend place au niveau de la tête de la victime, lui ouvre les voies respiratoires et évalue le pouls pendant que le sauveteur affecté aux compressions trouve le point de repère où il placera les mains — cela devrait prendre cinq secondes. À ce stade-ci, le sauveteur qui aura été remplacé doit aller appeler les services médicaux d'urgence, si cela n'a pas déjà été fait. Une fois que le responsable des ventilations a confirmé l'absence de pouls et donné une insufflation, le deuxième sauveteur reprend les compressions.

RCR À UN SAUVETEUR – SUJET BÉBÉ

La RCR à un sauveteur administrée à un bébé suit la même séquence d'exécution que la RCR chez l'adulte, si ce n'est que les manoeuvres sont modifiées pour s'adapter à la taille du bébé. Des variantes sont recommandées pour l'ouverture des voies respiratoires; la ventilation des poumons; l'évaluation du pouls; la localisation du repère sternal; l'administration, la fréquence et l'amplitude des compressions; le rapport compressions-insufflations. Procédez comme suit :

1. **Évaluer la faculté de réponse.** Secouez légèrement les épaules du bébé apparemment inconscient. S'il n'y a pas de réaction . . .

2. **Évaluer la respiration.** Placez l'oreille contre la bouche du bébé. Regardez s'il y a expansion du thorax et écoutez et sentez contre votre joue s'il y a signe d'échange respiratoire. En l'absence de respiration . . .

3. **Appeler de l'aide.** Criez ou utilisez tout autre moyen pour attirer l'attention de passants, que vous pourrez charger d'aller appeler les services d'urgence.

4. **Mettre le bébé en position.** Retournez le bébé sur le dos, sur une surface plane et rigide, en prenant soin de bien lui soutenir la tête et le cou.

5. **Ouvrir les voies respiratoires.** Procédez à l'ouverture des voies respiratoires en utilisant la méthode du renversement de la tête avec soulèvement du menton; évitez une hyperextension du cou. Prenez garde de ne pas fermer la bouche complètement ou de faire pression sur les tissus mous du menton.

6. **Réévaluer la respiration.** Regardez, écoutez et sentez contre votre joue s'il y a signe d'échange respiratoire. En l'absence de respiration . . .

7. **Ventiler les poumons.** Assurez un contact étanche en couvrant de votre bouche le nez et la bouche du bébé et insufflez. Donnez deux bouffées d'air entrecoupées d'une pause pour permettre l'expiration. Maintenez les voies respiratoires ouvertes et . . .

8. **Évaluer le pouls.** Repérez l'artère brachiale du bout de deux doigts et sondez s'il y a pulsations. Soyez vigilant pour déceler un pouls même faible et irrégulier. S'il y a absence de pulsations . . .

9. **Faire dépêcher des secours.** Si un passant a répondu à votre appel à l'aide, demandez-lui d'aller appeler les services d'urgence. Donnez-lui tous les renseignements propres à assurer une réponse rapide (voir chap. 1) et priez-le de revenir une fois l'appel passé.

10. **Commencer la RCR.**

   ● Trouvez le repère sternal. Placez le bout de deux doigts dans l'alignement du sternum, la largeur d'un doigt sous la ligne mamillaire.

   ● Comprimez le thorax à la verticale de 1,3 cm à 2,5 cm. Relâchez la pression pour permettre au thorax de reprendre sa position normale, mais gardez les doigts en position. Pression et relâchement devraient être d'égale durée et se faire en moins d'une seconde. Donnez cinq compressions, à une fréquence d'au moins 100 à la minute. Allouez 3 secondes. Pour vous aider à maintenir le rythme et la fréquence voulus, comptez en cadence : **UN** et **DEUX** et **TROIS** et **QUATRE** et **CINQ** . . .

● Ventilez les poumons. Ouvrez les voies respiratoires et donnez une bouffée d'air.

● Exécutez 10 cycles compressions-insufflations dans un rapport de 5 à 1. Allouez environ 45 secondes.

11. **Réévaluer le pouls.** Maintenez les voies respiratoires ouvertes et réévaluez le pouls brachial (pendant environ 5 secondes). S'il y a absence de pulsations . . .

12. **Ventiler les poumons.** Donnez une bouffée d'air.

13. **Poursuivre la RCR.** Continuez les cycles compressions-insufflations et réévaluez le pouls à des intervalles de quelques minutes.

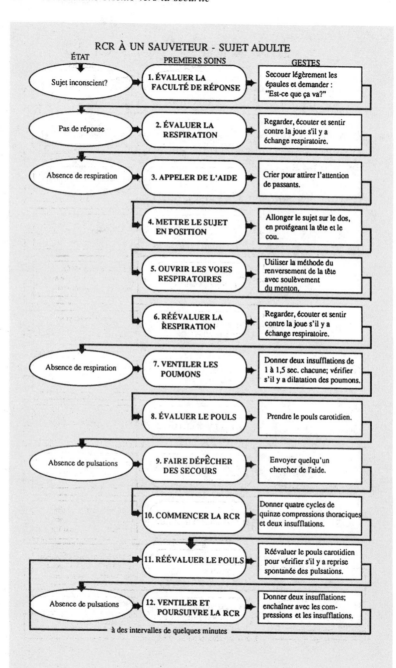

RCR À UN SAUVETEUR - SUJET ADULTE

ÉTAT	PREMIERS SOINS	GESTES
Sujet inconscient?	1. ÉVALUER LA FACULTÉ DE RÉPONSE	Secouer légèrement les épaules et demander : "Est-ce que ça va?"
Pas de réponse	2. ÉVALUER LA RESPIRATION	Regarder, écouter et sentir contre la joue s'il y a échange respiratoire.
Absence de respiration	3. APPELER DE L'AIDE	Crier pour attirer l'attention de passants.
	4. METTRE LE SUJET EN POSITION	Allonger le sujet sur le dos, en protégeant la tête et le cou.
	5. OUVRIR LES VOIES RESPIRATOIRES	Utiliser la méthode du renversement de la tête avec soulèvement du menton.
	6. RÉÉVALUER LA RESPIRATION	Regarder, écouter et sentir contre la joue s'il y a échange respiratoire.
Absence de respiration	7. VENTILER LES POUMONS	Donner deux insufflations de 1 à 1,5 sec. chacune; vérifier s'il y a dilatation des poumons.
	8. ÉVALUER LE POULS	Prendre le pouls carotidien.
Absence de pulsations	9. FAIRE DÉPÊCHER DES SECOURS	Envoyer quelqu'un chercher de l'aide.
	10. COMMENCER LA RCR	Donner quatre cycles de quinze compressions thoraciques et deux insufflations.
	11. RÉÉVALUER LE POULS	Réévaluer le pouls carotidien pour vérifier s'il y a reprise spontanée des pulsations.
Absence de pulsations	12. VENTILER ET POURSUIVRE LA RCR	Donner deux insufflations; enchaîner avec les compressions et les insufflations.

— à des intervalles de quelques minutes —

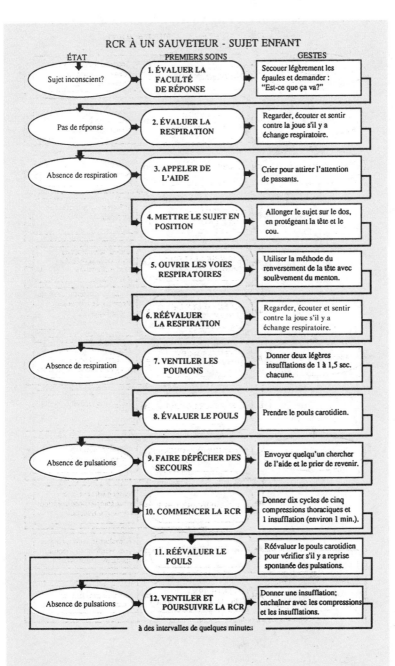

RCR À UN SAUVETEUR - SUJET ENFANT

ÉTAT	PREMIERS SOINS	GESTES
Sujet inconscient?	1. ÉVALUER LA FACULTÉ DE RÉPONSE	Secouer légèrement les épaules et demander : "Est-ce que ça va?"
Pas de réponse	2. ÉVALUER LA RESPIRATION	Regarder, écouter et sentir contre la joue s'il y a échange respiratoire.
Absence de respiration	3. APPELER DE L'AIDE	Crier pour attirer l'attention de passants.
	4. METTRE LE SUJET EN POSITION	Allonger le sujet sur le dos, en protégeant la tête et le cou.
	5. OUVRIR LES VOIES RESPIRATOIRES	Utiliser la méthode du renversement de la tête avec soulèvement du menton.
	6. RÉÉVALUER LA RESPIRATION	Regarder, écouter et sentir contre la joue s'il y a échange respiratoire.
Absence de respiration	7. VENTILER LES POUMONS	Donner deux légères insufflations de 1 à 1,5 sec. chacune.
	8. ÉVALUER LE POULS	Prendre le pouls carotidien.
Absence de pulsations	9. FAIRE DÉPÊCHER DES SECOURS	Envoyer quelqu'un chercher de l'aide et le prier de revenir.
	10. COMMENCER LA RCR	Donner dix cycles de cinq compressions thoraciques et 1 insufflation (environ 1 min.).
	11. RÉÉVALUER LE POULS	Réévaluer le pouls carotidien pour vérifier s'il y a reprise spontanée des pulsations.
Absence de pulsations	12. VENTILER ET POURSUIVRE LA RCR	Donner une insufflation; enchaîner avec les compressions et les insufflations.

à des intervalles de quelques minutes.

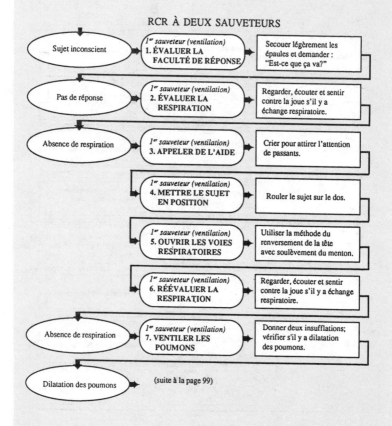

RCR À DEUX SAUVETEURS

| Sujet inconscient | *1er sauveteur (ventilation)*
1. ÉVALUER LA FACULTÉ DE RÉPONSE | Secouer légèrement les épaules et demander : "Est-ce que ça va?" |

| Pas de réponse | *1er sauveteur (ventilation)*
2. ÉVALUER LA RESPIRATION | Regarder, écouter et sentir contre la joue s'il y a échange respiratoire. |

| Absence de respiration | *1er sauveteur (ventilation)*
3. APPELER DE L'AIDE | Crier pour attirer l'attention de passants. |

| | *1er sauveteur (ventilation)*
4. METTRE LE SUJET EN POSITION | Rouler le sujet sur le dos. |

| | *1er sauveteur (ventilation)*
5. OUVRIR LES VOIES RESPIRATOIRES | Utiliser la méthode du renversement de la tête avec soulèvement du menton. |

| | *1er sauveteur (ventilation)*
6. RÉÉVALUER LA RESPIRATION | Regarder, écouter et sentir contre la joue s'il y a échange respiratoire. |

| Absence de respiration | *1er sauveteur (ventilation)*
7. VENTILER LES POUMONS | Donner deux insufflations; vérifier s'il y a dilatation des poumons. |

| Dilatation des poumons | (suite à la page 99) |

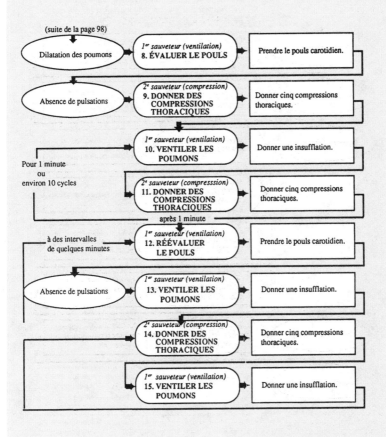

(suite de la page 98)

Dilatation des poumons

1er sauveteur (ventilation)
8. ÉVALUER LE POULS

Prendre le pouls carotidien.

Absence de pulsations

2e sauveteur (compression)
9. DONNER DES COMPRESSIONS THORACIQUES

Donner cinq compressions thoraciques.

1er sauveteur (ventilation)
10. VENTILER LES POUMONS

Donner une insufflation.

Pour 1 minute
ou
environ 10 cycles

2e sauveteur (compresssion)
11. DONNER DES COMPRESSIONS THORACIQUES

Donner cinq compressions thoraciques.

après 1 minute

à des intervalles de quelques minutes

1er sauveteur (ventilation)
12. RÉÉVALUER LE POULS

Prendre le pouls carotidien.

Absence de pulsations

1er sauveteur (ventilation)
13. VENTILER LES POUMONS

Donner une insufflation.

2e sauveteur (compression)
14. DONNER DES COMPRESSIONS THORACIQUES

Donner cinq compressions thoraciques.

1er sauveteur (ventilation)
15. VENTILER LES POUMONS

Donner une insufflation.

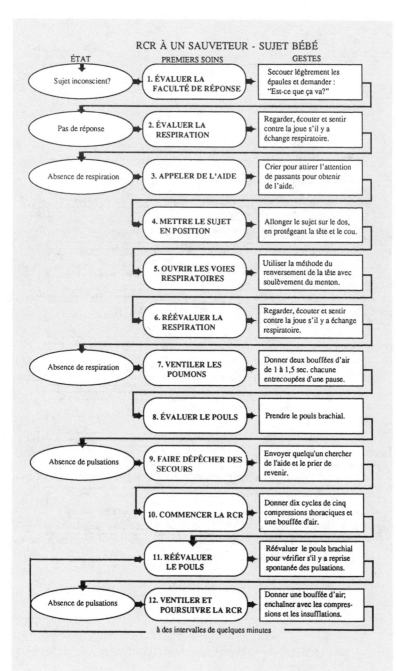

RCR À UN SAUVETEUR - SUJET BÉBÉ

ÉTAT	PREMIERS SOINS	GESTES
Sujet inconscient?	1. ÉVALUER LA FACULTÉ DE RÉPONSE	Secouer légèrement les épaules et demander : "Est-ce que ça va?"
Pas de réponse	2. ÉVALUER LA RESPIRATION	Regarder, écouter et sentir contre la joue s'il y a échange respiratoire.
Absence de respiration	3. APPELER DE L'AIDE	Crier pour attirer l'attention de passants pour obtenir de l'aide.
	4. METTRE LE SUJET EN POSITION	Allonger le sujet sur le dos, en protégeant la tête et le cou.
	5. OUVRIR LES VOIES RESPIRATOIRES	Utiliser la méthode du renversement de la tête avec soulèvement du menton.
	6. RÉÉVALUER LA RESPIRATION	Regarder, écouter et sentir contre la joue s'il y a échange respiratoire.
Absence de respiration	7. VENTILER LES POUMONS	Donner deux bouffées d'air de 1 à 1,5 sec. chacune entrecoupées d'une pause.
	8. ÉVALUER LE POULS	Prendre le pouls brachial.
Absence de pulsations	9. FAIRE DÉPÊCHER DES SECOURS	Envoyer quelqu'un chercher de l'aide et le prier de revenir.
	10. COMMENCER LA RCR	Donner dix cycles de cinq compressions thoraciques et une bouffée d'air.
	11. RÉÉVALUER LE POULS	Réévaluer le pouls brachial pour vérifier s'il y a reprise spontanée des pulsations.
Absence de pulsations	12. VENTILER ET POURSUIVRE LA RCR	Donner une bouffée d'air; enchaîner avec les compressions et les insufflations.

à des intervalles de quelques minutes

CHAPITRE 9

L'OBSTRUCTION DES VOIES RESPIRATOIRES

Il y a obstruction des voies respiratoires supérieures lorsque le passage vers les poumons est partiellement ou complètement obstrué, empêchant de ce fait l'air d'y pénétrer. Les voies respiratoires sont le plus souvent obstruées par des corps étrangers, morceaux de nourriture ou petits objets, qui se logent dans la gorge. Chez les personnes inconscientes, la langue peut tomber dans l'arrière-gorge. Dans ces cas, le secouriste peut intervenir avec succès. Lorsque l'obstruction est causée par une blessure ou l'œdème des tissus de la gorge provoqué par une réaction allergique ou une maladie, le recours immédiat à des secours médicaux s'impose. Si l'apport d'air aux poumons est entravé, le sujet perdra conscience. Une telle situation peut entraîner un arrêt cardiorespiratoire ou même la mort à moins que les premiers soins ne soient administrés sur-le-champ.

PRÉVENTION DE L'OBSTRUCTION DES VOIES RESPIRATOIRES

Pour éviter de s'étouffer sur des morceaux de nourriture ou des corps étrangers, il faut prendre les précautions suivantes :

- couper la nourriture, surtout la viande, en petits morceaux et bien mâcher avant d'avaler; couper les saucisses à hot-dog dans le sens de la longueur avant de les servir aux enfants;

- éviter de parler, de rire ou de boire en mastiquant;

- éviter l'abus de boissons alcoolisées avant et pendant les repas;

- avertir les enfants de ne pas courir avec de la nourriture ou un objet dans la bouche;

- ne pas laisser des petits objets et des ballons à la portée des bébés et des enfants;

- surveiller les enfants et les bébés lorsqu'ils mangent et boivent;

- savoir reconnaître les aliments susceptibles de provoquer un étouffement chez les jeunes enfants et les bébés – éviter les arachides, le maïs soufflé et les tartines de beurre d'arachide trop épaisses;

- choisir des jouets éprouvés.

SAVOIR RECONNAÎTRE L'OBSTRUCTION DES VOIES RESPIRATOIRES

Pour que l'intervention du sauveteur soit réussie, particulièrement chez les jeunes enfants et les bébés, il est très important de savoir établir rapidement qu'il y a obstruction des voies respiratoires supérieures. Ce peut être le cas lorsqu'une personne cesse subitement de respirer, présente des signes de cyanose (bleuissement des lèvres) ou perd conscience. Redoutez l'étouffement si un convive se lève précipitamment de table. Si cela peut être une façon de fuir l'embarras, la victime ne s'en trouve pas moins à s'isoler des secours. Le cas échéant, il faut l'accompagner pour être prêt à lui venir en aide. L'étouffement par corps étranger peut entraîner une obstruction partielle ou complète des voies respiratoires.

OBSTRUCTION PARTIELLE DES VOIES RESPIRATOIRES

Une obstruction partielle des voies respiratoires permet l'inspiration d'un certain volume d'air, de là les tentatives de dégagement par la toux. Il faut évaluer rapidement la qualité de l'échange respiratoire afin de déterminer les premiers soins à administrer.

Bon échange respiratoire. Une toux vigoureuse, même entrecoupée de ventilations sibilantes, est le signe d'un bon échange respiratoire. Dans un tel cas, tenez-vous prêt à aider, encouragez la victime à tousser mais n'intervenez pas dans ses tentatives visant à dégager ses voies respiratoires.

Mauvais échange respiratoire. Toux faible et inefficace, inspiration striduleuse, plus grande difficulté à respirer et cyanose sont les signes d'un mauvais échange respiratoire. Supposez alors qu'il y a obstruction complète des voies respiratoires et procédez aux premiers soins pour l'étouffement.

OBSTRUCTION COMPLÈTE DES VOIES RESPIRATOIRES

Fig. 9-1 Signe de l'étouffement

Une personne dont les voies respiratoires sont complètement obstruées ne pourra ni respirer, ni tousser, ni parler. Elle présentera des signes de détresse et se tiendra la gorge à deux mains. La congestion initiale (visage empourpré) fera place à la cyanose et l'inconscience s'ensuivra. Il faut procéder immédiatement à l'administration des premiers soins pour l'étouffement.

TECHNIQUES DE PREMIERS SOINS EN CAS D'ÉTOUFFEMENT

Les premiers soins pour l'étouffement requièrent l'utilisation d'une ou de plusieurs des techniques suivantes, selon l'âge et la condition physique de la victime :

- poussées abdominales;

- poussées thoraciques;

- tapes dans le dos;

- dégagement de la bouche ou examen de l'intérieur de la bouche;

- ventilation.

Chacune de ces techniques est décrite en détail dans le présent chapitre. Toutefois, qu'elles soient utilisées individuellement ou en conjonction avec d'autres, elles doivent être exécutées en succession rapide pour être efficaces. Ces techniques peuvent être dangereuses, de là l'obligation de s'y exercer sur des mannequins seulement.

POUSSÉES ABDOMINALES

La technique des poussées abdominales (Heimlich) est aussi appelée, en termes plus précis, technique des poussées sous-diaphragmatiques. Elle a pour objet d'exercer une pression sous le diaphragme afin d'expulser l'air des poumons, créant une toux artificielle. Si la victime est debout ou assise, le secouriste exerce du poing une pression sur la partie supérieure de l'abdomen. Si elle est allongée sur le dos, le talon des mains est utilisé. L'administration de poussées abdominales peut causer des blessures internes mais lorsqu'elles sont correctement exécutées, les risques sont réduits au minimum. Les poussées abdominales ne doivent pas être exercées sur les bébés et sont contre-indiquées pour les personnes obèses et les femmes en état de grossesse avancée.

Poussées abdominales – sujet debout ou assis

Pour administrer des poussées abdominales à un sujet debout ou assis, vous devez vous placer derrière lui et encercler sa taille de vos bras. Du majeur des deux mains, repérez l'appendice xiphoïde et le nombril. En gardant la même position, placez le côté pouce du poing dans l'alignement de l'abdomen, juste au-dessus du nombril et bien en

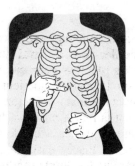 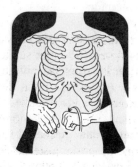

Fig. 9-2 (a) *Poussées abdominales*   Fig. 9-2 (b) *Poussées abdominales*
– *point de repère*   – *position du poing*

deçà de l'appendice xiphoïde. Saisissez votre poing avec l'autre main et exercez de fortes poussées vers le haut en succession rapide. Chaque poussée abdominale doit être distincte et administrée dans l'intention de déloger l'obstruction.

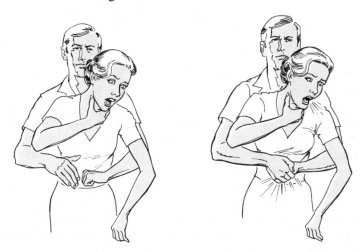

Fig. 9-2 (c) Poussées abdominales   Fig. 9-2 (d) Poussées abdominales
* – saisir le poing*

La technique des poussées abdominales doit être exécutée jusqu'à ce que l'obstruction soit délogée ou que le sujet perde conscience.

Poussées abdominales – sujet allongé

Pour administrer des poussées abdominales à un sujet inconscient, vous devez l'allonger sur le dos. Agenouillez-vous à cheval sur les jambes du sujet, au niveau des cuisses ou plus bas pour que vous puissiez placer le talon de vos mains sur la région supérieure de l'abdomen sans difficulté. Du majeur des deux mains, repérez l'appendice xiphoïde et le nombril. En gardant la même position, faites glisser la main placée sur l'appendice xiphoïde jusqu'à ce que le talon vienne se poser juste au-dessus du nombril. Placez ensuite l'autre main par-dessus celle-ci, en vous assurant que les doigts sont parallèles au plan médian du corps. Gardez les doigts soulevés ou entrelacés pour que la pression soit exercée par le talon des mains seulement. Donnez six à dix poussées rapides et distinctes vers le haut, chacune administrée dans l'intention de déloger l'obstruction.

Fig. 9-3 Poussées abdominales – sujet allongé

Chaque séquence est suivie d'une tentative de ventilation des poumons et est interrompue une fois l'obstruction délogée.

Poussées abdominales – sujet seul

Le sujet conscient en proie à l'étouffement peut, pour expulser le corps étranger, s'auto-administrer des poussées abdominales en plaçant le côté pouce du poing dans l'alignement de l'abdomen juste au-dessus du nombril et bien en deçà de l'appendice xiphoïde. Il saisit son poing avec l'autre main et exerce de fortes poussées vers le haut en succession rapide pour contracter le diaphragme. Répéter jusqu'à désobstruction.

Le dossier d'une chaise rembourrée ou le rebord d'un comptoir ou d'une table peuvent aussi servir à l'auto-administration des poussées abdominales. Il faut alors placer la région supérieure de l'abdomen contre le rebord de l'objet en question et comprimer avec vigueur de façon à faire pression sur le diaphragme. Répéter les manoeuvres jusqu'à désobstruction.

POUSSÉES THORACIQUES

Il se peut que vous ayez à administrer des poussées thoraciques plutôt que des poussées abdominales, notamment en présence d'un adulte obèse ou d'une femme en état de grossesse avancée. Dans de tels cas, l'administration efficace de poussées abdominales n'est pas possible. Chez le bébé, une combinaison de poussées thoraciques et de tapes dans le dos est utilisée. La technique des poussées thoraciques peut être exécutée sur un sujet adulte conscient en position debout ou assise ou sur un sujet adulte inconscient allongé sur le dos. Le bébé à qui l'on administre des poussées thoraciques doit toujours être étendu sur le dos.

Poussées thoraciques – sujet adulte conscient en position debout ou assise

Pour administrer des poussées thoraciques à une femme enceinte ou à une personne obèse en position debout ou assise, postez-vous derrière le sujet, passez vos bras sous ses aisselles et placez le côté pouce de votre poing à mi-sternum, en prenant soin d'éviter l'appendice xiphoïde et les côtes adjacentes au sternum. Saisissez le poing avec l'autre main et tirez avec force vers vous. Les compressions comprimeront le thorax et expulseront l'air des poumons, créant une toux artificielle. Chaque poussée doit être administrée dans l'intention de déloger le corps étranger.

Fig. 9-4 Poussées thoraciques – sujet debout

La technique des poussées thoraciques doit être exécutée jusqu'à ce que l'obstruction soit délogée ou que le sujet perde conscience.

Poussées thoraciques – sujet adulte inconscient allongé sur le dos

Pour administrer des poussées thoraciques à une femme enceinte ou à une personne obèse qui a perdu conscience, vous devez allonger le sujet sur le dos sur une surface plane et rigide, les bras le long des flancs. Placez-vous à genoux près de lui au niveau de la poitrine et, comme pour la RCR (voir chap. 8), repérez la partie inférieure du sternum. Exécutez une séquence de six à dix poussées lentement et distinctivement, faisant une compression de 3,8 cm à 5 cm dans l'intention de déloger l'obstruction.

Chaque séquence doit être suivie d'un dégagement de la bouche et d'une tentative de ventilation des poumons et doit être interrompue dès qu'il y a désobstruction.

Poussées thoraciques – sujet bébé

La technique des poussées thoraciques, conjuguée à celle des tapes dans le dos, est utilisée pour déloger toute obstruction des voies respiratoires chez les enfants de moins d'un an, vu les risques de blessure interne que comportent les poussées abdominales pour ce groupe d'âge.

Chez le bébé qui s'étouffe, les poussées thoraciques, comme en RCR (voir chap. 8), sont exercées sur le sternum avec le bout de deux doigts, la largeur d'un doigt sous la ligne mamillaire. Tenez le bébé sur votre cuisse en lui soutenant la tête et le cou; la tête doit toujours être plus basse que le tronc. Administrez quatre poussées à un rythme plus lent qu'en RCR, en comprimant le thorax de 1,3 cm à 2,5 cm. Relâchez la pression après chaque poussée pour permettre à la paroi thoracique de reprendre sa position normale.

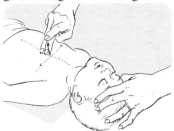

Fig. 9-5 Poussées thoraciques – sujet bébé

TAPES DANS LE DOS

Pour administrer des tapes dans le dos à un bébé, placez-le à cheval sur l'un de vos avant-bras, la tête plus basse que le tronc, en soutenant sa tête fermement par la mâchoire. Faites reposer votre avant-bras sur votre cuisse et donnez, du talon de l'autre main, quatre tapes distinctes dans l'alignement du corps entre les omoplates. Enchaînez avec quatre poussées thoraciques.

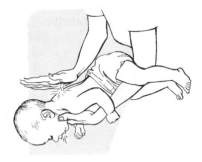

Fig. 9-6 Tapes dans le dos – sujet bébé

DÉGAGEMENT DE LA BOUCHE – EXAMEN DE L'INTÉRIEUR DE LA BOUCHE

Le dégagement de la bouche ou l'examen de l'intérieur de la bouche constitue une manoeuvre à deux volets utilisée pour déloger et retirer tout corps étranger qui pourrait obstruer les voies respiratoires d'une

personne inconsciente. Glissez votre pouce à l'intérieur de la bouche de la victime pour lui soutenir la langue tout en saisissant le menton entre vos doigts, puis procédez au soulèvement de la mâchoire et de la langue. Cette manoeuvre peut libérer le corps étranger, vous permettant alors de l'extirper en balayant en profondeur l'intérieur de la bouche de l'index de l'autre main.

Fig. 9-7 Soulèvement de la mâchoire et de la langue et dégagement de la bouche

Il ne faut jamais balayer à l'aveuglette l'intérieur de la bouche d'un jeune enfant ou d'un bébé. Vous pourriez enfoncer accidentellement avec votre doigt l'obstruction plus avant dans la gorge. Ne procédez au dégagement de la bouche que lorsque le corps étranger est apparent.

Bien que le dégagement de la bouche ne suffise parfois pas à déloger le corps étranger, le soulèvement de la langue de l'arrière-gorge peut dégager partiellement l'obstruction, permettant ainsi le passage de l'air vers les poumons lors de vos tentatives d'insufflation.

VENTILATION

Après chaque manoeuvre de dégagement/examen de la bouche, vous devez ouvrir les voies respiratoires et essayer de ventiler les poumons. Si la poitrine se soulève, poursuivez la respiration artificielle. Dans le cas contraire, continuez à exécuter les techniques de premiers soins en cas d'étouffement.

PREMIERS SOINS EN CAS D'ÉTOUFFEMENT

Une fois que vous avez établi qu'il y a obstruction des voies respiratoires, exécutez sans perdre un instant les techniques appropriées dans l'ordre qui convient, suivant le degré de conscience, la taille et l'état physique général de la victime.

L'ÉTOUFFEMENT – ADULTE OU ENFANT CONSCIENT

1. **Évaluer le degré d'obstruction.** Tant et aussi longtemps qu'il y a un bon échange respiratoire, encouragez la victime à tousser pour tenter de déloger l'obstruction et tenez-vous prêt à aider. Demandez-lui : "Êtes-vous étouffé?" Une mauvaise respiration ou une absence d'échange respiratoire est le signe d'une obstruction complète.

2. **Donner des poussées abdominales.** Placez-vous derrière la victime et encerclez sa taille de vos bras. Repérez d'une main l'appendice xiphoïde et de l'autre le nombril. Posez votre poing juste au-dessus du nombril, bien en deçà de la région de l'appendice xiphoïde. Saisissez votre poing avec l'autre main et exercez des poussées vers le haut en succession rapide jusqu'à ce que l'obstruction soit délogée ou que l'inconscience survienne.

L'ÉTOUFFEMENT – ADULTE OU ENFANT QUI PERD CONSCIENCE

3. **Mettre la victime en position.** Allongez la victime sur le dos, les bras le long des flancs, sur le plancher ou toute autre surface plane et rigide.

4. **Appeler de l'aide/faire dépêcher des secours.** Criez pour attirer l'attention de passants. Si quelqu'un vient, envoyez-le appeler les services d'urgence. Donnez tous les renseignements propres à assurer une réponse rapide (voir chap. 1).

5. **Procéder au dégagement de la bouche/examen de l'intérieur de la bouche.** Ouvrez la bouche par la méthode du soulèvement de la mâchoire et de la langue et, d'un doigt en crochet, essayez de déloger ou de retirer tout corps étranger. NE FAITES PAS DE BALAYAGE DE LA BOUCHE À L'AVEUGLETTE CHEZ LES ENFANTS, et ne retirez que les corps étrangers visibles.

6. **Ventiler les poumons.** Ouvrez les voies respiratoires et essayez de ventiler les poumons. Vérifiez si la poitrine se soulève. Le cas échéant, c'est signe que l'air réussit à franchir l'obstruction. Vous devez alors continuer la respiration artificielle. Si les poumons ne se dilatent pas . . .

7. **Donner des poussées abdominales.** Agenouillez-vous à cheval sur la victime pour que vous puissiez placer vos mains sur la partie supérieure de l'abdomen sans difficulté. Repérez d'une main l'appendice xiphoïde et de l'autre le nombril. Posez le talon de la main juste au-dessus du nombril et ramenez ensuite l'autre main par-dessus celle-ci. Les doigts soulevés ou entrelacés en ligne avec le plan médian du corps, donnez 6 à 10 poussées rapides et distinctes vers le haut.

8. **Répéter le dégagement de la bouche/l'examen de l'intérieur de la bouche, les ventilations et les poussées abdominales.** Répétez la séquence depuis l'étape 5 (dégagement de la bouche/ examen de l'intérieur de la bouche, ventilations et poussées abdominales) jusqu'à ce que vos efforts soient couronnés de succès ou que les secours médicaux arrivent.

L'ÉTOUFFEMENT – ADULTE OU ENFANT TROUVÉ INCONSCIENT

1. **Évaluer la faculté de réponse.** Vérifiez si la victime est consciente en secouant légèrement ses épaules et en lui demandant d'une voix forte : "Est-ce que ça va?" S'il n'y a pas de réaction . . .

2. **Évaluer la respiration.** Placez l'oreille et la joue contre la bouche et le nez de la victime pour vérifier s'il y a échange respiratoire. Regardez s'il y a mouvement de la poitrine. S'il n'y a pas signe de respiration . . .

3. **Appeler de l'aide.** Criez pour attirer l'attention de passants.

4. **Mettre la victime en position.** Retournez la victime sur le dos, en prenant soin de bien lui protéger la tête et le cou. Évitez toute torsion du corps, en la faisant pivoter en un seul bloc.

5. **Ouvrir les voies respiratoires.** Procédez à l'ouverture des voies respiratoires en utilisant la méthode du renversement de la tête avec soulèvement du menton.

6. **Réévaluer la respiration.** Regardez, écoutez et sentez contre votre joue s'il y a échange respiratoire. S'il n'y a pas signe de respiration . . .

7. **Ventiler les poumons.** Inspirez, pincez les narines de la victime, assurez un contact hermétique en plaçant votre bouche contre la sienne et insufflez. Observez s'il y a expansion de la poitrine. Si les poumons ne se dilatent pas . . .

8. **Rouvrir les voies respiratoires, assurer l'étanchéité du contact, ventiler.** Accentuez le renversement de la tête et le soulèvement du menton. Pincez les narines, assurez l'étanchéité du contact et insufflez à nouveau. Si les poumons ne se dilatent pas . . .

9. **Faire dépêcher des secours.** Envoyez quelqu'un appeler les services d'urgence. Donnez tous les renseignements propres à assurer une réponse rapide. Si vous êtes seul, ne quittez pas la victime; continuez à administrer les premiers soins.

10. **Donner des poussées abdominales.** Placez-vous à cheval sur la victime de manière à pouvoir poser vos mains sans difficulté sur la partie supérieure de l'abdomen. Repérez d'une main l'appendice xiphoïde et de l'autre le nombril. Posez le talon des mains juste au-dessus du nombril, les doigts soulevés ou entrelacés, parallèles au plan médian du corps. Donnez 6 à 10 poussées

rapides vers le haut. Si l'obstruction persiste . . .

11. **Procéder au dégagement de la bouche/examen de l'intérieur de la bouche.** Ouvrez la bouche par la méthode du soulèvement de la mâchoire et de la langue et, d'un doigt en crochet, tentez de déloger ou de retirer tout corps étranger. NE FAITES PAS DE BALAYAGE DE LA BOUCHE À L'AVEUGLETTE CHEZ LES ENFANTS. Ne retirez que les corps étrangers visibles.

12. **Ventiler les poumons.** Ouvrez les voies respiratoires et essayez de ventiler les poumons. Regardez s'il y a signe de mouvement respiratoire. Si les poumons ne se dilatent pas, poursuivez les premiers soins depuis l'étape 10 (poussées abdominales, dégagement de la bouche/examen de l'intérieur de la bouche et ventilations) jusqu'à réussite ou arrivée des secours médicaux.

PREMIERS SOINS POUR L'ÉTOUFFEMENT – BÉBÉ

Il faut soupçonner qu'il y a obstruction des voies respiratoires par un corps étranger lorsqu'un bébé manifeste soudainement des signes de détresse respiratoire associés à un accès de toux, un manque d'air ou une respiration striduleuse. Si la difficulté respiratoire est imputable à une infection des voies respiratoires supérieures ou à une réaction allergique, ne perdez pas de temps à essayer de dégager l'obstruction. Amenez sans tarder le bébé à un centre médical.

Les premiers soins pour l'étouffement s'imposent lorsque l'ingurgitation d'un corps étranger est confirmée par un témoin ou fortement soupçonnée, et en présence d'un nourrisson inconscient qui ne respire pas et chez qui les tentatives de ventilation sont restées infructueuses et dont les voies respiratoires demeurent obstruées après les manoeuvres de dégagement.

L'ÉTOUFFEMENT – BÉBÉ CONSCIENT

1. **Évaluer le degré d'obstruction.** Encouragez le bébé dans ses efforts si celui-ci tousse vigoureusement et sa respiration est spontanée. Lorsque la toux devient inefficace et ponctuée de bruits striduleux ou que le bébé n'émet plus aucun son . . .

2. **Donner quatre tapes dans le dos.** Placez le bébé à cheval sur votre avant-bras, la tête plus basse que le tronc et soutenue dans votre main. Appuyez-vous sur votre cuisse et donnez, du talon de l'autre main, quatre tapes distinctes entre les omoplates.

3. **Donner quatre poussées thoraciques.** Retournez le bébé sur le dos, la tête plus basse que le tronc et toujours en vous appuyant sur votre cuisse et en lui soutenant la tête et le cou. Placez deux doigts à mi-sternum, comme pour la RCR, et exercez quatre poussées thoraciques en comprimant le thorax de 1,3 cm à 2,5 cm.

4. **Répéter le cycle de manoeuvres.** Reprenez les quatre tapes dans le dos et les quatre poussées thoraciques jusqu'à ce que l'obstruction soit délogée ou que le bébé perde conscience.

L'ÉTOUFFEMENT – BÉBÉ QUI PERD CONSCIENCE

5. **Appeler de l'aide/faire dépêcher des secours.** Criez pour attirer l'attention de passants; si quelqu'un vient, envoyez-le appeler les secours d'urgence. Donnez tous les renseignements propres à assurer une réponse rapide.

6. **Vérifier l'intérieur de la bouche.** Ouvrez la bouche par la méthode du soulèvement de la mâchoire et de la langue et retirez tout corps étranger apparent. NE FAITES PAS DE BALAYAGE DE LA BOUCHE À L'AVEUGLETTE.

7. **Ventiler les poumons.** Ouvrez les voies respiratoires et essayez de ventiler les poumons. Couvrez de votre bouche la bouche et le nez du bébé et insufflez une légère bouffée d'air. Observez s'il y a expansion de la poitrine. Le cas échéant, continuez la respiration artificielle. Si au contraire les poumons ne se dilatent pas . . .

8. **Donner quatre tapes dans le dos.** Placez le bébé à cheval sur votre avant-bras, la tête plus basse que le tronc et soutenue dans votre main. Appuyez-vous sur votre cuisse et donnez, du talon de l'autre main, quatre tapes distinctes entre les omoplates.

9. **Donner quatre poussées thoraciques.** Retournez le bébé sur le dos, la tête plus basse que le tronc et toujours en vous appuyant

sur votre cuisse et en lui soutenant la tête et le cou. Placez deux doigts à mi-sternum, comme pour la RCR, et exercez quatre poussées thoraciques en comprimant le thorax de 1,3 cm à 2,5 cm.

10. **Vérifier l'intérieur de la bouche.** Ouvrez la bouche par la méthode du soulèvement de la mâchoire et de la langue et retirez tout corps étranger visible. NE FAITES PAS DE BALAYAGE DE LA BOUCHE À L'AVEUGLETTE.

11. **Ventiler les poumons.** Procédez à l'ouverture des voies respiratoires en utilisant la méthode du renversement de la tête avec soulèvement du menton, assurez un contact étanche à la bouche et au nez du bébé et insufflez une bouffée d'air.

Si les poumons ne se dilatent pas, répétez la séquence depuis l'étape 8 (tapes dans le dos, poussées thoraciques, examen de la bouche et ventilations) jusqu'à la reprise de la respiration ou l'arrivée des secours médicaux.

L'ÉTOUFFEMENT – BÉBÉ TROUVÉ INCONSCIENT

1. **Évaluer la faculté de réponse.** Secouez légèrement les épaules du bébé pour vérifier s'il est conscient. S'il n'y a pas de réaction . . .

2. **Évaluer la respiration.** Placez l'oreille contre la bouche du bébé et écoutez et sentez contre votre joue s'il y a échange respiratoire. Regardez s'il y a mouvement de la poitrine. S'il n'y a pas signe de respiration . . .

3. **Appeler de l'aide.** Criez pour attirer l'attention de passants.

4. **Mettre le bébé en position.** Retournez le bébé sur le dos tout en lui soutenant la tête et le cou.

5. **Ouvrir les voies respiratoires.** Procédez à l'ouverture des voies respiratoires en utilisant la méthode du renversement de la tête avec soulèvement du menton.

6. **Réévaluer la respiration.** Regardez, écoutez et sentez contre votre joue s'il y a échange respiratoire. S'il n'y a pas signe de respiration . . .

7. **Ventiler les poumons.** Couvrez de votre bouche la bouche et le nez du bébé et insufflez une bouffée d'air. Si les poumons ne se dilatent pas . . .

8. **Rouvrir les voies respiratoires, assurer l'étanchéité du contact, ventiler.** Replacez la tête et le menton en position, assurez un contact étanche autour de la bouche et du nez du bébé et insufflez. Si les poumons ne se dilatent pas . . .

9. **Faire dépêcher des secours.** Envoyez quelqu'un appeler les services d'urgence. Donnez tous les renseignements propres à assurer une réponse rapide (voir chap. 1).

10. **Donner quatre tapes dans le dos.** Placez le bébé à cheval sur votre avant-bras, la tête plus basse que le tronc et soutenue dans votre main. Appuyez-vous sur votre cuisse et donnez, du talon de l'autre main, quatre tapes distinctes entre les omoplates.

11. **Donner quatre poussées thoraciques.** Retournez le bébé sur le dos, toujours en vous appuyant sur votre cuisse et en lui soutenant la tête et le cou. Placez deux doigts à mi-sternum, comme pour la RCR, et exercez quatre poussées thoraciques en comprimant le thorax de 1,3 cm à 2,5 cm.

12. **Vérifier l'intérieur de la bouche.** Ouvrez la bouche par la méthode du soulèvement de la mâchoire et de la langue et retirez tout corps étranger visible. NE FAITES PAS DE BALAYAGE DE LA BOUCHE À L'AVEUGLETTE.

13. **Ventiler les poumons.** Ouvrez les voies respiratoires, assurez un contact étanche à la bouche et au nez du bébé et insufflez.

Si les poumons ne se dilatent pas, répétez la séquence depuis l'étape 10 (tapes dans les dos, poussées thoraciques, examen de la bouche et ventilations) jusqu'à la reprise de la respiration ou l'arrivée des secours médicaux.

SOINS COMPLÉMENTAIRES

Interrompez les manoeuvres aussitôt que l'obstruction est suffisamment dégagée pour permettre la reprise spontanée de la respiration ou l'administration de la respiration artificielle.

Une fois la respiration spontanée rétablie, restez auprès du sujet pour vous assurer que les difficultés respiratoires ne se manifestent pas de nouveau. Amenez le sujet à un centre médical ou encouragez-le à voir son médecin. Les techniques en cas d'étouffement pouvant infliger des blessures internes, la victime doit recevoir des soins médicaux.

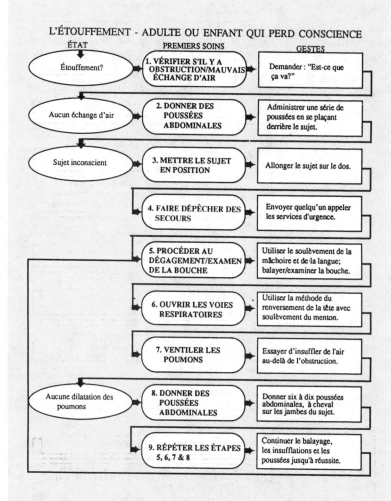

L'ÉTOUFFEMENT - ADULTE OU ENFANT QUI PERD CONSCIENCE

ÉTAT	PREMIERS SOINS	GESTES
Étouffement?	1. VÉRIFIER S'IL Y A OBSTRUCTION/MAUVAIS ÉCHANGE D'AIR	Demander : "Est-ce que ça va?"
Aucun échange d'air	2. DONNER DES POUSSÉES ABDOMINALES	Administrer une série de poussées en se plaçant derrière le sujet.
Sujet inconscient	3. METTRE LE SUJET EN POSITION	Allonger le sujet sur le dos.
	4. FAIRE DÉPÊCHER DES SECOURS	Envoyer quelqu'un appeler les services d'urgence.
	5. PROCÉDER AU DÉGAGEMENT/EXAMEN DE LA BOUCHE	Utiliser le soulèvement de la mâchoire et de la langue; balayer/examiner la bouche.
	6. OUVRIR LES VOIES RESPIRATOIRES	Utiliser la méthode du renversement de la tête avec soulèvement du menton.
	7. VENTILER LES POUMONS	Essayer d'insuffler de l'air au-delà de l'obstruction.
Aucune dilatation des poumons	8. DONNER DES POUSSÉES ABDOMINALES	Donner six à dix poussées abdominales, à cheval sur les jambes du sujet.
	9. RÉPÉTER LES ÉTAPES 5, 6, 7 & 8	Continuer le balayage, les insufflations et les poussées jusqu'à réussite.

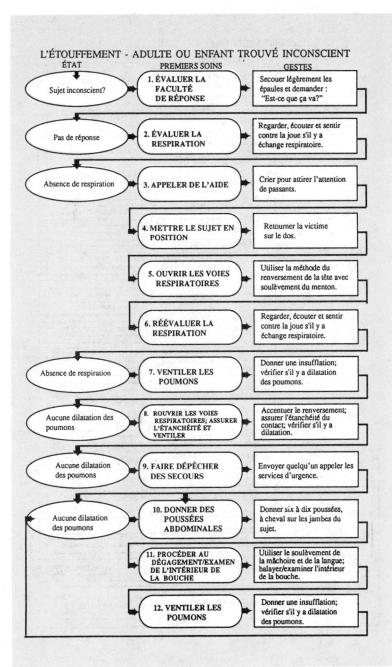

L'ÉTOUFFEMENT - ADULTE OU ENFANT TROUVÉ INCONSCIENT

ÉTAT	PREMIERS SOINS	GESTES
Sujet inconscient?	1. ÉVALUER LA FACULTÉ DE RÉPONSE	Secouer légèrement les épaules et demander : "Est-ce que ça va?"
Pas de réponse	2. ÉVALUER LA RESPIRATION	Regarder, écouter et sentir contre la joue s'il y a échange respiratoire.
Absence de respiration	3. APPELER DE L'AIDE	Crier pour attirer l'attention de passants.
	4. METTRE LE SUJET EN POSITION	Retourner la victime sur le dos.
	5. OUVRIR LES VOIES RESPIRATOIRES	Utiliser la méthode du renversement de la tête avec soulèvement du menton.
	6. RÉÉVALUER LA RESPIRATION	Regarder, écouter et sentir contre la joue s'il y a échange respiratoire.
Absence de respiration	7. VENTILER LES POUMONS	Donner une insufflation; vérifier s'il y a dilatation des poumons.
Aucune dilatation des poumons	8. ROUVRIR LES VOIES RESPIRATOIRES; ASSURER L'ÉTANCHÉITÉ ET VENTILER	Accentuer le renversement; assurer l'étanchéité du contact; vérifier s'il y a dilatation.
Aucune dilatation des poumons	9. FAIRE DÉPÊCHER DES SECOURS	Envoyer quelqu'un appeler les services d'urgence.
Aucune dilatation des poumons	10. DONNER DES POUSSÉES ABDOMINALES	Donner six à dix poussées, à cheval sur les jambes du sujet.
	11. PROCÉDER AU DÉGAGEMENT/EXAMEN DE L'INTÉRIEUR DE LA BOUCHE	Utiliser le soulèvement de la mâchoire et de la langue; balayer/examiner l'intérieur de la bouche.
	12. VENTILER LES POUMONS	Donner une insufflation; vérifier s'il y a dilatation des poumons.

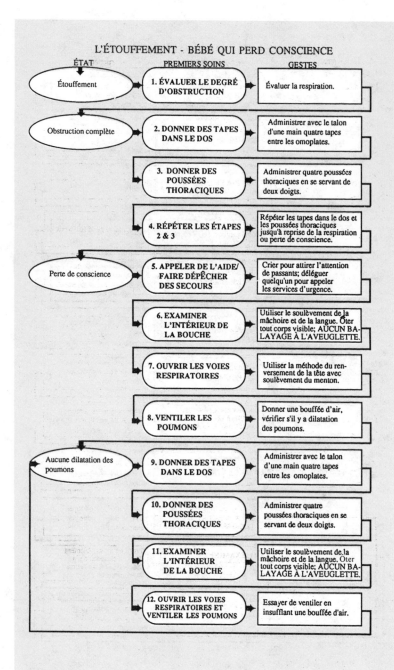

L'ÉTOUFFEMENT - BÉBÉ QUI PERD CONSCIENCE

ÉTAT	PREMIERS SOINS	GESTES
Étouffement	1. ÉVALUER LE DEGRÉ D'OBSTRUCTION	Évaluer la respiration.
Obstruction complète	2. DONNER DES TAPES DANS LE DOS	Administrer avec le talon d'une main quatre tapes entre les omoplates.
	3. DONNER DES POUSSÉES THORACIQUES	Administrer quatre poussées thoraciques en se servant de deux doigts.
	4. RÉPÉTER LES ÉTAPES 2 & 3	Répéter les tapes dans le dos et les poussées thoraciques jusqu'à reprise de la respiration ou perte de conscience.
Perte de conscience	5. APPELER DE L'AIDE/ FAIRE DÉPÊCHER DES SECOURS	Crier pour attirer l'attention de passants; déléguer quelqu'un pour appeler les services d'urgence.
	6. EXAMINER L'INTÉRIEUR DE LA BOUCHE	Utiliser le soulèvement de la mâchoire et de la langue. Ôter tout corps visible; AUCUN BALAYAGE À L'AVEUGLETTE.
	7. OUVRIR LES VOIES RESPIRATOIRES	Utiliser la méthode du renversement de la tête avec soulèvement du menton.
	8. VENTILER LES POUMONS	Donner une bouffée d'air, vérifier s'il y a dilatation des poumons.
Aucune dilatation des poumons	9. DONNER DES TAPES DANS LE DOS	Administrer avec le talon d'une main quatre tapes entre les omoplates.
	10. DONNER DES POUSSÉES THORACIQUES	Administrer quatre poussées thoraciques en se servant de deux doigts.
	11. EXAMINER L'INTÉRIEUR DE LA BOUCHE	Utiliser le soulèvement de la mâchoire et de la langue. Ôter tout corps visible; AUCUN BALAYAGE À L'AVEUGLETTE.
	12. OUVRIR LES VOIES RESPIRATOIRES ET VENTILER LES POUMONS	Essayer de ventiler en insufflant une bouffée d'air.

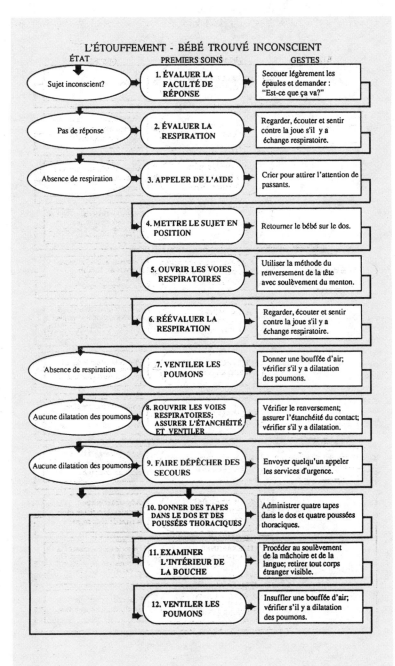

L'ÉTOUFFEMENT - BÉBÉ TROUVÉ INCONSCIENT

ÉTAT	PREMIERS SOINS	GESTES
Sujet inconscient?	1. ÉVALUER LA FACULTÉ DE RÉPONSE	Secouer légèrement les épaules et demander : "Est-ce que ça va?"
Pas de réponse	2. ÉVALUER LA RESPIRATION	Regarder, écouter et sentir contre la joue s'il y a échange respiratoire.
Absence de respiration	3. APPELER DE L'AIDE	Crier pour attirer l'attention de passants.
	4. METTRE LE SUJET EN POSITION	Retourner le bébé sur le dos.
	5. OUVRIR LES VOIES RESPIRATOIRES	Utiliser la méthode du renversement de la tête avec soulèvement du menton.
	6. RÉÉVALUER LA RESPIRATION	Regarder, écouter et sentir contre la joue s'il y a échange respiratoire.
Absence de respiration	7. VENTILER LES POUMONS	Donner une bouffée d'air; vérifier s'il y a dilatation des poumons.
Aucune dilatation des poumons	8. ROUVRIR LES VOIES RESPIRATOIRES; ASSURER L'ÉTANCHÉITÉ ET VENTILER	Vérifier le renversement; assurer l'étanchéité du contact; vérifier s'il y a dilatation.
Aucune dilatation des poumons	9. FAIRE DÉPÊCHER DES SECOURS	Envoyer quelqu'un appeler les services d'urgence.
	10. DONNER DES TAPES DANS LE DOS ET DES POUSSÉES THORACIQUES	Administrer quatre tapes dans le dos et quatre poussées thoraciques.
	11. EXAMINER L'INTÉRIEUR DE LA BOUCHE	Procéder au soulèvement de la mâchoire et de la langue; retirer tout corps étranger visible.
	12. VENTILER LES POUMONS	Insuffler une bouffée d'air; vérifier s'il y a dilatation des poumons.

NOTES

CHAPITRE 10

L'ÉTAT DE CHOC

L'état de choc résulte d'une défaillance de la circulation vers certaines parties de l'organisme. Le cerveau et d'autres organes vitaux peuvent ainsi se trouver privés d'oxygène, ce qui peut entraîner l'inconscience et la mort. L'état de choc peut être causé par une perte de sang ou un épanchement de plasma sanguin (brûlures, par exemple); il peut aussi être le fait de la peur, de la douleur, d'une atteinte aux nerfs, d'une crise cardiaque ou d'une réaction chimique. L'état de choc accompagne dans une certaine mesure tout trouble ou blessure grave. C'est un état sérieux qui peut entraîner la mort s'il n'est pas contenu promptement.

Non traités, les troubles suivants peuvent provoquer un état de choc grave :

- **hémorragie externe grave** et **hémorragie interne** dans les cavités organiques;

- **brûlure,** avec épanchement de plasma sanguin dans les tissus environnants;

- **blessure par écrasement,** qui peut causer un épanchement de sang et de plasma dans les tissus entourant la région atteinte;

- **défaillance cardiaque,** quand le cœur ne parvient plus à pomper suffisamment de sang dans le système circulatoire;

- **détresse respiratoire,** notamment obstruction des voies respiratoires, plaie pénétrante du thorax, volet costal ou paralysie des muscles intercostaux, qui peuvent empêcher le sujet d'inspirer la quantité suffisante d'air pour fournir du sang oxygéné à ses organes vitaux;

- **atteinte à la moelle épinière et aux nerfs** qui règlent le calibre des vaisseaux sanguins;

- **réaction allergique violente** provoquée par la piqûre d'un insecte ou la morsure d'un animal;

- **infection** associée à certaines urgences abdominales, bien que cet état de choc survienne habituellement après une période de maladie et que le secouriste ait rarement à s'en préoccuper.

Douleur, anxiété, refroidissement corporel, traumatisme psychologique comme la peur sont des facteurs qui vont hâter l'apparition du choc et en augmenter la gravité.

SIGNES ET SYMPTÔMES

La victime du choc peut présenter un état qui va de la simple faiblesse à un profond degré d'inconscience. Les signes et symptômes suivants peuvent se manifester en totalité ou en partie et s'intensifier si l'état de choc s'aggrave :

- agitation et angoisse, souvent les premiers signes;

- pâleur ou coloration bleuâtre de la peau, signe d'un manque d'oxygène;

- peau froide et moite avec sueurs abondantes;

- pouls faible et rapide;

- respiration superficielle et rapide, devenant haletante;

- soif;

- nausées et vomissements;

- variations du degré de conscience.

PREMIERS SOINS

Apprenez à reconnaître les troubles qui engendrent l'état de choc et à donner les premiers soins qui en réduiront les effets.

Les personnes en état de choc doivent recevoir des soins médicaux d'urgence. En attendant, le secouriste doit immédiatement administrer les premiers soins :

- traiter les causes évidentes du choc, comme l'hémorragie grave, les fractures et les brûlures;

- rassurer le sujet;

- le manipuler avec soin pour ne pas lui infliger de la douleur;

- desserrer ses vêtements au cou, à la poitrine et à la taille;

- prévenir tout refroidissement; conserver la chaleur corporelle en plaçant des couvertures au-dessus et au-dessous du sujet. Éviter qu'il ait trop chaud; ne pas se servir de bouillottes ou de coussins chauffants à moins d'indication contraire d'un médecin;

- ne rien lui donner par la bouche si le choc est violent. Lui humecter les lèvres s'il a soif;

- placer le sujet en position latérale de sécurité (voir chap. 11) et obtenir des secours médicaux dans les plus brefs délais.

POSITION D'UNE VICTIME EN ÉTAT DE CHOC

Une victime en état de choc doit être placée dans une position qui ralentira la progression du choc et lui offrira le maximum de confort. De préférence, le sujet conscient devrait être étendu sur le dos, la tête plus basse que le reste du corps et les pieds élevés de 15 à 30 cm pour augmenter l'afflux sanguin vers le cerveau. S'il repose sur un brancard, il faut en élever l'extrémité aux pieds dans la même mesure.

La condition physique du sujet ou les blessures qu'il a subies peuvent vous empêcher de le placer dans la position recommandée. Élever les jambes et les pieds d'une personne qui s'est fracturé le bassin peut accentuer la douleur et aggraver la blessure. Dans un tel cas, il vaut mieux garder la blessé étendu sur le dos, de préférence sur un brancard. Il est possible toutefois d'en élever l'extrémité aux pieds du sujet si ce dernier est bien immobilisé. Les victimes de blessures thoraciques ou les personnes qui souffrent d'une maladie pulmonaire ou qui viennent de faire une crise cardiaque respirent habituellement avec plus de facilité lorsqu'elles sont en position semi-assise. Les sujets inconscients et les personnes prises de haut-le-cœur devraient être placés en position latérale de sécurité.

CHAPITRE 11

LE SUJET INCONSCIENT

LE DEGRÉ DE CONSCIENCE

Bien des maladies et des blessures se compliquent d'une perte de conscience. Parmi les circonstances qui peuvent influer sur le degré de conscience, l'on compte les blessures à la tête, l'asphyxie, l'empoisonnement, l'état de choc et la crise cardiaque.

Qu'entend-on par "conscience"? C'est l'état de la personne pleinement vigilante qui parle de façon cohérente, coordonne ses activités musculaires, réagit à la parole ou à la douleur et est parfaitement consciente de ce qui se passe autour d'elle. Toute fluctuation de l'état de conscience provoquée par un facteur autre que le sommeil est le signe d'une blessure ou d'une maladie. Une perte de conscience graduelle indique une aggravation de l'état du sujet. Il est donc essentiel que le secouriste évalue le degré de conscience à intervalles réguliers, en prenant soin de relever tout changement.

ÉVALUATION DU DEGRÉ DE CONSCIENCE

L'échelle de coma Glasgow a été mise au point dans le but d'évaluer et de décrire les différents degrés de conscience. Cette évaluation est fondée sur la capacité du sujet **d'ouvrir les yeux,** de **parler** de façon cohérente et de **faire usage de ses muscles.** L'échelle varie du plein usage de ces facultés à une absence de réaction, en passant par divers degrés de dysfonction.

Cette échelle a été simplifiée ici pour répondre aux besoins du secourisme, mais les grands principes en demeurent les mêmes. La meilleure des réactions d'un sujet est catégorisée selon l'échelle suivante :

● **Réaction des yeux**

- s'ouvrent spontanément;
- s'ouvrent en réaction à la voix ou à la douleur;
- ne s'ouvrent pas.

● **Réaction verbale**

- élocution lucide et sensée;
- élocution confuse, incompréhensible;
- aucune réaction.

● **Réaction motrice**

- sujet obéit aux ordres;
- sujet réagit à la douleur (fléchit et tend les muscles);
- aucune réaction.

En s'appuyant sur l'échelle ci-dessus, on peut décrire plus précisément un état de conscience anormal dans les termes suivants : "les yeux s'ouvrent en réaction à la douleur; la parole est confuse et quelquefois incompréhensible; les muscles se tendent légèrement lorsqu'on pince la face interne de l'avant-bras." L'état du sujet peut se détériorer au point où il y a "absence de réaction des yeux et absence de réaction verbale et motrice".

RÉACTION À LA DOULEUR

Il est possible qu'en examinant un blessé ou un malade on lui cause involontairement une certaine douleur et que l'on provoque ainsi chez lui une réaction. Il faut alors en noter l'intensité pour pouvoir évaluer le degré de conscience. S'il se révèle nécessaire d'utiliser la douleur comme stimulus, on peut le faire de façon inoffensive. Pincer le bout du lobe de l'oreille ou la face interne de l'avant-bras cause généralement une douleur qui suffit à provoquer une réaction. On peut également presser sur le lit de l'ongle au moyen d'un crayon, par exemple.

DIFFICULTÉS D'INTERPRÉTATION D'UNE RÉACTION

Le secouriste doit être conscient des facteurs pouvant empêcher le sujet de réagir d'une manière correspondant à son véritable état de conscience. Une blessure à l'œil accompagnée d'une enflure des tissus environnants peut empêcher une personne d'ouvrir les yeux bien qu'elle soit pleinement consciente. De même, des blessures à la gorge, des difficultés d'élocution, des différences linguistiques ou des blessures aux nerfs risquent de limiter les réactions verbale et motrice. Si vous soupçonnez la paralysie, demandez au sujet de cligner de l'œil ou de tirer la langue pour vous permettre d'évaluer son état.

Toute information concernant un changement de degré de conscience (en particulier si ces troubles sont apparus rapidement ou lentement et quand ils ont été observés) est précieuse pour le médecin qui sera appelé à traiter le sujet.

SOIN DU SUJET INCONSCIENT

En présence de plusieurs blessés, repérer d'abord les cas d'inconscience. Les causes de l'inconscience ne sont pas toujours évidentes, mais le secouriste n'en devra pas moins mettre en oeuvre les mesures de secourisme nécessaires.

Les muscles du sujet inconscient peuvent se relâcher; s'il est allongé sur le dos, la langue risque de tomber dans la gorge, obstruant ainsi les voies respiratoires. Il risque aussi de perdre ses réflexes naturels de sécurité (toux, déglutition); du sang, des mucosités ou des vomissures peuvent alors pénétrer dans les voies respiratoires et les encombrer. L'objectif immédiat des premiers soins est donc d'assurer l'ouverture des voies respiratoires et une respiration adéquate. Pour ce faire :

- assurez le dégagement des voies respiratoires en délogeant toute obstruction;

- commencez immédiatement la respiration artificielle si le sujet ne respire pas (voir chap. 7);

- desserrez ses vêtements au cou, à la poitrine et à la taille;

- identifiez et traitez la cause de l'inconscience;

- placez le sujet en position latérale de sécurité si ses blessures le permettent et surveillez sa respiration;

- ne lui donnez rien par la bouche.

Observez le degré de conscience et notez mentalement ou, si possible, par écrit, les changements observés et l'heure à laquelle ils se sont produits.

Une personne qui reprend connaissance et ne requiert pas immédiatement de soins médicaux doit être confiée aux mains de personnes responsables et se voir conseillée de consulter un médecin dès que possible.

LA POSITION LATÉRALE DE SÉCURITÉ

Pour placer en position latérale de sécurité un sujet trouvé étendu sur le dos, on procède comme suit :

- agenouillez-vous à côté du sujet et ramenez vers vous la jambe la plus éloignée de façon à ce que les jambes se croisent à la cheville;

Fig. 11-1 (a) Position latérale de sécurité

- placez le bras près de vous le long du sujet et l'autre en travers de la poitrine;

- vos genoux tout près du sujet, placez une de vos mains sous sa tête pour la soutenir et saisissez ses vêtements ou sa ceinture à la taille du côté le plus éloigné;

- faites pivoter le sujet contre vous d'un geste continu et ferme, tout en lui protégeant la tête et le cou. Sa poitrine et son abdomen reposent maintenant sur vos cuisses;

Fig. 11-1 (b) Position latérale de sécurité

Fig. 11-1 (c) Position latérale de sécurité

- reculez un peu et fléchissez son genou pour l'empêcher de rouler plus avant. Placez son cou en extension afin de maintenir les voies respiratoires ouvertes;

- pliez au coude le bras situé de votre côté afin qu'il supporte le poids du thorax. Placez l'autre bras en position confortable contre le tronc du sujet pour l'empêcher de rouler sur le dos.

Fig. 11-1 (d) Position latérale de sécurité

IDENTIFICATION MEDIC-ALERT

Les personnes qui souffrent de troubles graves nécessitant un traitement spécifique portent souvent sur elles (sous la forme d'un bracelet, d'un pendentif ou d'une carte de poche) une identification indiquant la nature de la maladie et le traitement prescrit. L'examen d'une personne inconsciente doit inclure la recherche d'une telle identification. L'information ainsi recueillie peut être utile à l'évaluation de l'état du

Fig. 11-2 Identification "Medic-Alert"

sujet et au traitement ou avertir le secouriste que la personne souffre d'allergies ou de troubles médicaux rendant certains premiers soins ou traitements médicaux contre-indiqués.

L'ÉVANOUISSEMENT

L'évanouissement est provoqué par une insuffisance temporaire de sang oxygéné au cerveau. La victime d'un évanouissement perd connaissance, ne serait-ce que pendant quelques instants. Le but des premiers soins, dans ce cas, est d'augmenter l'apport d'oxygène au cerveau.

Les causes les plus fréquentes de l'évanouissement sont :

- le surmenage, la faim, le manque d'air frais, de longues périodes d'immobilité en position assise ou debout;

- la tension émotive, comme la peur, l'anxiété, la vue du sang;

- des maladies, des blessures ou la douleur intense.

Il peut y avoir des signes avant-coureurs d'un évanouissement imminent. Le sujet se sent chancelant, devient pâle et commence à transpirer. La personne qui se sent au bord de l'évanouissement doit prendre les mesures préventives suivantes :

- respirer de l'air frais (ouvrir portes ou fenêtres), mais se protéger des températures extrêmes;

- desserrer ses vêtements au cou, à la poitrine et à la taille;

- s'asseoir, la tête penchée en avant, ou s'allonger, les pieds surélevés de 15 à 30 cm.

Quand une personne s'est évanouie, il faut :

- la placer en position latérale de sécurité;

- s'assurer que les voies respiratoires sont ouvertes et qu'elle respire;

- lui faire respirer de l'air frais et la protéger des températures extrêmes;

- desserrer ses vêtements au cou, à la poitrine et à la taille;

- veiller à son confort pendant qu'elle reprend connaissance et lui demander de rester allongée pendant 10 à 15 minutes.

Une perte de conscience temporaire est un des signes d'une attaque ischémique passagère (petit ACV). Ne pas négliger la possibilité d'une telle attaque si la victime d'un évanouissement est un adulte assez âgé ou si la cause de la perte de conscience n'est pas apparente à première vue. Si la personne ne reprend pas connaissance rapidement et complètement, obtenir des soins médicaux.

CHAPITRE 12

PANSEMENTS ET BANDAGES

Les pansements et les bandes constituent les principaux outils du secouriste. Ils sont essentiels au soin des plaies et des blessures aux muscles, aux os et aux articulations. Le secouriste doit non seulement être rompu à l'utilisation de bandes et de pansements tout préparés, mais doit aussi être en mesure d'improviser le nécessaire à partir d'articles à sa disposition. Pour ce faire, il devra connaître les qualités et les caractéristiques du matériel qui se prêtera le mieux à cette fin.

LES PANSEMENTS

Un pansement est un tissu protecteur que l'on applique sur une plaie pour arrêter le saignement, absorber le sang et autres sécrétions et prévenir une plus grande contamination et l'infection.

Un pansement doit être :

● **stérile** ou aussi propre que possible;

● **très absorbant** et **poreux** pour garder la plaie sèche;

● **épais, doux** et **compressible,** surtout en cas d'hémorragie afin qu'une pression puisse être exercée également sur toute la surface atteinte;

● **non adhérent** et **non ouaté** pour éviter qu'il ne colle à la plaie. La gaze, le coton et la toile sont appropriés mais les tissus laineux ou mousseux ne sont pas recommandés.

Une grande variété de pansements est offerte dans le commerce. Les pansements d'usage général les plus fréquemment utilisés en secourisme sont :

● le **pansement adhésif** : pansement de gaze stérile sur un ruban adhésif, scellé dans une pochette de papier ou de plastique; sa forme et sa grandeur varient selon la plaie à traiter. Il sert surtout à panser les blessures bénignes qui saignent légèrement;

● le **pansement de gaze** : carrés de grandeur variée enveloppés individuellement ou en paquet. La gaze vendue en enveloppe est habituellement stérile;

● le **pansement compressif** : pansement de gaze stérile rembourré de tissu absorbant auquel est habituellement fixée une bande en rouleau. Il sert à faire pression sur les plaies qui saignent abondamment;

● le **pansement improvisé** : confectionné avec du tissu non ouaté, propre ou encore mieux stérile et de préférence blanc : serviettes, draps, taies d'oreiller, mouchoirs ou serviettes de papier, enfin tout tissu absorbant et propre, une serviette hygiénique par exemple. Une feuille de papier d'aluminium ou de cellophane peut servir à sceller hermétiquement les plaies pénétrantes du thorax.

Pour que la pose du pansement soit efficace, observez les règles suivantes :

● la **propreté** est un facteur essentiel pour réduire les risques de contamination et d'infection. Lavez-vous les mains avant de panser une plaie; servez-vous du tissu le plus propre qui est à votre disposition et posez-le sur la plaie en évitant de toucher ou de souffler sur la surface du pansement qui sera en contact direct avec celle-ci;

● **couvrez largement la plaie** en en dépassant les rebords;

● **renforcez les pansements de gaze** avec du coton ouaté hydrophile ou un tissu quelconque avant d'assujettir le pansement;

● **n'enlevez pas un pansement** imbibé de sang; laissez-le en place et superposez d'autres pansements assujettis par des bandes;

● **fixez le pansement** avec un bandage ou du ruban adhésif.

LES BANDAGES

Un bandage est fait de bandes de tissu ou de liens destinés à assujettir les pansements, maintenir une pression sur une plaie, servir de soutien à un membre ou une articulation, immobiliser certaines parties du corps et installer une attelle. Les bandes peuvent être achetées toutes préparées ou improvisées.

Pour faire un bandage, observez les règles suivantes :

● **posez-le solidement,** soit pour réprimer l'hémorragie, soit pour immobiliser correctement la région blessée;

● **vérifiez fréquemment la circulation distale** pour vous assurer qu'il n'est pas trop serré;

● **n'utilisez pas de bandes comme pansement ou rembourrage** si d'autres tissus sont disponibles; conservez-les pour d'autres blessures.

LE TRIANGLE DE TISSU

Le triangle de tissu, acheté tout fait ou improvisé, est des plus polyvalents. Il se réalise en coupant un mètre carré de coton ou de toile en diagonale, ce qui en donne deux. Pour des raisons de clarté, les différentes parties du triangle sont identifiées comme suit :

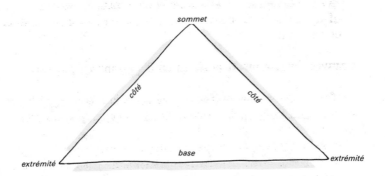

Fig. 12-1 Le triangle de tissu

- **la base,** l'hypoténuse ou côté le plus long;

- **les extrémités,** les angles aigus de chaque côté de la BASE;

- **le sommet,** l'angle droit à l'opposé de la BASE;

- **les côtés,** entre la POINTE et les EXTRÉMITÉS.

Le triangle est utilisé sous différentes formes :

- **déployé dans toute son étendue,** il sert d'écharpe ou maintient en place un grand pansement;

- plié de manière à ce que le SOMMET rejoigne le centre de la BASE et replié dans le même sens une seconde fois, il forme une **bande large,** qui sert à fixer les attelles ou à exercer une pression égale sur une grande surface;

- la bande large repliée en deux vers la BASE forme une **bande étroite,** qui sert à retenir les pansements ou immobiliser le pied et la cheville (technique du lien en 8);

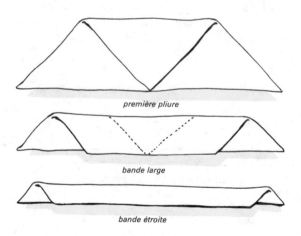

première pliure

bande large

bande étroite

Fig. 12-2 Bande large, bande étroite

● le **tampon annulaire** est fait à partir d'une bande étroite. On forme d'abord une boucle en entourant par deux fois les quatre doigts d'une des EXTRÉMITÉS de la bande. L'autre EX-TRÉMITÉ est glissée dans la boucle et l'encercle plusieurs fois pour former un anneau rigide. Si le diamètre de la boucle doit être plus large, nouer une seconde bande étroite à la première. Le tampon annulaire sert à exercer une pression autour d'une plaie sur laquelle on ne peut appliquer une pression directe, notamment lorsqu'un corps étranger y est logé ou qu'un os en fait saillie. Il est recommandé d'avoir un tampon annulaire fait à l'avance dans sa trousse de secours.

Fig. 12-3 Confection du tampon annulaire

Pour ranger le triangle, on le plie en bande étroite et on ramène les deux extrémités vers le centre jusqu'à ce que la dimension désirée soit atteinte.

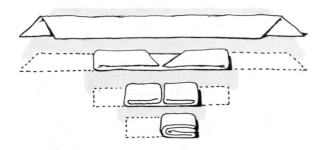

Fig. 12-4 Comment plier le triangle

LE NOEUD PLAT

De par sa forme plate et le confort qu'il offre au blessé, le noeud plat est tout indiqué pour nouer bandes et écharpes. De plus, il ne glisse pas et peut être facilement desserré au besoin.

Procédez comme suit : prenez dans chaque main une extrémité de la bande; croisez l'extrémité droite sur celle de gauche et passez-la en-dessous comme pour former la première partie d'un noeud simple. Les deux extrémités se trouvent à avoir changé de main. Croisez l'extrémité maintenant dans la main gauche sur celle de droite et terminez comme pour le noeud simple. Le noeud ainsi formé aura l'apparence de deux boucles entrelacées; on peut le serrer soit en tirant les deux boucles l'une contre l'autre, soit en tirant sur les extrémités.

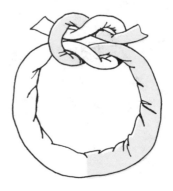

Fig. 12-5 Le noeud plat

Pour se souvenir de la séquence, il suffit de mémoriser ce qui suit :

DROIT SUR GAUCHE ET EN-DESSOUS, GAUCHE SUR DROIT ET EN-DESSOUS.

Pour desserrrer le noeud, on tire sur une extrémité et la tige d'un côté; l'autre extrémité peut alors facilement glisser.

Les noeuds doivent toujours être faits de manière à ne pas incommoder le blessé en pressant sur un os ou dans les chairs, tout particulièrement quand il s'agit d'un point de fracture ou du cou, dans le cas d'une écharpe. Si le noeud est incommodant, rembourrez-le d'un tissu souple; rentrez bien les bouts pour qu'ils ne s'accrochent pas durant le transport du blessé.

LE LIEN EN 8

Le lien en 8 est une technique qui sert à l'immobilisation du pied et de la cheville, à la pose d'une attelle sur la plante du pied, ou au support d'une cheville blessée.

Le lien en 8 se pose de la façon suivante :

- placez le centre d'une bande large ou étroite sous la ou les chevilles (la bande peut couvrir un pansement ou une attelle);

- ramenez les EXTRÉMITÉS autour des chevilles, croisez-les sur les jambes et passez sous la plante pour entourer les pieds;

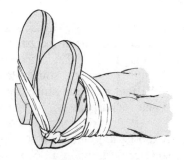

- nouez les deux extrémités ou ramenez-les inversement en répétant le 8 et nouez au point de départ.

Fig. 12-6 Le lien en 8

LES ÉCHARPES

L'écharpe a pour rôle de soutenir et de protéger les membres supérieurs. Elle sert à élever le membre, à l'immobiliser ou à en déplacer le poids d'un côté du corps à l'autre.

L'écharpe simple

L'écharpe simple sert à soutenir l'avant-bras et la main en cas de blessure au membre supérieur. L'on procède comme suit :

- soutenez l'avant-bras blessé en travers du thorax, le poignet et la main légèrement plus élevés que le coude;

- placez un triangle de tissu entièrement déployé entre le thorax et l'avant-bras, le SOMMET dépassant largement le coude;

- passez l'EXTRÉMITÉ supérieure sur l'épaule du côté indemne, autour de la nuque et ramenez-la vers l'avant du côté blessé;

- toujours en soutenant l'avant-bras, ramenez l'EXTRÉMITÉ inférieure du triangle en couvrant l'avant-bras et la main, et nouez les deux extrémités au niveau du creux au-dessus de la clavicule;

- ramenez le SOMMET à l'avant du coude et fixez-le à l'écharpe soit à l'aide d'une épingle de sûreté, soit en le tortillant puis en l'insérant dans l'écharpe;

Fig. 12-7 L'écharpe simple

- exposez la jointure de l'auriculaire de manière à laisser tous les ongles de la main à découvert pour observation.

L'écharpe tubulaire Saint-Jean

L'écharpe tubulaire Saint-Jean soutient l'avant-bras et la main dans une position élevée; elle sert à élever la main ou à déplacer le poids du membre supérieur d'un côté à l'autre dans les cas de blessures à l'épaule ou à la clavicule. Pour installer l'écharpe tubulaire Saint-Jean :

- soutenez l'avant-bras du côté blessé en le plaçant en travers du thorax, les doigts en direction de l'épaule opposée;

- placez un triangle entièrement déployé sur l'avant-bras et la main, le SOMMET dépassant largement le coude et l'EXTRÉMITÉ supérieure recouvrant l'épaule du côté indemne; la BASE du triangle sera en ligne avec le côté indemne du corps;

Fig. 12-8 L'écharpe tubulaire Saint-Jean

- toujours en soutenant l'avant-bras, glissez la BASE sous la main, l'avant-bras et le coude puis ramenez l'EXTRÉMITÉ inférieure en travers du dos et par-dessus l'épaule du côté indemne;

- ajustez délicatement l'élévation du bras et nouez les deux EX-TRÉMITÉS au niveau du creux au-dessus de la clavicule;

- glissez le SOMMET du triangle entre l'avant-bras et l'écharpe et fixez-le avec une épingle de sûreté. Faute d'épingle, on peut tortiller le sommet et l'insérer dans l'écharpe.

Écharpe col-poignet

Comme l'indique son nom, l'écharpe col-poignet se compose de deux parties : une manchette autour du poignet et un col autour du cou du sujet. Elle se confectionne à l'aide d'un ou de deux triangles de tissu. Ce type d'écharpe permet d'immobiliser le bras dans n'importe quelle position de flexion, selon le degré de mobilité que permettent les blessures. L'écharpe col-poignet est particulièrement utile dans le cas des blessures aux articulations de l'épaule et du coude, là où tout mouvement de l'épaule ou flexion du coude peut accentuer la douleur.

L'écharpe col-poignet se pose comme suit :

- placez le centre d'une bande étroite sur l'avant-bras en laissant tomber les EX-TRÉMITÉS de chaque côté, une près du poignet et l'autre près du coude de façon à former une diagonale;

- ramenez une EXTRÉMITÉ autour de l'avant-bras et passez-la par-dessous le centre pour former une demi-clef;

- ramenez l'autre EXTRÉ-MITÉ autour de l'avant-bras dans le sens contraire et passez-la par-dessous le centre pour former une autre demi-clef;

- ramenez les deux EXTRÉ-MITÉS vers le haut pour former une manchette autour du poignet, en vous assurant que la bande est exempte de tout pli et assez lâche pour soutenir le poignet en tout confort;

- passez les EXTRÉMITÉS autour du cou et nouez-les au-dessus du creux de la clavicule du côté blessé;

- si vous désirez une écharpe de plus grande dimension, nouez deux bandes bout à bout;

- ramenez les EXTRÉMITÉS autour du cou et nouez de manière à placer le bras au niveau désiré.

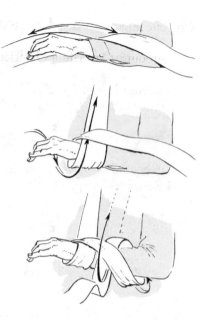

Fig. 12-9 (a) Pose de l'écharpe col-poignet

Fig. 12-9 (b) L'écharpe col-poignet

Écharpe improvisée

On peut improviser une écharpe de la manière suivante :

● introduisez la main à l'intérieur du veston boutonné;

● soutenez le membre à l'aide d'un foulard, d'une ceinture, d'une cravate ou de tout autre article assez long pour entourer la nuque;

● épinglez la manche de la chemise ou du veston au vêtement;

● ramenez le bord inférieur du veston du côté blessé par-dessus l'avant-bras et épinglez-le.

Fig. 12-10 Écharpes improvisées

BANDAGE OU EMBALLAGE

Le triangle de tissu peut servir à assujettir les pansements aux différentes parties du corps.

La **tête** :

● placez-vous derrière le blessé;

● déployez entièrement un triangle et repliez la BASE en faisant une étroite bordure;

● posez le centre de la BASE au milieu du front, juste au-dessus des sourcils et ramenez le SOMMET jusqu'à la nuque, couvrant ainsi le pansement;

● ramenez les EXTRÉMITÉS vers l'arrière en les croisant par-dessus le SOMMET; ramenez-les sur le front et nouez sur la bordure;

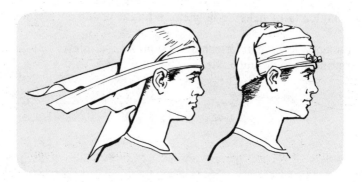

Fig. 12-11 Emballage de la tête

● stabilisez la tête d'une main tandis que de l'autre vous ajustez le SOMMET de manière à obtenir la pression voulue sur le pansement. Ramenez le SOMMET du triangle vers le haut de la tête et attachez-le délicatement avec une épingle de sûreté.

Pour les deux articulations charnières du **coude** et du **genou,** la méthode est similaire :

● dépliez entièrement un triangle et repliez la BASE en faisant une étroite bordure;

● placez le centre de la BASE sur l'avant-bras s'il s'agit du coude, ou juste en bas de la rotule pour le genou; couvrez le pansement en dirigeant le SOMMET du triangle vers le haut et ramenez les extrémités sur le membre, à l'intérieur du coude ou à l'arrière du genou, selon le cas;

- nouez les extrémités en haut de l'articulation;

- ajustez le SOMMET pour obtenir la pression voulue sur le pansement, repliez-le vers le bas et fixez-le à l'aide d'une épingle de sûreté.

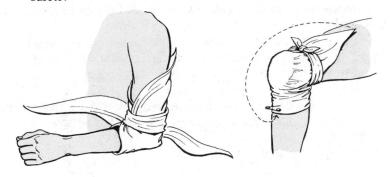

Fig. 12-12
Emballage du coude

Fig. 12-13
Emballage du genou

La **main** et le **pied** :

- déployez entièrement un triangle sur une surface plane, le SOMMET dirigé dans la direction opposée au blessé;

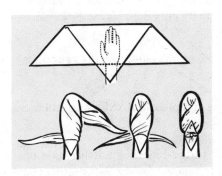

Fig. 12-14
Emballage de la main

Fig. 12-15
Emballage du pied

- déposez la main ou le pied sur le triangle de manière à ce que les doigts ou les orteils soient en direction du SOMMET; bien centrer pour que le triangle puisse contenir la main ou le pied au complet;

- rabattez le SOMMET par-dessus la main ou le pied jusqu'au poignet ou jusqu'à la partie inférieure de la jambe;

- ramenez les EXTRÉMITÉS du triangle autour du poignet ou de la cheville et, en les croisant sur le SOMMET, continuez d'encercler pour utiliser tout le tissu, puis nouez;

- glissez le SOMMET sous le noeud pour ajuster la pression sur le pansement; rabattez-le ensuite vers le bas et fixez au moyen d'une épingle de sûreté.

LES BANDES EN ROULEAU

La bande en rouleau, de tissu adhérent ou poreux, sert également à maintenir un pansement sur une plaie. Il faut la poser fermement, sans incommoder le blessé et sans trop serrer de peur qu'une enflure de la partie atteinte ne la resserre davantage et gêne la circulation.

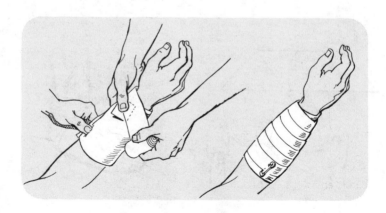

Fig. 12-16 Le bandage en spirale simple

Le bandage en spirale simple se fait en enroulant la bande à partir de la partie étroite du membre vers la partie la plus large. Chaque tour de la bande chevauche le précédent sur un quart à un tiers de sa largeur. La bande doit être fixée dès le premier tour comme suit :

● au point de départ, placez une extrémité de la bande en biais;

● faites un tour sur la partie blessée en laissant dépasser l'extrémité;

● repliez l'extrémité qui dépasse et recouvrez-la en enroulant de nouveau au même point.

Terminez en faisant deux ou trois tours de bande superposés et attachez le tout avec une épingle ou du ruban adhésif.

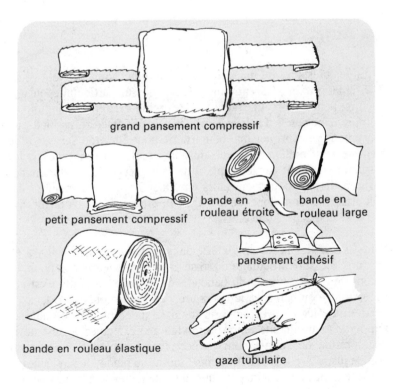

grand pansement compressif

petit pansement compressif

bande en rouleau étroite

bande en rouleau large

pansement adhésif

bande en rouleau élastique

gaze tubulaire

Fig. 12-17 Pansements et bandes préparés commercialement

GAZE TUBULAIRE OU FILET EXTENSIBLE

Lorsque l'hémorragie a été enrayée et que la pression directe n'est plus nécessaire, la **gaze tubulaire** et le **filet extensible** constituent un moyen rapide et efficace de faire un bandage. Ils sont vendus en tailles variées assorties aux différentes parties du corps. On coupe la longueur nécessaire et on la fixe soit au moyen d'un applicateur prévu à cette fin, soit en l'étirant avec la main pour la poser sur le pansement.

Ce type de bandage est recommandé pour certaines parties du corps comme la tête, les épaules, les cuisses et les doigts, ou une bande en rouleau serait difficile d'application. Les modes d'emploi sont généralement inclus avec la bande.

OBSERVATION DE LA CIRCULATION

Certaines blessures ou manoeuvres de premiers soins peuvent gêner la circulation vers les extrémités. Une blessure articulaire ou une fracture peut pincer une artère et restreindre l'apport sanguin au membre. Une bande destinée à immobiliser une fracture, assujettir un pansement ou réprimer une hémorragie peut être trop serrée, ou le membre peut enfler, entravant ainsi la circulation sanguine. Si les tissus ne reçoivent pas leur apport de sang oxygéné, les dommages qui s'ensuivront pourraient alors entraîner la perte du membre. Le secouriste se doit donc de corriger la situation ou d'obtenir des secours médicaux immédiats.

Il faut surveiller l'état circulatoire dans toute extrémité où il y a eu fracture, blessure articulaire ou mise en bandage. Prenez le pouls en amont de la blessure ou du bandage. Si le siège du pouls n'est pas accessible, comparez la température des doigts ou des orteils de l'extrémité blessée avec celle du membre indemne. Toute chute de température trahit une entrave circulatoire. Effectuez le test de la décoloration de l'ongle pour en connaître l'ampleur : pressez sur l'ongle jusqu'à ce que le lit de l'ongle tourne au blanc, puis relâchez et notez le temps nécessaire pour que la teinte revienne à la normale. Si cela se fait rapidement, la circulation n'est pas entravée. Si au contraire l'ongle reste blanc ou la coloration est lente à revenir, il faut agir.

Desserrez immédiatement le bandage et, dans le cas d'une blessure articulaire, replacez le membre en position. Assujettissez le membre à nouveau et assurez-vous que la circulation n'est pas interrompue. Continuez à vérifier l'état circulatoire jusqu'à l'arrivée des secours médicaux. Si la circulation ne peut être rétablie, des soins d'ordre médical sont requis de toute urgence.

NOTES

CHAPITRE 13

PLAIES ET HÉMORRAGIES

Toute rupture dans la continuité des tissus du corps est appelée **plaie.** Cette rupture s'accompagne généralement d'un saignement et peut permettre l'entrée de microbes, source d'infection. L'**hémorragie** est une effusion sanguine hors des vaisseaux, qui s'épanche dans les tissus avoisinants, les cavités organiques ou à l'extérieur du corps. Les tissus mous sont les plus vulnérables aux blessures; en résultent des plaies et des hémorragies.

PRÉVENTION

Les plaies sont souvent le résultat d'une négligence à observer les mesures de sécurité lorsque l'on utilise des machines ou des outils. La majorité des accidents de cette nature surviennent au foyer et lors d'activités récréatives. Prévenez les blessures en éliminant les dangers dont recèle votre milieu. Ayez l'esprit de prévention. Pensez sécurité – songez aux conséquences[1] :

● Et si les couteaux étaient rangés dans un tiroir, le tranchant vers le haut?

● Et si quelqu'un plongeait les doigts dans le robot-ménager ou le hachoir?

● Et si les taille-haies, scies mécaniques ou tondeuses à gazon étaient utilisés sans mécanismes de protection?

● Et si les enfants avaient la permission de se servir de la scie mécanique ou du chasse-neige?

[1] *Industrial Accident Prevention Association, Hazards Recognition and Control Seminar – HRC 004, novembre 1986.*

- Et si les personnes engagées dans un sport qui comporte certains dangers ne portaient pas les casques, gants et masques de protection?

- Et si les armes à feu et les munitions étaient toutes rangées au même endroit, dans une armoire non verrouillée? Et si les armes étaient chargées?

Les outils et la machinerie agricoles présentent de graves dangers. Il arrive souvent que des personnes inexpérimentées, ou épuisées, s'en servent par tous les temps, sur des surfaces accidentées et souvent mal éclairées. Combien d'accidents graves auront été causés par l'ajustement ou le nettoyage d'une prise de force à l'arrière d'un tracteur pendant que le moteur est encore en marche? Les conducteurs doivent s'assurer que les dispositifs de sécurité restent en place jusqu'à ce que le contact soit coupé et que la machine soit arrêtée.

Être conscient des dangers, que ce soit au foyer, dans l'industrie ou en milieu rural, et se sentir personnellement responsable de la sécurité de son entourage peut éliminer un grand nombre d'accidents.

CLASSIFICATION DES PLAIES

Connaître les différents types de plaies aide à déterminer la nature des premiers soins à administrer. Les plaies aux tissus mous se classent comme suit :

- **contusion** ou meurtrissure; habituellement causée par le contact violent d'un objet contondant ou une chute sans qu'il y ait déchirure de la peau; les risques de contamination sont minimes;

- **écorchure** ou éraflure; entaille superficielle saignant peu mais les saletés qui s'incrustent à la surface peuvent causer l'infection;

- **coupure** ou incision; causée par un instrument tranchant, couteau ou morceau de verre par exemple. Ces plaies peuvent être moins contaminées que les écorchures mais elles peuvent contenir des éclats de verre ou autre;

● **lacération** ou déchirure; causée par une pièce de machine, un fil barbelé, les griffes d'un animal, etc. Les bords ou lèvres de la plaie sont déchirés irrégulièrement; risque d'infection plus grand en raison de la présence de saletés;

● **perforation;** causée par des objets pointus ou tranchants (couteau, clou, dents d'animal, etc.). Ce type de plaie peut avoir une très petite ouverture mais elle atteint souvent les tissus en profondeur. Il peut y avoir contamination dans les couches profondes de la plaie et des lésions aux organes internes;

● **plaie par arme à feu;** perforation caractérisée par une petite ouverture au point d'impact et une plaie plus étendue au point de sortie. En l'absence de point de sortie, les blessures internes sont généralement très graves et le saignement interne abondant.

LE SOIN DES PLAIES

Les objectifs du traitement des plaies sont d'**arrêter l'hémorragie** et de **prévenir l'infection.** Si un saignement léger peut contribuer à nettoyer la plaie, il faut toutefois arrêter immédiatement une hémorragie grave pour contenir l'état de choc.

L'HÉMORRAGIE

Une hémorragie peut être interne ou externe, veineuse ou artérielle. Le saignement veineux se distingue du saignement artériel à ceci qu'il coule régulièrement et peut s'arrêter par pression directe, élévation et repos. Le sang artériel, au contraire, jaillit à chaque battement cardiaque, ce qui rend l'hémorragie plus difficile à réprimer.

SIGNES ET SYMPTÔMES DE L'HÉMORRAGIE

Les signes et symptômes de l'hémorragie varient grandement selon le volume de sang perdu et la vitesse de l'écoulement. Une perte abondante de sang engendre un état de choc progressif se manifestant par les signes et les symptômes suivants :

● pâleur, peau froide et moite;

- pouls rapide et faiblissant;

- faiblesse et étourdissements;

- soif et nausées;

- agitation et angoisse;

- respiration superficielle poussant le sujet à bâiller, soupirer et chercher son souffle (phénomène appelé respiration de Kussmull).

Voir chapitre 10 pour le soin de l'état de choc.

ARRÊT DE L'HÉMORRAGIE

Le corps a des mécanismes de défense contre le saignement dont le rôle est de fermer la plaie et de diminuer l'épanchement. Quand un vaisseau est sectionné, les extrémités se resserrent, ce qui réduit le flot sanguin. Si l'hémorragie persiste, la tension artérielle baisse et l'apport de sang vers la plaie devient moins abondant. Le sang se coagule et forme des caillots, barrières naturelles contre l'hémorragie. Le secouriste peut favoriser l'action de ces mécanismes de défense par :

- **pression directe.** Une pression exercée de la main sur la plaie couverte d'un pansement arrêtera le flot sanguin et favorisera la coagulation. Une fois le saignement enrayé, un pansement retenu par un bandage continuera la pression;

- **élévation.** Élever un membre blessé au-dessus du niveau du cœur réduira, par le truchement de la gravité, le flot sanguin vers la région atteinte. L'élévation doit être aussi marquée que la blessure le permet, sans incommoder le blessé;

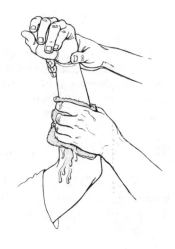

Fig. 13-1 Pression et élévation

- **repos.** Mettre le blessé au repos diminuera les battements cardiaques. À moins que la blessure ne soit à la tête, la meilleure position est allongé sur le dos, la tête plus basse que le reste du corps.

La mise en oeuvre simultanée de ces mesures réprimera toute hémorragie, à l'exception des plus graves. Rappelez-vous : pression, élévation, repos.

Le tourniquet (garrot)

La pression directe, l'élévation de la partie atteinte et le repos devraient suffire à enrayer l'hémorragie. Cependant, si vous ne réussissez pas à arrêter l'hémorragie d'un membre ou que vous ayez à porter secours à d'autres blessés souffrant de troubles majeurs, l'utilisation du tourniquet peut devenir nécessaire. Il faut bien comprendre que **le tourniquet, ou garrot, est un moyen de dernier ressort;** son installation se fait comme suit :

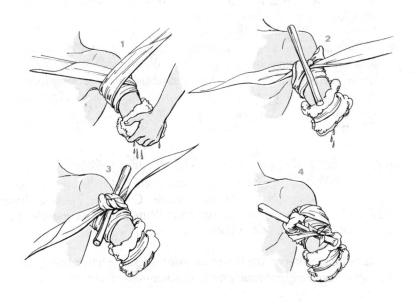

Fig. 13-2 Pose d'un tourniquet

- pliez un triangle de tissu en bande étroite (7 cm à 10 cm) ou improvisez une bande de largeur similaire. N'utilisez pas de corde ou de fil de fer qui pourrait pénétrer dans les chairs;

- enroulez deux fois cette bande bien serrée autour du membre blessé, le plus près possible au-dessus de la plaie;

- faites le premier croisement d'un nœud, placez-y un petit bâton ou autre et terminez le nœud;

- tournez le bâton pour resserrer le tourniquet jusqu'à ce que le sang s'arrête de couler;

- fixez le bâton avec les deux extrémités de la bande;

- inscrivez les lettres TK sur une étiquette fixée visiblement sur le blessé ou, à défaut, sur son front; inscrivez l'heure d'application;

- laissez le tourniquet à découvert;

- ne desserrez pas le tourniquet si le blessé doit recevoir des soins médicaux dans moins d'une heure;

- si le traitement médical doit être différé de plus d'une heure, desserrez le tourniquet aux heures pour évaluer l'hémorragie. Si le saignement persiste, resserrez immédiatement le tourniquet. Dans le cas contraire, laissez quand même le tourniquet en place pour qu'il puisse être resserré rapidement en cas de reprise de l'hémorragie. Observez fréquemment l'état du blessé.

Tous les blessés chez qui l'on a installé un tourniquet doivent recevoir des soins médicaux.

ARRÊT DE L'INFECTION

Toute plaie est plus ou moins contaminée. Le secouriste peut cependant éviter une plus grande contamination en :

- se lavant les mains à l'eau et au savon avant de commencer les soins;

● évitant de tousser ou de souffler directement sur la plaie;

● rinçant soigneusement la plaie pour y déloger les saletés et en nettoyant les surfaces qui l'entourent à l'eau et au savon. Toujours procéder en essuyant des bords de la plaie vers l'extérieur;

● ne touchant pas directement la plaie ou la surface du pansement qui sera en contact avec celle-ci;

● couvrant immédiatement la plaie d'un pansement stérile ou tout au moins propre.

Finalement, bien se laver les mains et toute autre région du corps qui seront entrées en contact avec le sang de la victime afin d'éviter toute infection croisée (voir chap. 1).

Avec le temps, une plaie contaminée viendra à s'infecter. L'infection d'une plaie se reconnaît au rougissement de la région atteinte ou à l'apparition de stries rougeâtres irradiant du foyer de la lésion. La peau peut être dure, enflée et chaude au toucher. Une infection moins récente présentera une décoloration cutanée jaune verdâtre ou une suppuration. Des soins médicaux sont requis.

Infection tétanique

Toute plaie peut être contaminée par le bacille causant le tétanos, maladie infectieuse potentiellement fatale caractérisée par des spasmes musculaires, le trismus notamment. Les lésions profondes sont à hauts risques, particulièrement les plaies causées par morsures d'animaux ou contaminées par de la terre ou des excréments d'animaux. La victime présentant une telle plaie doit être amenée à un centre médical pour y recevoir une injection antitétanique.

PREMIERS SOINS POUR LES PLAIES

Les **contusions ou meurtrissures** entraîneront un épanchement de sang dans les tissus qui entourent la blessure. Le traitement vise à diminuer l'épanchement, soulager la douleur et réduire l'enflure grâce au repos, l'élévation de la partie atteinte et l'application de compresses froides ou d'un sac de glace.

Une serviette imbibée d'eau froide et essorée sert de **compresse froide;** mettez-la autour de la partie atteinte. On peut y ajouter de l'eau froide au besoin ou la remplacer par une compresse fraîche. Un sac de caoutchouc ou de plastique rempli aux deux tiers de glace concassée, vidé de son excès d'air et fermé hermétiquement, peut faire office de **sac de glace;** entourez-le d'une serviette et appliquez-le délicatement sur la blessure; remplacez la glace au besoin. **N'appliquez pas un sac de glace directement sur la peau : le froid peut causer des dommages tissulaires.** Des **enveloppements froids** peuvent remplacer la glace. Il importe alors de bien suivre les directives du fabricant pour activer les éléments chimiques et appliquer l'enveloppement.

Les **plaies bénignes accompagnées de saignement** comme les écorchures, les petites coupures et les lacérations sont lavées à l'eau courante si elles sont sales, épongées avec un tampon de gaze stérile ou propre, et recouvertes d'un pansement commercial ou improvisé.

Les **plaies graves accompagnées de saignement abondant** requièrent une pression directe ininterrompue. Quand la plaie est étendue et béante, il faut en ramener les bords ensemble avant de faire pression. Vous pouvez n'avoir que le temps d'essuyer ce qu'il y a en surface. Les objets enfoncés dans une plaie ne doivent pas être retirés. Si aucun corps étranger n'est logé dans la plaie, les premiers soins vont comme suit :

● poser un pansement compressif stérile maintenu solidement par un triangle de tissu ou une bande en rouleau;

● si la plaie touche un membre, élever celui-ci afin de réprimer l'hémorragie;

● si le pansement devient imbibé de sang, ne pas l'enlever; superposer d'autres pansements sur le premier et les retenir avec de nouvelles bandes, en comprimant davantage et en augmentant l'élévation;

● soutenir et immobiliser le membre atteint pour assurer l'élévation et éviter l'interruption de la coagulation.

Les **plaies dans lesquelles sont logés des corps étrangers** requièrent des soins spéciaux. Ne bougez ou ne retirez pas un objet enfoncé solidement ou profondément dans une plaie car celui-ci peut se trouver à obturer des vaisseaux sectionnés. Pansez la plaie, posez un

rembourrage autour du corps étranger pour l'empêcher de bouger et faites un bandage qui fera pression vers l'extérieur; enfin, immobilisez le membre pour éviter d'autres blessures. Une fracture ouverte avec protubérance osseuse requiert à peu de chose près les mêmes soins (voir chap. 14).

Si le corps étranger logé dans la plaie est court et n'en fait pas trop saillie, procédez de la manière suivante :

● recouvrez délicatement la plaie et l'objet de pansements en prenant soin de ne pas faire pression sur celui-ci;

● confectionnez un tampon annulaire de largeur suffisante pour entourer l'objet;

● placez le tampon sur les pansements, autour de l'objet, et "dressez-les" pour éviter toute pression;

● maintenez le tampon en place au moyen d'une bande étroite.

Fig. 13-3 Soin d'une plaie dans laquelle est logé un corps étranger

Si, par contre, l'objet est long et fait trop saillie pour que l'on puisse poser des pansements sur la blessure :

- placez des pansements autour de la base de l'objet pour couvrir la plaie;

- superposez des pansements épais autour du corps étranger pour l'empêcher de bouger;

- maintenez les pansements en place au moyen d'une bande étroite, en prenant garde de ne pas faire pression sur l'objet.

Fig. 13-4 Stabilisation d'un corps étranger de grande taille

Les **plaies par perforation** ne présentent pas toujours un saignement externe abondant, mais le secouriste doit soupçonner une hémorragie interne, surtout si la blessure se situe à la poitrine ou à l'abdomen. Certaines blessures, celles causées par une arme à feu par exemple, peuvent infliger des perforations au point d'impact et au point de sortie du projectile. Ces plaies sont considérées comme graves en raison des dommages internes, du saignement abondant et de la contamination en profondeur. Il faut réprimer l'hémorragie et traiter les plaies.

Les **blessures par écrasement** se manifestent sous forme de meurtrissures couvrant les membres ou une partie importante du corps, et sont causées par le poids d'un objet lourd (sable, ouvrage de maçonnerie, machine, débris de toutes sortes, etc.). Les dommages tissulaires sont généralisés et peuvent se compliquer de fractures ou d'une rupture des organes internes. Les blessures par écrasement d'étendue limitée, dont celles à la main, sont jugées graves même si elles ne mettent habituellement pas en péril la vie de la victime (voir chap. 14).

L'état de choc résultant d'une chute de la tension artérielle est une complication grave de ce type d'accident. Le blessé n'en présentera peut-être pas les signes et les symptômes lors du sauvetage mais il faut néanmoins lui donner immédiatement les soins nécessaires (voir chap. 10). Reste ensuite à soigner les plaies et les fractures en vue d'arrêter les hémorragies et de soulager la douleur. En attendant le transport vers les secours médicaux et après avoir traité les autres troubles, il faut :

- réduire la douleur au minimum et remuer le blessé le moins possible;

- ne rien lui donner par la bouche;

- le rassurer et desserrer ses vêtements;

- le garder au chaud sans toutefois appliquer de chaleur directe.

Les **blessures à la paume de la main** entraînent habituellement un saignement abondant dû aux nombreux vaisseaux sanguins qui s'y trouvent. En cas de lacération transversale (plaie en travers de la paume), procédez comme suit :

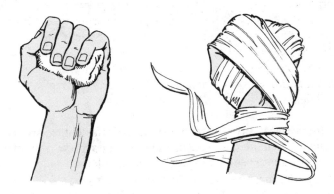

*Fig. 13-5 Premiers soins pour une lacération transversale
à la paume de la main*

● couvrez la plaie d'un tampon formé de plusieurs pansements;

● repliez les doigts autour du tampon pour former un poing et créer une pression sur la plaie;

● faites un bandage du poing en plaçant le centre d'une bande étroite sur la face interne du poignet. Ramenez les EXTRÉMITÉS sur le dos de la main et croisez-les sur les doigts. Nouez sur le poignet;

● élevez et soutenez le bras au moyen d'une écharpe tubulaire Saint-Jean.

En cas de lacération longitudinale (plaie dans le sens de la longueur de la paume), couvrez la plaie de pansements et faites un bandage, les doigts en extension. Une bande enroulée autour de la main aidera à garder la plaie fermée et à soulager la douleur. Élevez et soutenez le bras à l'aide d'une écharpe tubulaire Saint-Jean.

 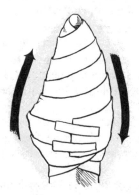

Fig. 13-6 Premiers soins pour une lacération longitudinale à la paume de la main

Le **saignement des gencives** est le plus souvent le résultat d'une extraction dentaire ou d'une fracture de la mâchoire (voir chap. 16). Procédez comme suit :

● appliquez fermement un tampon de gaze sur l'alvéole dentaire ou sur la blessure. Le tampon doit être assez épais pour que les dents ne se rejoignent pas en fermant la bouche;

● demandez au sujet de mordre le tampon en se soutenant le menton avec les mains jusqu'à l'arrêt de l'hémorragie (normalement, 10 à 20 minutes suffisent);

● obtenez des conseils d'ordre professionnel (médecin ou dentiste) si le saignement persiste.

Ne pas rincer la bouche après l'arrêt du saignement, ce qui pourrait déloger les caillots et provoquer une nouvelle hémorragie.

On arrête le **saignement de la langue ou de la joue** en comprimant la région atteinte entre les doigts et le pouce, en ayant soin de recouvrir la plaie d'un pansement stérile ou d'un linge propre.

Le **saignement du cuir chevelu** est souvent abondant et peut se compliquer d'une fracture du crâne ou de la présence d'un corps étranger logé dans la plaie. En traitant ce type d'hémorragie, évitez d'exercer une pression directe sur la blessure et de la sonder ou de la contaminer. Prenez soin :

● d'enlever les saletés en surface;

● de poser un pansement stérile épais suffisamment grand pour couvrir largement la plaie, et le fixer solidement avec un bandage;

● de placer un tampon annulaire sur le pansement de manière à ne pas comprimer le foyer de la blessure si l'on soupçonne une fracture sous-jacente ou si un corps étranger est logé dans la plaie;

● de conduire le blessé à un centre médical.

Le **saignement de nez** peut survenir spontanément, après que le sujet se soit mouché, à la suite d'un choc direct ou, cas plus grave, à la suite d'un traumatisme indirect, fracture du crâne par exemple (voir chap. 16). Ne jamais essayer de réprimer un saignement de nez causé par une blessure à la tête. Pour arrêter le saignement de nez :

● faites asseoir le sujet, la tête légèrement penchée en avant;

● conseillez-lui de se pincer fermement les narines entre le pouce et l'index pendant environ 10 minutes;

- desserrez ses vêtements au cou et à la poitrine s'ils sont gênants;

- dites au sujet de rester calme afin d'éviter une augmentation de la pression artérielle et une aggravation du saignement.

Après l'arrêt du saignement, recommandez au sujet de respirer par la bouche et d'éviter de se moucher pendant quelques heures afin de ne pas déloger les caillots. Si le saignement persiste ou réapparaît, obtenez des secours médicaux.

Les **varices** sont dues à un mauvais fonctionnement des valvules veineuses. Cette dysfonction amène le sang à s'accumuler dans les veines qu'il dilate sous l'effet de la pression au point quelquefois de les faire éclater. L'hémorragie interne ainsi produite apparaît sous forme d'enflure et de bleuissement. Le saignement externe, normalement causé par un coup ou une lacération, peut sembler alarmant mais est ordinairement sans gravité. Les varices affectent généralement les membres inférieurs.

Dans les cas d'hémorragie variqueuse :

- élevez le membre le plus haut possible sans gêner le blessé;

- posez un pansement puis exercez une pression directe;

- enlevez ou desserrez tout vêtement susceptible d'entraver le flot sanguin;

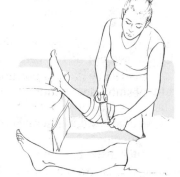

- fixez le pansement à l'aide d'un bandage, puis élevez et soutenez la jambe;

- conduisez le blessé à un centre médical.

Fig. 13-7 Premiers soins pour une hémorragie variqueuse

Les plaies abdominales peuvent être fermées ou ouvertes. Les plaies fermées sont celles où les tissus abdominaux internes sont lésés mais où la peau est intacte. Les plaies abdominales ouvertes sont celles où il y a déchirure de la peau. Les plaies abdominales peuvent devenir béantes. Pour éviter que cela ne se produise, soulevez légèrement la tête et les épaules du blessé et soutenez-les, les genoux élevés. On emploie deux méthodes différentes de pansement :

- si aucun organe ne sort de la plaie, on pose un pansement solidement assujetti par un bandage;

- si des organes émergent de la plaie, on ne doit pas les repousser à l'intérieur. La couvrir d'un large pansement de gaze humide ou d'une serviette propre humectée d'eau fraîche maintenu en place sans exercer de pression.

Ne donnez rien par la bouche. Si le blessé tousse ou vomit, soutenez-lui l'abdomen avec des bandes larges. Dans un tel cas, le sujet sera en état de choc et la contamination de la plaie provoquera une grave infection. Transportez-le à un centre médical sans délai.

AMPUTATION

Toute partie du corps partiellement ou complètement amputée doit être conservée, quel qu'en soit l'état, et apportée au centre médical en même temps que le blessé. Les chances qu'une partie amputée puisse être rattachée sont bonnes si elle est manipulée tel qu'il se doit et transportée promptement vers les secours médicaux.

Une **partie partiellement amputée** doit être :

- maintenue dans sa position normale, le plus près possible de sa position de fonction;

- recouverte de pansements de gaze stérile retenus par des bandes et soutenue;

- tenue au froid et au sec. Poser sur le bandage un sac de glace ou une compresse froide placé au préalable dans un contenant hermétique.

Une **partie complètement amputée** doit être :

- enveloppée de gaze stérile sèche et placée dans un sac de plastique propre et imperméable qu'on aura soin de bien sceller. Noter par écrit sur une étiquette la date et l'heure de l'emballage;

- placée dans un deuxième sac de plastique ou dans un récipient partiellement rempli de glace concassée;

- apportée, en même temps que le blessé, au centre médical.

Fig. 13-8 Soin de la partie amputée

Ne pas nettoyer les parties amputées ou se servir de solutions antiseptiques.

L'HÉMORRAGIE INTERNE

L'hémorragie interne peut être causée par une fracture fermée, une blessure par écrasement ou une plaie par perforation. Elle peut aussi résulter de certains troubles d'ordre médical, sans qu'il y ait signe de blessure. Elle peut passer inaperçue ou se reconnaître à des signes externes. Si le saignement est abondant, les signes et symptômes de l'état de choc pourront se manifester.

L'hémorragie interne doit être soupçonnée dans les cas suivants :

- fracture de la voûte crânienne;

- fracture fermée des os longs accompagnée d'enflure aiguë;

- choc violent à l'abdomen, en particulier à la région du foie et de la rate. Le saignement de ces organes est très grave et engendre progressivement les signes et les symptômes de l'état de choc.

L'hémorragie interne peut se révéler à différents signes :

- saignement de l'oreille ou du nez, ou œil poché ou injecté de sang dans le cas des blessures à la tête;

- expectoration de sang écumeux dans le cas des blessures au thorax;

- vomissures teintées de sang. S'il est d'un rouge vif, l'hémorragie est récente; si, au contraire, il est brunâtre et granulé, comme des grains de café, c'est qu'il est demeuré dans l'estomac pendant un certain temps;

- hémorragie intestinale. Une hémorragie à la partie supérieure de l'intestin cause des selles noires d'aspect goudronneux; un saignement à la partie inférieure teint les selles de rouge;

- hémorragie des reins ou de la vessie. Le sang apparaît dans l'urine sous une couleur rougeâtre ou brunâtre;

- conduire le blessé à un centre médical dans les plus brefs délais.

PREMIERS SOINS POUR L'HÉMORRAGIE INTERNE

Dans les cas d'hémorragie interne, les premiers soins consistent à contenir l'état de choc et à obtenir des soins médicaux dans les plus brefs délais. Si vous soupçonnez l'hémorragie interne :

- placez le sujet conscient au repos complet, les pieds et les jambes élevés de 15 cm à 30 cm si les blessures le permettent; recommandez-lui de ne pas bouger;

- placez le sujet inconscient en position latérale de sécurité;

- ne lui donnez rien par la bouche;

- desserrez ses vêtements au cou, à la poitrine et à la taille;

- calmez le sujet en lui faisant comprendre qu'il doit se détendre autant mentalement que physiquement;

● transportez-le vers un centre médical aussi rapidement que possible.

Prenez note des observations suivantes afin d'en faire part au médecin :

● fréquence et qualité de la respiration et du pouls. La respiration est-elle normale ou irrégulière? Le pouls est-il plein et bondissant ou faible et difficile à percevoir?

● signes particuliers comme le vomissement, l'incontinence;

● l'heure où se sont produits des changements importants dans l'apparence ou l'état du sujet.

Le **saignement de l'oreille** peut s'accompagner d'un écoulement de couleur jaunâtre, signe d'une fracture possible du crâne, blessure très grave (voir chap. 16). Il ne faut pas tenter d'arrêter le saignement et l'écoulement séreux. Faites dépêcher rapidement des secours médicaux, puis procédez comme suit :

● appliquez un pansement stérile sur l'oreille et maintenez-le en place sans serrer;

● allongez délicatement le blessé, la tête légèrement soulevée et inclinée du côté atteint. Si le blessé est inconscient, placez-le en position latérale de sécurité;

● vérifiez fréquemment la respiration et la circulation.

CHAPITRE 14

FRACTURES

Toute cassure ou fêlure d'un os est appelée fracture. Elle est causée soit par une **force directe,** un coup par exemple, soit par une **force indirecte,** quand l'os se casse à quelque distance du point d'impact. La fracture de la clavicule résultant d'une chute sur le bras tendu est un exemple de force indirecte. Il arrive aussi que des fractures soient causées par une **action musculaire** : une fracture de la rotule, par exemple, peut être due à la contraction violente des muscles qui y sont attachés. Certaines **maladies** osseuses peuvent entraîner des fractures dites pathologiques; elles surviennent sous l'effet d'une force minimale.

PRÉVENTION

On peut prévenir la plupart des fractures en prenant de bonnes habitudes de sécurité. Les accidents de la route sont la cause de nombreuses blessures aux os. Une conduite défensive diminuera le taux des accidents routiers et le port de la ceinture de sécurité en réduira l'incidence et la gravité. Que ce soit au travail ou au foyer, il faut toujours être animé du même esprit de prévention[1].

Où que l'on soit, les chutes sont possibles. Prévenez les chutes — évitez les blessures. Demandez-vous :

- ET SI les lieux de travail étaient encombrés et mal tenus? Et si des outils, tuyaux, fils de rallonge traînaient un peu partout?

- ET SI les planchers étaient mouillés, gras et glissants? Et si les revêtements de sol – carpettes et tapis au sommet et au bas des escaliers, tuiles et lattes – étaient mal fixés?

---

[1] *Industrial Accident Prevention Association. Hazards Recognition and Control Seminar HRC 004, novembre 1986.*

- ET SI les escaliers étaient mal éclairés, encombrés de souliers et de bouteilles, dépourvus d'une rampe et couverts de neige et de glace? Et si une chaise était utilisée pour atteindre les objets perchés et que l'escabeau était en mauvais état et l'échelle mal ancrée?

- ET SI une ceinture de sécurité et une corde de sauvetage n'étaient pas utilisées pour les travaux en hauteur? Et si les enfants étaient laissés seuls sur le balcon?

Réfléchir un instant aux mesures de précaution régissant les situations susmentionnées pourrait éviter à vous et les vôtres de souffrir pendant plusieurs jours d'une chute accidentelle.

TYPES DE FRACTURES

La gravité d'une fracture est surtout déterminée par l'état des tissus environnants. Les fractures sont soit **fermées** soit **ouvertes**.

- La **fracture fermée** est celle où la peau reste intacte.

- La **fracture ouverte** présente une plaie avec protubérance possible des extrémités osseuses.

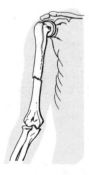   

Fig. 14-1 Fracture fermée   *Fig. 14-2 Fracture ouverte*

La fracture est dite **compliquée** si des fragments osseux endommagent d'autres structures internes tels les vaisseaux sanguins, le foie, les poumons ou la rate.

Les fractures sont aussi classées selon les différentes formes de la cassure, différences que le secouriste ne peut pas toujours déterminer. Quand l'os est brisé en plus de deux morceaux, la fracture est dite **comminutive;** si les fragments pénètrent l'un dans l'autre, elle est **engrenée;** la fracture de **bois vert** est une cassure incomplète de l'os; la fracture **épiphysaire** est celle qui atteint l'extrémité renflée (l'épiphyse) des os longs; la cassure qui survient à la suite de tension répétée sur une surface osseuse est connue sous le nom de fracture de **tension mécanique;** et les lésions osseuses dues à certaines maladies sont appelées fractures **pathologiques.**

SIGNES ET SYMPTÔMES

Le secouriste doit soupçonner une fracture si la blessure a été causée par une force extérieure ou s'il a entendu un craquement. À l'examen, il faut éviter tout mouvement qui risque d'aggraver les lésions. Il sera parfois nécessaire de couper les vêtements pour examiner la blessure. La comparaison du membre indemne au membre blessé permet de mieux évaluer le degré de déformation. Un ou plusieurs des signes ou symptômes suivants seront présents dans un cas de fracture :

- **douleur** et **sensibilité** dans la région de la fracture, aggravées par le mouvement de la partie atteinte et au toucher;

- **perte de fonction** ou incapacité motrice de la partie atteinte causée, habituellement, par la douleur et l'enflure;

- **enflure,** provoquée par un épanchement dans les tissus entourant la fracture. L'enflure peut rendre plus difficile l'identification d'autres signes; il peut aussi y avoir coloration anormale de la peau;

- **déformation,** c'est-à-dire une angulation anormale ou une irrégularité du membre ou de l'articulation;

- **mobilité anormale** au siège de la fracture;

- **état de choc,** dont la gravité dépend de la blessure;

- **crépitation osseuse,** bruit souvent perçu à l'examen quand les extrémités de l'os cassé frottent l'une contre l'autre. Ceci ne doit jamais être provoqué délibérément.

PREMIERS SOINS EN CAS DE FRACTURES – PRINCIPES GÉNÉRAUX

Les premiers soins en cas de fractures visent à prévenir l'aggravation de la blessure et à minimiser la douleur. Il faut procéder en se conformant aux principes de secourisme suivants :

- **donner les premiers soins sur place** à moins qu'il n'y ait danger pour le secouriste ou le blessé. Dans ce cas, déplacer ce dernier vers le lieu sûr le plus proche tout en soutenant et stabilisant temporairement la partie atteinte;

- **soutenir la partie atteinte** et **la maintenir immobile** jusqu'à l'immobilisation complète de la fracture;

- **panser les plaies** pour arrêter l'hémorragie et prévenir la contamination. Protéger à l'aide d'un tampon annulaire les os qui pourraient faire saillie; ne pas tenter de les replacer;

- **immobiliser la fracture** pour éviter tout mouvement de l'os atteint. Assujettir les attelles aux os longs, à des points de fixation au-dessus et au-dessous du siège de la fracture, pour immobiliser l'articulation en amont et en aval;

- **élever et soutenir** délicatement le membre immobilisé afin de réduire le saignement et l'enflure;

- **vérifier la circulation** pour s'assurer que les liens ne sont pas trop serrés (voir chap. 12).

Les premiers soins devraient soulager la douleur. Toute exacerbation du mal indique une aggravation de la blessure. Le cas échéant, vérifier à nouveau la position du membre, l'emplacement des liens et des bandes et la circulation aux extrémités.

Traction

Quand un os se casse, les muscles qui y sont reliés se contractent. Si la cassure est complète, cette contraction subite fait glisser l'une sur l'autre les extrémités de l'os fracturé qui s'enfoncent alors dans les tissus. Dans un tel cas, des gestes brusques peuvent intensifier la douleur et aggraver les dommages aux muscles, aux nerfs et aux vaisseaux sanguins.

Il est parfois nécessaire de réaligner le membre fracturé pour empêcher les extrémités osseuses de causer d'autres lésions. Il est plus facile d'être deux pour exercer une traction : l'un des secouristes soutient fermement le membre en haut de la fracture, pendant que l'autre exerce une traction douce mais ferme vers le bas pour réaligner le membre.

Il faut prendre certaines précautions quand on exerce une traction :

- **exercer une traction** tout juste suffisante pour aligner le membre et alléger la pression des extrémités osseuses sur les nerfs et les muscles; la fracture avec angulation nécessitera une plus grande traction mais il ne faut pas user de force. S'il y a résistance ou exacerbation de la douleur, interrompre la traction et immobiliser le membre dans la position de déformation.

- **maintenir la traction** jusqu'à ce que le membre soit complètement immobilisé;

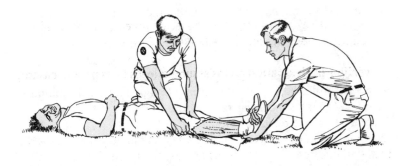

Fig. 14-3 Traction de la jambe

- **ne pas tenter de redresser les articulations** de l'épaule, du coude, du poignet ou du genou : les nerfs et les vaisseaux sanguins importants qui passent près de ces articulations pourraient être lésés.

Il importe d'aviser les autorités médicales, de vive voix ou par le biais d'une note fixée aux vêtements de la victime, qu'une traction a été exercée.

Rôle des liens et du rembourrage dans l'immobilisation d'une fracture

Les **liens** ou bandes devant servir à l'immobilisation des fractures sont glissés sous les courbes naturelles du blessé : nuque, creux du dos, genoux et chevilles. Ils doivent être :

- **assez larges** pour offrir un bon support sans incommoder le blessé;

- **assez serrés** pour éviter tout mouvement;

- **noués sur le côté indemne ou sur l'attelle** pour que les noeuds n'incommodent pas le sujet et que la partie la plus large du lien ou de la bande repose sur le côté blessé. Si les deux jambes sont atteintes, on doit faire les noeuds au milieu.

Les liens ne doivent pas entraver la circulation et causer de douleur. Il faut examiner les parties immobilisées toutes les 15 minutes pour s'assurer que les liens ne sont pas devenus trop serrés en raison de l'enflure. Cela est particulièrement important dans les cas de blessures articulaires à cause des nerfs et des vaisseaux sanguins qui s'y trouvent. Le refroidissement des extrémités et leur absence de coloration sont des signes de mauvaise circulation. Les liens et le rembourrage doivent alors être réajustés (voir chap. 12).

Pour éviter inconfort et friction, il faut placer un rembourrage souple entre les parties du corps qui devront être attachées l'une à l'autre.

Attelles

Une attelle bien installée restreint le mouvement des extrémités osseuses et prévient par le fait même les lésions tissulaires et soulage la douleur. Une bonne attelle doit être :

● **rigide;**

● **assez longue** pour immobiliser les articulations qui encadrent la fracture;

● **assez large et suffisamment rembourrée** pour être confortable.

Attelles improvisées. Une partie indemne du corps constitue une excellente attelle naturelle. On peut improviser une attelle au moyen d'une canne, un parapluie, un manche à balai, un morceau de bois ou de carton, un journal bien roulé ou une revue.

Attelles commerciales. Il ne suffit pas seulement de savoir improviser une attelle avec les articles qu'on a sous la main. Aussi faut-il connaître les attelles vendues dans le commerce et savoir les utiliser.

● **L'attelle métallique** a l'avantage d'être flexible et de se mouler sur une partie du corps, le coude par exemple.

● **L'attelle-gouttière de carton** ou **de plastique** est spécialement utile à l'immobilisation des extrémités car elle offre un maximum de rigidité pour un poids minimum. Certains modèles peuvent être utilisés pour exercer une traction d'un membre inférieur. Il n'est pas nécessaire de l'enlever pour passer la blessure aux rayons X.

● **L'attelle gonflable** (pneumatique) est un tube de plastique ou de vinyle à double membrane, ordinairement muni d'une fermeture éclair. On la gonfle après sa mise en place. L'attelle pneumatique ne doit être gonflée qu'avec la bouche, une pompe risquant de créer un excès de pression qui pourrait entraver la circulation. Il faut éviter qu'il n'y ait des plis dans l'attelle, cela pouvant affaiblir le plastique et causer de l'inconfort lors de la pose.

● **L'attelle à traction** assure l'immobilisation tout en exerçant une traction longitudinale constante de l'extrémité atteinte. Les attelles à traction, telles que l'attelle fémorale commerciale, ne sont destinées qu'aux membres inférieurs et requièrent la participation de deux secouristes ou plus.

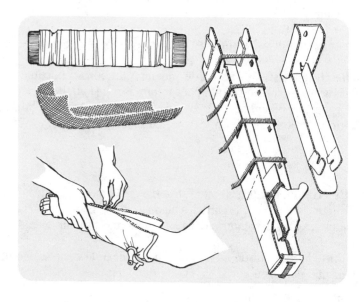

Fig. 14-4 Types d'attelles commerciales

● **La planche dorsale longue** possède une surface lisse et vernie ou cirée pour bien glisser sous le sujet. Elle fait normalement partie de l'équipement ambulancier. On peut en fabriquer une avec du contre-plaqué (voir figure 14-5). Les côtés de la planche doivent être munis de poignées et d'ouvertures pour les courroies; sur le dessous, des lames à bouts arrondis facilitent le transport sur des surfaces accidentées et permettent de mieux saisir la planche ainsi surélevée.

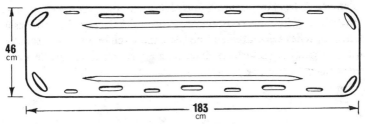

Fig. 14-5 Planche dorsale longue (vue de dos)

● **La planche dorsale courte**
sert à immobiliser les
blessures au dos ou au cou
subies en position assise,
comme dans un accident de
la route par exemple. La partie qui soutient la tête a des
encoches sur les côtés pour
empêcher les courroies ou
les liens de glisser au cours
du transport. Les côtés ont
aussi des ouvertures pour y
faire passer les liens. On ne
doit pas y glisser les mains
pour soulever la planche car
cette manoeuvre pourrait
blesser davantage l'acci-
denté. Les dimensions re-
commandées sont indiquées
à la figure 14-6. L'utilisation
de la planche dorsale courte
est expliquée au chapitre 28.

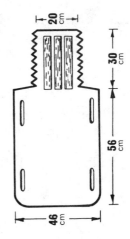

*Fig. 14-6 Planche dorsale courte
(vue de dos)*

PREMIERS SOINS EN CAS DE FRACTURES

Bien que les règles générales concernant les signes, les symptômes et
les premiers soins s'appliquent dans tous les cas, certains types de
fractures présentent des caractéristiques spécifiques que nous allons
examiner.

Fracture de la clavicule

La clavicule peut se fracturer soit par force directe, soit par force indirecte. Une chute sur le bras tendu ou un coup à la pointe de l'épaule, par exemple, exercera une pression indirecte sur la clavicule, causant de ce fait sa rupture. Le siège de la fracture est douloureux et sensible au toucher; il y a perte de fonction du bras. À l'endroit de la fracture, on peut voir ou palper la déformation de l'os et l'enflure. Pour soulager la douleur, le blessé se soutient habituellement le coude et se penche la tête du côté atteint. Les premiers soins pour une fracture de la clavicule consistent à soutenir et à immobiliser l'épaule comme suit :

Fig. 14-7 Immobilisation d'une fracture de la clavicule

● soutenir le bras du côté blessé au moyen d'une écharpe tubulaire Saint-Jean; le poids se trouve ainsi transféré au côté indemne;

● attacher le bras en écharpe contre le thorax avec une bande étroite posée sur le coude et nouée sur le côté opposé.

Fracture de l'omoplate

La fracture de l'omoplate n'est pas fréquente et résulte ordinairement d'une force directe. Elle peut occasionner des douleurs accentuées par le mouvement. C'est une blessure difficile à déterminer qui peut passer pour l'étirement d'un muscle. Les premiers soins pour une fracture de l'omoplate consistent à :

● soutenir le bras du côté blessé au moyen d'une écharpe tubulaire Saint-Jean pour en transférer le poids au côté indemne;

● assujettir le bras au thorax au moyen d'une bande large recouvrant l'écharpe, afin d'assurer encore plus de soutien.

Fracture de l'humérus

La fracture de l'humérus peut impliquer les articulations de l'épaule et du coude, en plus du corps de l'os lui-même. Quand la blessure est près d'une articulation, elle requiert une attention spéciale en raison de la présence de nerfs et de vaisseaux sanguins (voir chap. 17). Pour une fracture de l'humérus sans atteinte aux articulations du coude et de l'épaule, il faut :

- placer l'avant-bras contre les côtes inférieures et le haut de l'abdomen;

- le soutenir au moyen d'une écharpe simple;

- placer du rembourrage souple entre le bras et le thorax;

Fig. 14-8 Immobilisation d'une fracture de l'humérus

- assujettir le bras au thorax avec des bandes posées au-dessus et au-dessous de la fracture;

- s'assurer que la circulation n'est pas entravée (voir chap. 12).

Fractures dans la région du coude

Toute atteinte au coude requiert des précautions spéciales en raison des nerfs et des vaisseaux qui y passent pour se rendre à la main. Il faut éviter de changer la position de l'articulation si cela engendre de la douleur. Les premiers soins consistent à :

- soutenir l'articulation dans une position confortable à l'aide d'une écharpe col-poignet;

- placer du rembourrage entre le bras et le thorax;

- assujettir le bras au corps avec des bandes larges placées au-dessus et au-dessous du coude et nouées sur le côté opposé;

- vérifier fréquemment le pouls radial et, s'il est faible ou absent, modifier la position du bras et l'ajustement des bandes.

Fractures du radius et du cubitus

Un avant-bras fracturé peut signifier une fracture du radius ou du cubitus (ou des deux) ou une fracture au niveau des articulations du coude ou du poignet. La fracture du segment distal du radius (partie inférieure), communément appelée fracture de Colles, donne au poignet l'apparence d'une fourchette vue de dos.

Les premiers soins pour les fractures de l'avant-bras consistent à :

- soutenir l'avant-bras et le poignet et les maintenir immobiles tout en exerçant une faible traction; placer en position confortable;

- immobiliser l'avant-bras et le poignet avec une attelle rembourrée plaquée contre l'intérieur de l'avant-bras, du coude jusqu'à la naissance des doigts;

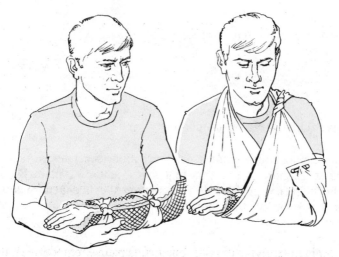

Fig. 14-9 Immobilisation d'une fracture de l'avant-bras

- assujettir le bras à l'attelle à l'aide de bandes étroites – une au-dessus et une au-dessous du siège de la fracture;

- ramener l'avant-bras en travers du thorax, élever légèrement;

- le soutenir au moyen d'une écharpe simple;

- vérifier la circulation.

Fracture du poignet

Les fractures du poignet doivent être immobilisées, sans qu'aucune traction ne soit exercée, à l'aide d'une attelle rembourrée qui embrassera les contours du poignet et de la main. L'attelle métallique est tout indiquée pour ce type de fracture, mais faute de mieux, rembourrez suffisamment une attelle rigide pour garder le poignet déformé en position confortable.

Fixez l'attelle au coude et à la main au moyen de bandes étroites posées au-dessus du siège de la fracture. Omettez toute bande qui pourrait faire pression sur la fracture.

Soutenez le bras en attelle, les doigts légèrement élevés, au moyen d'une écharpe simple. Vérifiez attentivement la circulation au niveau des doigts (voir chap. 12).

Fig. 14-10 Immobilisation d'une fracture du poignet

Fractures de la main

Un grand nombre des fractures de la main ne requièrent qu'un support manuel si les secours médicaux sont à proximité. Dans les cas plus graves ou si les secours sont différés, les premiers soins consistent à :

- placer la main en position de fonction, la paume rembourrée d'un rouleau de gaze ou de tissu souple;

- si les doigts ont été écrasés, intercaller des pansements non adhérents;

- **immobiliser** la main, paume vers le bas, avec une attelle rembourrée allant du bout des doigts jusqu'au milieu de l'avant-bras. On peut aussi envelopper la main d'un petit oreiller ou d'un coussin qu'on attachera fermement avec des liens;

- **soutenir** le bras au moyen d'une écharpe simple.

Fig. 14-11 Immobilisation d'une fracture de la main

Fracture du bassin

La fracture du bassin (pelvis) est habituellement causée par un écrasement ou une chute et peut s'accompagner de blessures aux organes de cette région, particulièrement la vessie et l'urètre. Le blessé peut être incapable d'uriner ou son urine sera teintée de sang; il faut alors lui recommander de ne pas uriner. Il ressent quelquefois des douleurs aux hanches et au creux du dos, accentuées par le mouvement, et est incapable de se tenir debout ou de marcher.

Dans le cas d'une fracture du bassin, l'étendue des premiers soins est déterminée par l'accessibilité des secours médicaux, la distance à parcourir et la nature du trajet. Lorsque les secours médicaux sont rapidement accessibles :

- allongez le blessé dans la position la plus confortable, ordinairement sur le dos, les genoux droits. S'il préfère fléchir les genoux, soutenez-les au moyen d'une couverture roulée ou d'un oreiller;

- rembourrez les chevilles et attachez les pieds ensemble avec un lien en 8;

- soutenez les deux côtés du bassin à l'aide de poids rembourrés.

Quand les secours médicaux sont lents à arriver ou que le trajet s'annonce difficile ou long :

- placez un rembourrage souple entre les genoux et les chevilles;

- attachez ensemble les pieds et les chevilles avec un lien en 8;

- posez, autour du bassin, deux bandes larges qui se chevauchent de moitié, la partie la plus large reposant sur le côté blessé, en ligne avec l'articulation des hanches; les nouer ou les fixer à l'aide d'épingles de sûreté sur le côté indemne. **Si le blessé est incommodé, relâchez ou enlevez les bandes immédiatement.** Soutenez les deux côtés de la région pelvienne avec des sacs de sable ou tout autre objet lourd;

- posez une bande large autour des genoux;

- transportez le blessé sur une planche dorsale longue.

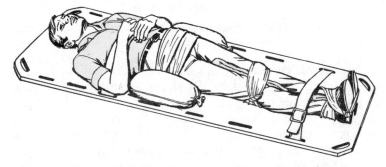

Fig. 14-12 Immobilisation d'une fracture du bassin

Fracture du fémur

Le fémur (l'os de la cuisse) peut se briser à n'importe quel niveau. La fracture du col du fémur (l'extrémité supérieure), appelée aussi fracture de la hanche, se produit le plus souvent chez les personnes âgées et peut être causée par un accident anodin; c'est pourquoi on peut sous-estimer la gravité de la blessure et conclure à de simples contusions. Soupçonnez une fracture du col fémoral si une personne âgée se plaint de douleurs à la hanche après une simple chute ou un traumatisme bénin, en particulier s'il y a perte de fonction ou mouvement anormal.

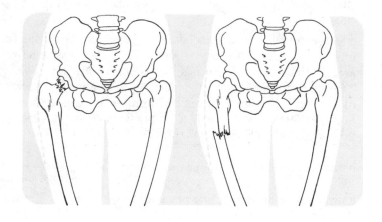

Fig. 14-13 Fractures au col et au corps du fémur

Les fractures du corps du fémur sont souvent plus faciles à identifier car elles s'accompagnent d'une déformation marquée et de douleur. Elles sont normalement le fait d'un impact violent. Les fractures de l'extrémité distale du fémur vont le plus souvent de pair avec des blessures au genou et aux ligaments qui l'entourent. Toutes ces fractures sont graves parce qu'elles s'accompagnent d'un état de choc engendré par l'épanchement sanguin dans les tissus environnants.

La fracture du fémur se reconnaît généralement à la rotation du membre. Si la jambe est complètement tournée vers l'extérieur et que le pied repose sur son côté externe, c'est le signe d'une fracture au col du fémur. La fracture au corps du fémur se reconnaît à l'angulation marquée et au raccourcissement du membre.

L'étendue des premiers soins pour une fracture du fémur est déterminée par l'accessibilité des secours médicaux et la difficulté ou la durée du parcours. Si des soins médicaux sont à proximité, stabilisez et soutenez le membre en exerçant une traction douce mais ferme jusqu'à l'arrivée des secours.

Si le blessé doit être déplacé et que le trajet est court et non accidenté, la jambe indemne peut servir d'attelle. Procéder comme suit :

- soutenez la fracture et maintenez-la immobile. Exercez, d'une manière ferme et soutenue, une légère traction sur le pied, les orteils et le genou pointant vers le haut; maintenez la traction jusqu'à ce que l'immobilisation soit terminée;

- glissez cinq bandes en position sous les courbes naturelles du corps, au-dessus et au-dessous du siège de la fracture, au niveau des genoux, des mollets et des chevilles;

- rembourrez entre les jambes et ramenez la jambe indemne contre la jambe blessée (Une couverture roulée est idéale.);

- attachez les jambes ensemble, aux chevilles d'abord avec un lien en 8, au-dessus et au-dessous de la fracture puis aux genoux et aux mollets avec des bandes larges.

Fig. 14-14 Immobilisation d'une fracture du fémur

Si la victime doit être déplacée et que le trajet s'annonce long ou accidenté, il faut placer contre le côté blessé une longue attelle rembourrée.

Tout en soutenant la jambe d'une traction, glissez, à l'aide d'un bâton, sept bandes au niveau des courbes naturelles du dos, des genoux et des chevilles, puis placez-les aux endroits appropriés. Rembourrez entre les jambes, aux genoux et aux chevilles. Accolez l'attelle rembourrée contre le flanc, de l'aisselle au-delà du pied. Nouez les bandes dans l'ordre suivant :

- au thorax, sous les aisselles;

- au bassin, au niveau des hanches;

- aux chevilles et aux pieds avec un lien en 8 pour tenir l'attelle;

- à la cuisse, au-dessus et au-dessous de la fracture;

- aux genoux;

- aux mollets.

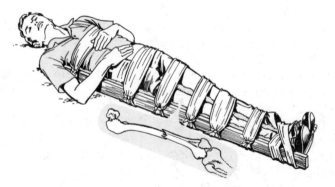

*Fig. 14-15 Immobilisation d'une fracture
du fémur pour un trajet long et accidenté*

Il faut parfois laisser tomber un des liens pour éviter de faire pression sur la fracture.

La perte de sang ainsi que la douleur provoqueront un état de choc chez la victime d'une fracture du fémur. Il faut donc aussitôt que possible la traiter contre le choc (voir chap. 10). Placez-la sur un brancard, les pieds élevés.

Les attelles à traction comme l'attelle fémorale en forme de gouttière et l'attelle Thomas sont recommandées pour immobiliser les fractures du fémur. Toutefois, il faut être initié à leur usage pour s'en servir.

Fractures dans la région du genou

La fracture des os du genou peut affecter soit le segment distal du fémur, soit le segment proximal du tibia ou la rotule. Ces fractures sont habituellement causées par une force directe bien qu'une contraction musculaire violente puisse fracturer la rotule.

Il peut y avoir une déformation prononcée et de vives douleurs. La compression de l'artère principale de la jambe peut entraver la circulation vers le pied. Déterminer s'il y a fracture ou non n'est pas toujours facile. Traitez donc les blessures du genou comme des fractures.

Les premiers soins consistent à :

- soutenir le membre blessé en l'alignant doucement sans exercer de traction et sans aller jusqu'à aggraver la douleur;

- immobiliser sur une longue attelle allant de la fesse au-delà du talon et rembourrer sous les creux du genou et de la cheville;

- fixer l'attelle au moyen d'un lien en 8 autour de la cheville et du pied, d'une bande large autour de la cuisse et l'extrémité supérieure de l'attelle et d'une bande large autour de la jambe et de l'attelle;

- soutenir la jambe immobilisée en position légèrement élevée;

- vérifier la circulation aux pieds.

On peut aussi se servir d'oreillers ou de couvertures pour immobiliser un genou qui ne peut être redressé.

Fig. 14-16 Immobilisation d'une fracture de la rotule

Fractures du tibia et du péroné

Les fractures de la jambe sont fréquentes, surtout dans le domaine des sports. Une fracture à l'extrémité distale du tibia ou du péroné est souvent prise pour une entorse de la cheville. En plus des signes et des symptômes habituels, la fracture de la jambe peut présenter une déformation importante avec angulation ou rotation très prononcée.

La manière d'immobiliser les fractures du tibia et du péroné dépend de la distance à parcourir, du mode de transport et du matériel de secourisme qu'on a sous la main. Si le trajet est court et non accidenté, la jambe indemne peut servir d'attelle. Si le parcours est long ou accidenté, il est préférable de poser une attelle entre les jambes et une autre contre l'extérieur de la jambe blessée.

Immobilisation – méthode à deux attelles

Si l'accident s'est produit dans un endroit isolé et que le blessé doit marcher ou être transporté sur la banquette arrière d'une voiture, le membre indemne devrait demeurer libre. Dans ce cas, il faut placer les attelles de chaque côté de la jambe blessée.

● Soutenez le membre et maintenez-le immobile; exercez une traction soutenue jusqu'à ce que l'immobilisation soit terminée.

- Glissez cinq bandes sous les courbes naturelles du genou et de la cheville, puis placez-les aux endroits appropriés : bande large à la cuisse, au genou et à la cheville et bande étroite au-dessus et au-dessous du siège de la fracture.

- Rembourrez suffisamment pour combler les courbes naturelles du genou et de la cheville.

- Mettez les attelles en position de chaque côté de la jambe et nouez les bandes dans l'ordre suivant : à la cuisse, à la cheville, au genou et finalement au-dessus et au-dessous du siège de la fracture.

Immobilisation – méthode de la jambe indemne comme attelle

Si la jambe indemne doit servir d'attelle, il faut placer les bandes sous la jambe blessée d'abord, rembourrer ensuite tout le long de la jambe, ramener la jambe indemne contre la jambe blessée et finalement les attacher ensemble dans l'ordre suivant :

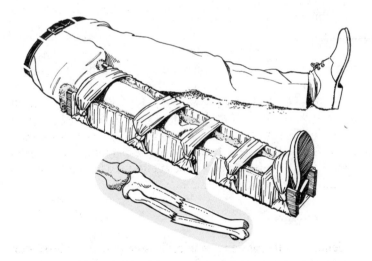

Fig. 14-17 Immobilisation d'une fracture de la jambe

- aux chevilles avec un lien en 8;

- aux cuisses à l'aide d'une bande large;

● aux genoux à l'aide d'une bande large;

● au-dessus et au-dessous du siège de la fracture au moyen d'une bande étroite.

On peut ajouter d'autres bandes pour soutenir davantage ou laisser tomber celle qui pourrait faire pression contre la fracture.

Fracture de la cheville

La fracture de la cheville est causée soit par un coup violent, soit par un mouvement de torsion; elle peut impliquer le tibia ou le péroné, ou les deux. Ordinairement, il y a douleur, enflure et déformation. Une fracture de la cheville est souvent prise pour une entorse; s'il y a le moindre doute, traiter comme une fracture.

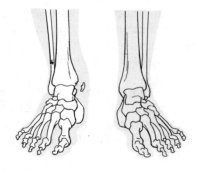

Fig. 14-18 Fracture de la cheville

Les premiers soins pour une blessure à la cheville consistent à immobiliser la cheville avec un oreiller ou une petite couverture, attaché solidement. Une compresse froide (enveloppement froid ou sac de glace) aidera à résorber l'enflure (voir chap. 13).

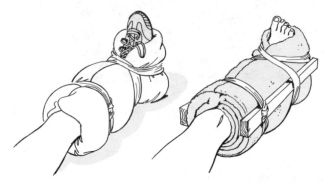

Fig. 14-19 Immobilisation d'une fracture de la cheville au moyen d'un coussin, d'une couverture ou d'attelles courtes

La chaussure peut aider à l'immobilisation, mais il faut desserrer les lacets pour éviter la constriction des vaisseaux sanguins causée par l'enflure normalement présente lors de blessures à la cheville. Toutefois, si la blessure s'accompagne de plaies, il faut alors retirer la chaussure.

Fracture du pied

La fracture du pied est souvent causée par la chute ou le passage d'un objet lourd sur le pied. Elle peut aussi résulter d'un mouvement de torsion extrême ou d'une chute où la victime tombe sur les pieds. Dans ce dernier cas, il faut soupçonner la présence d'une blessure à la colonne vertébrale causée par force indirecte.

S'il y a plaies, il faut enlever la chaussure ou la couper pour faire un pansement et poser des bandes. Dans le cas contraire, il faut desserrer les lacets pour éviter la constriction du pied due à l'enflure, mais on peut laisser la chaussure en place pour aider à l'immobilisation. Les premiers soins consistent à :

- immobiliser le pied à l'aide d'une attelle rembourrée, d'une couverture ou d'un petit oreiller fixé autour du pied, ou en laissant la chaussure sur le pied maintenue par une bande;

- fixer l'attelle ou la chaussure avec un lien en 8 : placer le centre d'une bande large sur la plante du pied ou sur la semelle de la chaussure, croiser les deux bouts sur le cou-de-pied et les ramener à l'arrière de la cheville, les recroiser à l'arrière de la cheville, de nouveau sur le cou-de-pied et les ramener sous le pied, nouer les bouts sur l'attelle ou la semelle de la chaussure;

- élever et soutenir le pied dans une position confortable, de 15 à 30 cm environ;

- transporter la victime sur un brancard vers un centre médical.

NOTES

CHAPITRE 15

BLESSURES THORACIQUES

Les blessures au thorax comprennent les lésions ouvertes aux tissus mous de la poitrine, les fractures des côtes et du sternum ainsi que les blessures aux organes de la cavité thoracique. Elles risquent d'être fatales parce qu'elles peuvent entraver la respiration et causer une hémorragie grave.

PRÉVENTION

Les blessures thoraciques résultent de traumatismes directs : coup à la poitrine, pénétration d'une arme tranchante, compression ou brusque variation de la pression d'air comme dans une explosion. Le port de la ceinture de sécurité aide à prévenir une cause fréquente de blessures à la poitrine en empêchant le conducteur d'un véhicule d'être projeté contre son volant.

TYPES DE BLESSURES THORACIQUES

Ces blessures sont classées en deux catégories : ouvertes ou fermées. La **blessure thoracique ouverte** est celle où la paroi thoracique a été pénétrée de l'extérieur par un objet ou perforée de l'intérieur par les fragments d'une côte fracturée. La **blessure thoracique fermée** peut ne manifester aucun signe extérieur bien que les côtes, le sternum, les poumons, le cœur, le foie et les nerfs soient parfois gravement atteints.

SIGNES ET SYMPTÔMES

Les signes et les symptômes suivants peuvent se présenter, en totalité ou en partie :

- **douleur au foyer de la blessure** aggravée par le mouvement respiratoire; résulte habituellement d'un traumatisme aux côtes, aux poumons, ou à la plèvre;

- **difficulté respiratoire** et essoufflement en raison d'une blessure aux côtes, d'une paralysie musculaire, d'un épanchement dans les poumons ou d'un affaissement pulmonaire;

- **appréhension, angoisse et agitation** causées par la détresse respiratoire;

- **mouvements thoraciques réduits d'un seul côté ou des deux à l'inspiration,** signe d'un mauvais fonctionnement musculaire résultant d'une lésion aux côtes, à la paroi thoracique ou aux nerfs réglant le mouvement du thorax (voir chap. 16);

- **crachement de sang** indiquant une lésion pulmonaire accompagnée de saignement dans les poumons ou les bronches;

- **pouls rapide et faible** dû à l'état de choc déclenché par la perte de sang et le manque d'oxygène;

- **cyanose** (bleuissement des lèvres, des doigts et des ongles) produite par une insuffisance d'oxygène, le poumon blessé se trouvant incapable d'échanger l'oxygène et le gaz carbonique dans le sang.

PREMIERS SOINS EN CAS DE BLESSURES THORACIQUES

Le but premier des premiers soins est d'assurer une respiration adéquate. Le secouriste doit maintenir les voies respiratoires libres et, s'il y a lieu, suppléer à la respiration (voir chap. 7). Le blessé devra être placé en position semi-assise afin d'empêcher que les organes abdominaux ne fassent pression sur les poumons, et incliné vers le côté blessé pour éviter un épanchement dans le poumon sain et faciliter la respiration.

Les blessures thoraciques nécessitent des secours médicaux d'urgence et le transport du blessé doit se faire sans aucun délai. **Ne donner que les premiers soins essentiels à la sécurité du blessé pendant son transport.**

PLAIE PÉNÉTRANTE DU THORAX

La plaie qui a pénétré la paroi thoracique permet à l'air de s'infiltrer directement dans la cavité thoracique; le poumon s'affaise et la respiration est entravée. Une respiration douloureuse et laborieuse, le bruit de l'air qui s'infiltre à l'inspiration et des bulles teintées de sang qui apparaissent au siège de la blessure indiquent une perforation de la paroi thoracique. Il peut aussi y avoir crachement de sang écumeux.

Le secouriste doit immédiatement arrêter l'infiltration d'air dans la cavité thoracique au moyen d'une couche étanche : feuille de papier d'aluminium ou de plastique. Si l'objet pénétrant est logé dans la plaie, il ne faut pas l'enlever, mais plutôt l'entourer de pansements superposés en rendant la blessure aussi hermétique que possible. Si la respiration du blessé devient difficile ou si son état s'aggrave, décoller l'un des côtés du pansement étanche pour permettre à l'air de s'échapper et le laisser ainsi. Soutenir le bras du côté blessé à l'aide d'une écharpe tubulaire Saint-Jean.

Surveiller la respiration et transporter le blessé sur un brancard en position semi-assise, incliné du côté blessé.

*Fig. 15-1 Premiers soins pour une
plaie pénétrante du thorax*

BLESSURE PAR EXPLOSION

La violente secousse d'une explosion peut affecter les poumons et certains organes internes. Bien qu'il puisse n'y avoir aucun signe externe de blessure, le sujet peut se plaindre de douleurs thoraciques et cracher du sang écumeux. Le type et l'ampleur de l'explosion ainsi que l'emplacement relatif de la victime conjugués aux signes ci-dessus confirmeront la présence d'une blessure de cette nature.

Placez le blessé le plus confortablement possible en position semi-assise, tête et épaules soulevées et soutenues. Observez et maintenez sa respiration, ralentissez la progression de l'état de choc et transportez-le sans délai à l'hôpital.

FRACTURES DES CÔTES

La simple fracture des côtes ne requiert que l'immobilisation assurée par une bande large entourant le thorax, la partie la plus large recouvrant le siège de la fracture. On doit toutefois enlever le bandage s'il incommode le blessé. Supportez le bras du côté blessé dans une écharpe tubulaire Saint-Jean pour en transférer le poids et limiter les mouvements. Transportez le sujet en position assise.

En cas de fracture ouverte des côtes, il faut d'abord panser la plaie avec un bandage hermétique. Supportez le bras au moyen d'une écharpe tubulaire Saint-Jean et transportez le blessé sur un brancard en position semi-assise, incliné du côté blessé.

VOLET COSTAL

Lorsque plusieurs côtes sont fracturées à plus d'un endroit, la partie qui est détachée de la paroi thoracique, appelée volet costal, cesse de se mouvoir normalement durant la respiration : à l'inspiration, le volet costal se renfonce tandis qu'à l'expiration, il est repoussé vers l'extérieur. Il en résulte une respiration douloureuse, difficile et relativement inefficace. Le blessé peut se laisser gagner par la panique. Le but des premiers soins est donc de l'aider à respirer normalement en stabilisant le segment détaché.

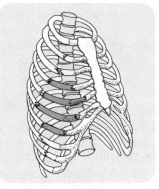

Immobilisez le segment détaché en ramenant le bras du côté blessé sur la région atteinte et assujettissez-le au thorax à l'aide de bandes larges. Pour tenir lieu d'attelle, on peut encore utiliser un tampon ou un petit coussin ferme bien fixé contre le thorax par des liens ou du ruban adhésif.

Fig. 15-2 Volet costal

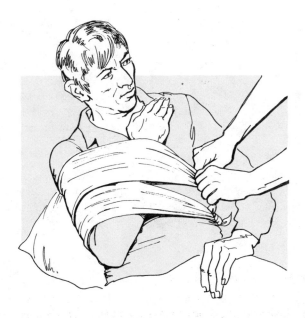

Fig. 15-3 Premiers soins pour un volet costal

Placez le sujet en position semi-assise, incliné vers le côté blessé. Obtenez des secours médicaux ou transportez-le vers un centre médical sur un brancard.

FRACTURE DU STERNUM

C'est l'écrasement qui cause ordinairement la fracture du sternum. Ce type de fracture se complique souvent de lésions aux vaisseaux sanguins et organes sous-jacents.

L'objet des premiers soins dans le cas d'une fracture du sternum est de maintenir le blessé aussi calme que possible, dans la position lui permettant le mieux de respirer, habituellement semi-assise. Desserrez ses vêtements au cou, à la poitrine et à la taille. Contenez l'état de choc et obtenez des secours médicaux. Si le sujet doit être déplacé, transportez-le sur un brancard.

CHAPITRE 16

BLESSURES À LA TÊTE ET À LA COLONNE VERTÉBRALE

Le secouriste doit reconnaître rapidement les blessures au crâne et à la colonne vertébrale car les complications qui en découlent peuvent parfois être mortelles; ces risques seront cependant réduits ou éliminés si le blessé reçoit immédiatement les premiers soins appropriés. Les blessures au crâne et au cou n'entraînent pas nécessairement des lésions à la moelle épinière, mais quand la colonne est fracturée ou luxée, elle n'est plus en état de protéger la moelle épinière. Tout mouvement risque de comprimer et d'endommager la moelle et les racines nerveuses. Savoir que faire dès le moment où l'on découvre une victime de ce type d'accident peut prévenir une lésion à la moelle épinière et éviter une paralysie permanente ou même la mort.

BLESSURES À LA TÊTE

Les blessures à la tête comprennent la **fracture du crâne,** la **commotion cérébrale** et la **compression cérébrale.** Ces blessures s'accompagnent souvent d'une perte de conscience (voir chap. 11). Les fractures de la base du crâne sont souvent associées à des lésions à la colonne cervicale.

SIÈGE DE LA FRACTURE

Les **fractures du crâne** résultent soit d'un choc direct, soit d'une force transmise par d'autres os. Les fractures peuvent affecter la voûte crânienne, la base du crâne ou le visage : nez, cavités orbitaires, maxillaire (mâchoire supérieure) et mandibule (maxillaire inférieur). Les fractures de la mâchoire se compliquent généralement de blessures à l'intérieur de la bouche.

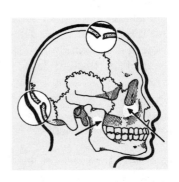

Fig. 16-1 Sièges communs de fractures de la voûte crânienne, du visage et de la mâchoire

Signes

La fracture du crâne se reconnaît à certains signes :

- on doit soupçonner une fracture de la **voûte crânienne** si le cuir chevelu présente des lacérations ou des contusions, ou si l'on observe une dépression osseuse;

- la fracture de la **base du crâne** se reconnaît à un écoulement de sang ou de liquide couleur paille des oreilles ou du nez. Une coloration anormale des tissus mous sous les yeux (yeux pochés) et derrière les oreilles peut indiquer une blessure à la base du crâne;

- une fracture du **visage** et de la **mâchoire** en particulier est possible si le mouvement de la mâchoire ou la déglutition s'accompagne de douleur. On observe parfois un déplacement des dents, une enflure et des meurtrissures de la mandibule, un excès de salive teintée de sang et une difficulté à parler et à respirer.

PREMIERS SOINS EN CAS DE BLESSURES À LA TÊTE

Les premiers soins pour les fractures du crâne dépendent du siège de la fracture et des signes. La victime inconsciente qui a une blessure au crâne tend à vomir et il faut prendre les mesures nécessaires pour qu'elle ne s'asphyxie pas en inspirant ses vomissures. Peu importe la nature des blessures à la tête, le secouriste doit soupçonner une blessure à la colonne vertébrale et traiter la victime comme si elle souffrait d'une fracture du cou. Il faut alors immobiliser la tête et le cou.

Les premiers soins en cas de fracture de la voûte crânienne ou de la base du crâne consistent à :

- immobiliser la tête et le cou pour éviter tout mouvement, puis poser un collet cervical;

- vérifier la respiration et assurer l'ouverture des voies respiratoires en utilisant la méthode du déplacement de la mâchoire en avant sans renversement de la tête. Commencer la respiration artificielle si la respiration devient difficile ou s'arrête;

- évaluer le degré de conscience;

- noter si du sang ou du liquide s'échappe du canal auditif. Le cas échéant, poser un pansement stérile sur l'oreille et le maintenir en place sans serrer pour permettre l'écoulement;

- avertir le blessé de ne pas se moucher si du sang ou un liquide s'écoule de son nez. Ne pas entraver l'épanchement de sang. Tenir des pansements au niveau du nez pour absorber le sang et éviter qu'il ne pénètre dans la bouche et ne gêne la respiration;

- protéger les régions enfoncées, bosses ou plaies au cuir chevelu, à l'aide de pansements, d'un tampon annulaire et d'un bandage si l'on soupçonne une fracture sous-jacente;

- ne pas laisser le blessé seul.

Pour traiter les fractures des os du visage, ou de la mâchoire, procédez comme suit :

- assurez l'ouverture des voies respiratoires. Débarrassez la bouche de toute obstruction. Enlevez les dentiers et, au besoin, d'un doigt maintenez la bouche ouverte pour permettre l'écoulement du sang et de la salive, en particulier en cas de lésions importantes au visage;

- réprimez le saignement en exerçant une pression directe;

- soutenez la mâchoire au moyen d'un tampon souple retenu par la main et non par un bandage;

- placez le blessé conscient en position assise, la tête penchée en avant, pour permettre l'écoulement des sécrétions;

- placez le blessé grave, mais conscient, en position latérale de sécurité si le menton a été déplacé et les tissus mous ont été endommagés;

- placez le blessé inconscient en position latérale de sécurité, la mâchoire bien étendue pour permettre l'écoulement des sécrétions. S'il vomit, soutenez sa mâchoire de la paume de votre main et tournez sa tête du côté indemne.

Les personnes souffrant de blessures graves au visage doivent être transportées en position assise, si possible, la tête penchée en avant et soutenue. S'il est nécessaire d'évacuer le blessé sur un brancard, s'assurer que les sécrétions s'écoulent librement du nez et de la bouche pour que la respiration ne soit pas entravée.

LA COMMOTION ET LA COMPRESSION CÉRÉBRALES

La **commotion cérébrale** est un état de perturbation généralisée mais temporaire du fonctionnement du cerveau causé par des blessures à la tête. En est victime toute personne qui "voit des étoiles" après s'être blessée à la tête. Le sujet peut se rétablir rapidement ou voir son état s'aggraver.

Signes

Les signes suivants peuvent être présents :

- perte de conscience partielle ou complète, le plus souvent brève;

- respiration superficielle;

- teint pâle, peau froide et moite;

- pouls rapide et faible;

- nausées et vomissements à la reprise de conscience;

- amnésie concernant la période précédant et suivant immédiatement la blessure.

La **compression cérébrale** est le fait d'une pression exercée sur une région du cerveau par les liquides intracrâniens ou par une embarrure (fracture par enfoncement de la voûte crânienne). La compression peut suivre directement une commotion cérébrale, sans que le sujet ait pu reprendre conscience; elle peut également se produire plusieurs heures après un rétablissement apparent suite à une augmentation graduelle de la pression. C'est pourquoi il est très important de surveiller chez ce type d'accidenté les signes vitaux et la réaction des pupilles à la lumière pendant plusieurs heures après l'accident pour déceler tout signe de compression.

Signes

Les signes suivants peuvent se manifester :

- inconscience dès le moment de la blessure, surtout si les tissus du cerveau ont été endommagés;

- soubresauts des membres et même convulsions causés par la pression sur le cerveau, au début des troubles;

- respiration irrégulière et bruyante; ralentissement du pouls;

- température élevée et visage empourpré;

- pupilles inégales. Une pupille, ou même les deux, peuvent être dilatées et ne pas réagir à la lumière (voir fig. 25-2). Il faut noter à l'intention du médecin tout changement concernant les pupilles;

- faiblesse ou mouvements irréguliers. Soubresauts, convulsions, faibles mouvements ou paralysie doivent aussi être notés.

PREMIERS SOINS EN CAS DE COMMOTION ET DE COMPRESSION CÉRÉBRALES

Les premiers soins pour la commotion et la compression cérébrales sont les mêmes que pour l'inconscience (voir chap. 11). Dans le cas d'une commotion cérébrale, observez attentivement le blessé : présente-t-il des signes de compression? Transportez-le vers un centre médical pour observation et traitement.

BLESSURES À LA COLONNE VERTÉBRALE

La colonne vertébrale est vulnérable aux fractures sur toute sa longueur, depuis la voûte crânienne jusqu'au coccyx. Toute blessure à la colonne vertébrale peut léser la moelle épinière, contenue dans le canal rachidien, et les nerfs qui y émanent. Ces lésions peuvent entraîner une perte de sensation et une paralysie complètes en aval du siège de la blessure. Une blessure à la moelle épinière au niveau de l'épine inférieure peut affecter les jambes, alors que des dommages au niveau de l'épine supérieure peuvent causer la paralysie des muscles qui régissent les mouvements du thorax à la respiration. La tension artérielle est souvent perturbée suite à une augmentation du diamètre des vaisseaux sanguins; phénomène qui a pour conséquence de provoquer une forte accumulation locale de sang, privant de ce fait les tissus vitaux d'oxygène. C'est ce qui entraîne l'état de choc.

Cela dit, les premiers soins dans les cas de blessures possibles à la colonne vertébrale ont pour objet de prévenir toute lésion à la moelle épinière, de traiter toutes les autres urgences vitales et de ralentir la progression de l'état de choc.

BLESSURES À LA COLONNE CERVICALE

Une torsion violente du cou, comme dans un accident de la route, entraîne souvent une fracture de la colonne cervicale. Si l'on soupçonne une telle fracture, il faut prendre des précautions spéciales. Tout mouvement peut entraîner des lésions plus sérieuses à la moelle épinière, voire même causer la paralysie.

On doit continuellement surveiller de près la respiration. Si elle cesse, il faut ouvrir les voies respiratoires et donner la respiration artificielle. Dans le cas d'une blessure au cou, la méthode du déplacement de la mâchoire en avant sans renversement de la tête est indiquée pour ouvrir les voies respiratoires (voir chap. 7).

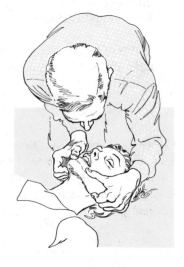

Fig. 16-2 Déplacement de la mâchoire en avant sans renversement de la tête

PREMIERS SOINS EN CAS DE BLESSURE À LA COLONNE CERVICALE

Si l'on soupçonne une blessure au cou, les premiers soins consistent à soutenir la tête et le cou et les maintenir immobiles pour éviter toute rotation (mouvement latéral) et toute flexion/extension (inclinaison de la tête vers l'avant ou vers l'arrière). Il faut immobiliser la tête et le cou dans la position où ils se trouvent sauf s'il est essentiel de réaligner le cou pour dégager les voies respiratoires. S'il faut redresser le cou, procéder en exerçant une légère traction de la tête.

Pour maintenir la tête en position stable, on peut se servir de deux serviettes roulées, de deux couvertures ou de deux objets rembourrés, placés de chaque côté et maintenus en place par des liens attachés à la planche dorsale.

Avant tout déplacement, on doit immobiliser en un seul bloc la tête, le cou et le tronc du blessé qui se trouve en position assise et chez qui l'on soupçonne une blessure au cou. Soutenir la tête et poser un **collet cervical.** On peut en improviser un à l'aide de triangles de tissu de la manière suivante :

- déplier un triangle de tissu et le poser sur une surface plane;

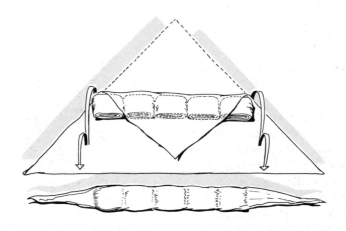

Fig. 16-3 Collet cervical improvisé

- placer un rembourrage volumineux fait de tissu rigide de manière à former une ligne à un tiers de la distance entre le sommet et la base. Cinq triangles pliés, plusieurs paires de bas, des foulards repliés ou un morceau de couverture font très bien l'affaire;

- replier le sommet vers la base par-dessus le rembourrage. Rouler triangle et rembourrage pour former un collet de 8 à 10 cm de diamètre. Les extrémités du triangle, de chaque côté, permettent de nouer le collet cervical autour du cou.

Tout en soutenant la tête et le cou du blessé, placer le centre du collet cervical sous le menton et faire glisser délicatement les extrémités, en direction opposée, derrière la nuque. Tirer doucement sur les extrémités pour raidir le tout et nouer devant sur le rembourrage. Continuer de soutenir la tête et le cou jusqu'à ce que le blessé soit immobilisé sur la planche dorsale.

Glisser une planche ou toute autre surface rigide derrière le blessé en réduisant tout mouvement au strict minimum. Attacher la tête et le tronc à la planche au moyen de courroies conçues à cet effet ou à l'aide de bandes improvisées (voir chap. 28). Nouer sur le bord de la planche, si possible.

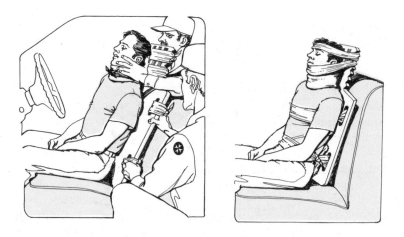

Fig. 16-4 Comment placer une planche dorsale courte

FRACTURE DE LA COLONNE THORACIQUE ET LOMBAIRE

Les fractures de la colonne thoracique et lombaire (voir fig. 2-11) sont des blessures très graves. Une mauvaise manipulation du blessé peut causer des lésions irréversibles à la moelle épinière et entraîner la paralysie. Les fractures de la colonne peuvent être le résultat :

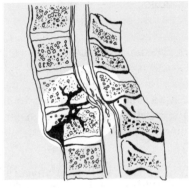

- d'une force directe, comme la chute d'un objet lourd sur le dos du sujet, la chute d'une certaine hauteur sur le dos ou l'impact d'une collision entre deux automobiles;

- d'une force indirecte, comme une mauvaise chute sur les pieds ou les fesses, ou une chute d'une certaine hauteur sur la tête.

Fig. 16-5 Fracture de la colonne vertébrale

Signes et symptômes

Parmi les signes et symptômes de blessure à la colonne thoracique et lombaire, on note une perte de sensation au niveau des extrémités, en particulier des membres inférieurs.

Si le blessé est conscient, il sentira la douleur et sera en mesure d'indiquer la région touchée. Il faut éviter tout mouvement qui causera de la douleur. On peut déterminer s'il y a incapacité motrice en demandant au blessé de remuer ses poignets, ses doigts et ses orteils. Pour savoir si le sujet souffre d'une perte de sensibilité, on touche légèrement ses extrémités et on lui demande s'il a senti cet effleurement.

Si le blessé est inconscient, le secouriste ne pourra fonder son diagnostic sur les signes et symptômes précédents et l'évaluation sera alors plus difficile. Il devra donc se fonder sur les circonstances de l'accident et les renseignements fournis par les témoins.

PREMIERS SOINS POUR UNE BLESSURE À LA COLONNE VERTÉBRALE

Si les secours médicaux sont à proximité, faites tout le nécessaire pour empêcher tout mouvement du corps et ralentir la progression de l'état de choc. Demandez à deux passants de soutenir et maintenir immobile la victime pour éviter tout mouvement de la tête, du cou et du tronc.

Un premier passant se charge de soutenir la tête et le cou. Pour ce faire, il s'agenouille à la hauteur de la tête du sujet et place délicatement une main sous la nuque pour envelopper de la paume le derrière de la tête. Dites-lui de maintenir la tête droite et de l'empêcher d'osciller de droite à gauche et de pencher vers l'avant. Demandez-lui de surveiller la respiration et de vous signaler toute difficulté respiratoire.

Assurez et maintenez l'ouverture des voies respiratoires. Soyez prêt à intervenir si la respiration devient laborieuse. Le sujet étant immobilisé sur le dos, il sera peut-être nécessaire d'utiliser un aspirateur de mucosités commercial ou improvisé, comme une poire à succion à usage domestique. Ne jamais utiliser une poire à succion de verre, celle-ci pouvant craquer si le sujet serre les dents.

Le deuxième passant soutient les chevilles et les pieds pour empêcher toute torsion des jambes et du tronc. Pour ce faire, il s'agenouille à la hauteur des pieds du sujet et place une main sous les chevilles de façon à saisir la face externe de l'articulation d'une des chevilles. Il ramène ensuite l'autre main par-dessus le tarse pour saisir l'articulation de la cheville du côté opposé. Dites-lui de maintenir le corps en ligne droite et d'éviter toute torsion.

Conseillez au blessé de ne pas bouger. Gardez-le au chaud à l'aide d'une couverture pour ralentir la progression de l'état de choc.

Si les secours médicaux sont éloignés ou s'il est nécessaire de déplacer le blessé, on doit disposer :

- d'au moins quatre porteurs, plus de préférence;

- d'une planche dorsale commerciale ou improvisée à l'aide d'une porte ou de toute autre surface rigide de largeur et de longueur adéquates. S'assurer que la planche improvisée n'est pas trop large pour passer dans les corridors;

- de rembourrage en quantité suffisante qu'on placera pour combler les courbes naturelles entre les jambes et là où les courbes naturelles du corps sont soutenues : sous la nuque, les reins, les genoux et les chevilles;

- d'assez de bandes pour immobiliser les articulations au niveau des hanches, des genoux, des jambes, des chevilles et des pieds et aussi pour assujettir le blessé à la planche dorsale;

- d'un aspirateur de mucosités ou d'une poire à succion à usage domestique pour dégager les voies respiratoires du blessé pendant son transport.

Quand les porteurs sont prêts et que l'équipement est réuni, procédez à l'immobilisation du blessé de la manière suivante :

- continuez à soutenir la tête et les pieds du blessé pendant que du rembourrage est placé entre les cuisses, les genoux et les chevilles;

- attachez les pieds et les chevilles ensemble avec un lien en 8; le soutien doit être maintenu avant, pendant et après cette manœuvre;

- posez des bandes larges autour des cuisses et des genoux pour immobiliser les articulations. Il faut glisser les bandes sous le blessé sans bouger son corps en les faisant passer sous les courbes naturelles autant que possible;

- attachez les poignets ensemble en travers de la poitrine pour éviter que les bras ne s'abaissent et causent tout mouvement inutile.

Procédez ensuite à l'installation du blessé sur la planche dorsale en utilisant la technique du pivotement.

Technique du pivotement

Une fois le sujet immobilisé, placez une planche dorsale latéralement contre le blessé après y avoir installé du rembourrage là où les courbes naturelles du corps doivent être soutenues : à la nuque, aux reins, aux genoux et aux chevilles. Assurez-vous que le rembourrage ne fera pas pression sur le siège de la fracture. Procédez ensuite de la manière suivante :

- demandez aux deux sauveteurs, placés à la tête et aux pieds du sujet, de maintenir une traction pendant toute la durée de la manoeuvre et de suivre l'axe de rotation du corps pour ne pas tordre le cou ou la colonne vertébrale. Expliquez au sauveteur placé à la tête du sujet que la tête de ce dernier ne doit pas pencher vers l'avant;

- demandez à un ou plusieurs sauveteurs de prendre position au niveau des hanches et des jambes du sujet, du côté opposé de la planche dorsale. Quand ils en reçoivent l'ordre, ils saisissent les vêtements du blessé du côté le plus éloigné et le roulent vers eux sur le côté;

- lorsque le sujet est en position latérale, un sauveteur glisse la planche dorsale sous le sujet. Il ajuste les rembourrages avant que le sujet ne soit roulé en sens inverse au centre de la planche;

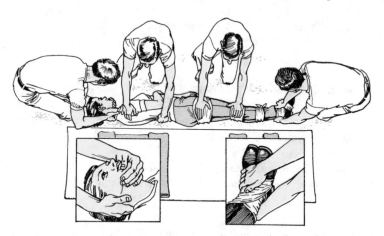

Fig. 16-6 Comment faire pivoter le sujet sur la planche dorsale

● le secouriste responsable prend position au niveau des épaules du blessé; il peut ainsi surveiller plus attentivement le cou et le dos du sujet pendant l'exécution de la manœuvre.

Lorsque chacun est en position et que tout est prêt, le secouriste indique aux sauveteurs de rouler le blessé sur le côté, s'assure que la planche dorsale est en place et commande aux sauveteurs de rouler le sujet en sens inverse sur la planche dorsale.

Enveloppez le sujet d'une couverture et assujettissez-le à la planche au moyen de bandes ou de courroies avant de le déplacer. Immobilisez la tête sur la planche dorsale afin d'éviter tout mouvement pendant le transport. Surveillez sa respiration et transportez-le vers des secours médicaux avec le moins de heurts possible.

TRANSPORT VERS UN CENTRE HOSPITALIER

Il est important de transporter d'urgence à l'hôpital les blessés à la colonne. Toutefois, un transport à vitesse modérée, sans soubresauts, causera moins de dommages qu'un transport rapide et houleux.

NOTES

CHAPITRE 17

BLESSURES AUX MUSCLES, LIGAMENTS ET ARTICULATIONS

Les blessures au système musculo-osseux sont fréquentes et, bien souvent, auraient pu être évitées. Les traumatismes musculaires et articulaires sont appelés élongation, foulure, entorse ou luxation. Entorses et luxations peuvent causer une fracture de l'articulation ainsi que des lésions aux vaisseaux sanguins et aux nerfs qui la traversent. Ces blessures sont parfois graves et, dans la plupart des cas, devraient être examinées par un médecin, en particulier quand il s'agit d'enfants de moins de 14 ans : leurs ligaments et tendons étant plus résistants que leurs os. Chez l'enfant, l'élongation musculaire et l'entorse provoquent souvent la fracture du corps de l'os ou de la zone cartilagineuse d'accroissement des os longs. Lorsqu'il y a élongation ou entorse, on ne doit pas éliminer la possibilité d'une fracture. Le cas échéant, traiter la blessure comme si tel était le cas.

PRÉVENTION

Les élongations musculaires, entorses et luxations résultent d'un mouvement d'étirement ou de torsion excessif et soudain du muscle ou de l'articulation. Les élongations et entorses sont souvent causées par des mouvements qui contreviennent aux principes de la mécanique corporelle ou par un conditionnement physique inadéquat à la pratique d'une activité sportive. Les luxations sont souvent provoquées par un mouvement violent.

On peut prévenir la plupart des lombalgies (mal de dos) en demandant de l'aide pour soulever ou abaisser les objets lourds et en respectant les principes de la mécanique corporelle. Pour soulever :

● vous approcher tout près de l'objet;

● plier les genoux, non le tronc;

- incliner l'objet pour être en mesure de glisser une main sous le coin ou le bord le plus proche de vous;

- placer l'autre main sur le bord ou le coin diagonalement opposé et bien saisir l'objet;

- le soulever en se servant des muscles des cuisses et des jambes; garder le dos bien droit;

- vous servir de vos pieds, pour tourner, et non pas du tronc.

Fig. 17-1 Méthode de relevage

Pour déposer un objet lourd, il faut procéder à l'inverse en se rappelant que le non respect des principes de la mécanique corporelle peut causer des pressions extrêmes sur la colonne vertébrale, les disques intervertébraux et les muscles de soutien. Des blessures aux muscles et aux disques intervertébraux peuvent s'ensuivre.

ÉLONGATION MUSCULAIRE

L'élongation musculaire survient lorsque les muscles sont forcés au-delà de leur possibilité normale de mouvement. Les signes et les symptômes se manifestent parfois à retardement, après que la réaction aux dommages tissulaires se soit fait sentir.

Signes et symptômes

L'élongation se reconnaît habituellement aux signes et symptômes suivants :

- douleur vive et soudaine au muscle atteint;

- enflure des muscles et crampes violentes;

- couleur anormale et raideur.

PREMIERS SOINS POUR UNE ÉLONGATION MUSCULAIRE

Dans le cas d'élongations, les premiers soins se limitent à :

- placer le blessé dans la position qui lui est le plus confortable;

- appliquer du froid pour détendre les spasmes musculaires et prévenir l'aggravation de l'enflure. Poser des sacs de glace pendant 10 à 15 minutes et à des intervalles de 20 à 25 minutes.

ENTORSE

Il y a entorse quand les ligaments qui soutiennent l'articulation sont étirés ou déchirés. On parle de foulure lorsque l'entorse est légère. Ces troubles surviennent quand les os de l'articulation sont forcés au-delà de leur possibilité normale de mouvement, étirant et déchirant ainsi les ligaments de soutien.

Signes et symptômes

L'entorse se reconnaît aux signes et symptômes suivants :

- douleur parfois intense, accentuée par le mouvement;

- perte de fonction;

- enflure et couleur anormale.

PREMIERS SOINS POUR UNE ENTORSE

Certaines entorses se distinguent mal des fractures et c'est pourquoi il faut les traiter comme telles en ajoutant les soins suivants :

- exercer une légère pression au moyen d'un bandage (compression) pour diminuer l'enflure;

- immobiliser et élever le membre, si possible;

- poser un sac de glace sur l'articulation pour soulager la douleur et contenir l'enflure.

LUXATION

Il y a luxation quand les surfaces osseuses de l'articulation ne sont plus en contact normal. La capsule fibreuse qui enveloppe l'articulation est ainsi étirée et déchirée.

La luxation peut être le résultat d'une torsion excessive de l'articulation ou d'une force indirecte. Les articulations les plus sujettes à la luxation sont celles de l'épaule, du coude, du pouce, du doigt, de la mâchoire inférieure et de la rotule. L'épaule peut se luxer à la suite d'une chute sur le coude ou sur le bras tendu. À l'occasion, la contraction soudaine d'un muscle causera une luxation. On peut se luxer la mâchoire inférieure en bâillant.

Signes et symptômes

Les signes et les symptômes d'une luxation s'apparentent à ceux d'une fracture et peuvent inclure :

- déformation ou apparence anormale;

- sensibilité au toucher et douleur accentuée par le mouvement;

- perte de fonction;

- enflure de l'articulation.

PREMIERS SOINS POUR UNE LUXATION

Puisqu'un grand nombre de luxations peuvent s'accompagner d'une fracture, il faut, en cas de doute, les traiter comme si tel était le cas et procéder comme suit :

- ne pas tenter de replacer les os dans leur position normale;

- immobiliser et soutenir l'articulation dans la position la plus confortable. S'il y a lieu, utiliser du rembourrage et une écharpe pour soutenir le membre atteint. L'utilisation de l'écharpe col-poignet dans les cas de luxation de l'épaule et du coude est décrite au chapitre 12;

- appliquer du froid sous forme de sacs de glace ou de compresses froides pour contenir l'enflure;

- surveiller l'état circulatoire en prenant le pouls et en vérifiant fréquemment la température et la coloration des extrémités (voir chap. 12);

- obtenir des secours médicaux d'urgence si la circulation est entravée.

NOTES

CHAPITRE 18

BLESSURES DE L'ŒIL

ANATOMIE

L'œil, organe de la vision, possède une structure si délicate et remplit des fonctions si complexes qu'une simple poussière peut l'endommager. Des premiers soins inadéquats peuvent alors faire plus de tort que de bien. C'est pourquoi le secouriste doit connaître la structure fondamentale de l'œil et les précautions à prendre pour éviter toute aggravation d'une blessure lors de l'administration des premiers soins.

Le **globe oculaire,** sphère remplie de liquide, constitue la partie principale de l'œil. Sa paroi abrite à l'avant la "fenêtre" de l'œil, qui se compose de la cornée, de l'iris, de la pupille et du cristallin. La **cornée** est une tunique délicate et transparente couvrant la face antérieure du globe oculaire. L'**iris** est une membrane circulaire de couleur, percée à son centre d'un orifice, la **pupille.** Le diamètre de la pupille varie de façon à régler le passage des rayons lumineux dans le **cristallin.** Celui-ci a pour fonction de projeter la lumière sur la **rétine,** tunique nerveuse sensible à la lumière tapissant la face postérieure du globe oculaire. La rétine aide le cerveau à convertir les rayons lumineux en images.

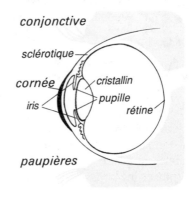

Fig. 18-1 L'œil

La structure externe de l'œil, constituée de la sclérotique, de la conjonctive et des paupières, sert à protéger l'appareil de la vision. La **sclérotique** est la membrane fibreuse blanche qui tapisse la tunique externe du globe oculaire. La **conjonctive** est la muqueuse lisse qui recouvre l'intérieur des paupières et une partie de la sclérotique. Les **paupières** supérieures et inférieures sont des voiles membraneux régis par des muscles qui protègent la partie antérieure des yeux.

PRÉVENTION DES BLESSURES DE L'ŒIL

L'observation de mesures préventives élémentaires peut éviter la plupart des blessures de l'œil. Songez un instant aux conséquences que pourrait entraîner une blessure de l'œil – affaiblissement de la vue ou cécité – suite à une insouciance passagère. Demandez-vous :

- ET SI je ne portais pas de lunettes protectrices lorsque je perce, meule, coupe ou dole des matériaux durs et cassants?

- ET SI je ne portais pas de protecteur facial lors d'activités sportives à risque?

- ET SI des corrosifs rangés sur des tablettes élevées venaient à se renverser et à éclabousser quelqu'un?

- ET SI je ne portais pas de protecteur lors de l'épandage de pesticides et d'engrais?

- ET SI mes yeux n'étaient pas protégés de la lumière éblouissante d'une soudeuse à arc ou d'une éclipse du soleil?

PETITS CORPS ÉTRANGERS (POUSSIÈRES)

Des cils, des grains de sable ou des poussières peuvent se loger sur le globe oculaire ou sous la paupière, causant un malaise considérable et une inflammation de la conjonctive. L'inflammation donne à l'œil une teinte rougeâtre ou rosâtre. Le larmoiement aide à déloger et à expulser les poussières.

Il ne faut pas tenter de déloger une poussière de l'œil quand :

- elle se trouve sur la cornée;

- elle est logée dans le globe oculaire ou y adhère;

- elle est invisible, même s'il y a douleur et inflammation.

Dans ces circonstances, les premiers soins consistent à :

- avertir le sujet de ne pas se frotter l'œil, cela pouvant aggraver la douleur et l'irritation de la conjonctive;

- se laver les mains avant de commencer les soins;

- fermer les yeux du sujet et couvrir l'œil affecté d'un tampon de coton ouaté s'étendant sur toute la surface oculaire, du front à la joue, pour éviter de faire pression; maintenir le tampon en place avec un bandage ou du ruban adhésif peu serré;

- couvrir l'œil indemne afin de réduire le mouvement oculaire;

- obtenir des secours médicaux.

PETIT CORPS ÉTRANGER LOGÉ SOUS LA PAUPIÈRE SUPÉRIEURE

Si la poussière est sous la paupière supérieure, il faut demander au sujet d'abaisser sa paupière supérieure par-dessus la paupière inférieure. Les cils de cette dernière feront alors fonction de brosse et pourront parvenir à déloger le corps étranger.

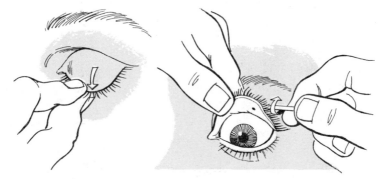

Fig. 18-2 Comment ôter un corps étranger se trouvant sous la paupière supérieure

Fig. 18-3 Comment renverser la paupière supérieure

Il est parfois nécessaire d'exposer la face interne de la paupière pour repérer et déloger le corps étranger. Voici comment procéder :

- bien vous laver les mains;

- faites asseoir le sujet face à la lumière; placez-vous à côté de lui, gardez sa tête immobile et demandez-lui de regarder vers le bas;

- placez un bâtonnet ou une allumette au bord de la paupière supérieure et pressez délicatement vers l'arrière;

- saisissez les cils entre le pouce et l'index, ramenez la paupière par-dessus le bâtonnet en la roulant vers l'arrière; l'envers de la paupière est ainsi exposé;

- si la poussière est visible et n'est pas logée sur la cornée ou n'adhère pas au globe oculaire, enlevez-la avec le coin humecté d'un mouchoir de papier ou d'un linge propre;

- ramenez doucement la paupière dans sa position normale;

- faites appel à des secours médicaux si la douleur persiste.

PETIT CORPS ÉTRANGER LOGÉ SOUS LA PAUPIÈRE INFÉRIEURE

Pour exposer la paupière inférieure afin d'enlever un corps étranger, il faut :

- bien se laver les mains;

- placer le sujet face à la lumière;

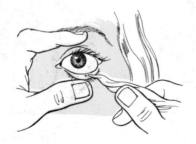

Fig. 18-4 Comment ôter un corps étranger se trouvant sous la paupière inférieure

- se tenir devant lui et tirer doucement la paupière vers le bas en l'éloignant de l'œil, pendant qu'il regarde vers le haut. Il se peut que la poussière soit visible, le cas échéant, l'enlever avec le coin humecté d'un mouchoir de papier ou d'un linge propre.

PETIT CORPS ÉTRANGER LOGÉ SUR LE GLOBE OCULAIRE

Pour repérer une poussière logée sur le globe oculaire, éclairez l'œil indirectement; la poussière pourra alors projeter une ombre qui révélera son emplacement. Si la poussière n'adhère pas au globe oculaire et ne repose pas sur la cornée, ôtez-la avec le coin humecté d'un mouchoir de papier ou d'un linge propre.

OBJETS LOGÉS DANS L'ŒIL

Les corps étrangers qui se logent dans l'œil ou dans les tissus environnants ne devraient être extraits que par un médecin. Le secouriste procède comme suit :

- faire étendre la victime et lui soutenir la tête pour réduire les mouvements;

- entourer l'objet d'un pansement et le couvrir d'un cône ou d'un gobelet de papier pour éviter qu'il ne bouge et ne pénètre plus avant dans l'œil;

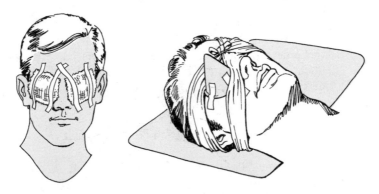

Fig. 18-5 Pansements oculaires   *Fig. 18-6 Protection de l'œil dans lequel est logé un corps étranger*

- couvrir les deux yeux et assujettir le cône, le gobelet ou les pansements à l'aide d'un bandage en évitant qu'une pression ne soit exercée sur l'objet enfoncé;

- rassurer la victime en lui expliquant que les deux yeux doivent être couverts temporairement pour réduire les mouvements oculaires et éviter d'aggraver les dommages; immobiliser la tête;

- transporter la victime sur un brancard.

LACÉRATIONS ET CONTUSIONS

Les lacérations des paupières et des chairs entourant l'œil sont graves parce qu'elles signifient souvent des blessures au globe oculaire. Si celui-ci n'est pas touché, la vue ne devrait pas être altérée; par contre, les lacérations atteignant le globe oculaire affectent souvent la vision.

Un coup infligé par un objet contondant peut non seulement causer des contusions (bleus) et endommager l'anneau osseux qui entoure et protège l'œil, mais peut aussi rupturer des vaisseaux sanguins dans l'œil et endommager les structures internes, entraînant ainsi une perte de vision.

Toute perforation du globe oculaire par un objet tranchant ou pointu est grave en raison des dommages internes possibles et de l'infection qui peut s'ensuivre.

Une lacération de la paupière, richement irriguée en sang, entraîne habituellement un saignement abondant. Un pansement parvient normalement à arrêter l'hémorragie. Toute pression est contre-indiquée : le liquide contenu dans l'œil pourrait s'écouler, causant ainsi des dommages irréversibles.

Pour toute lacération ou contusion de l'œil, il faut :

- faire allonger la victime et lui soutenir la tête;

- fermer l'œil et le couvrir d'un tampon de coton ouaté maintenu en place par un bandage ou du ruban adhésif peu serré;

- couvrir l'œil indemne pour réduire le mouvement oculaire;

- immobiliser la tête à l'aide de rembourrage pour empêcher tout mouvement inutile;

- obtenir des secours médicaux ou transporter la victime sur un brancard.

DÉSORBITATION DE L'ŒIL

À la suite d'une blessure grave, le globe oculaire est parfois poussé hors de son orbite. Le secouriste ne doit par tenter de le replacer. Les premiers soins consistent à couvrir délicatement l'œil d'un pansement humide et d'un cône protecteur. Couvrir aussi l'œil indemne. Le blessé doit être étendu sur le dos et transporté vers un centre médical sur un brancard. Le garder calme et le déplacer avec soin, à défaut de quoi les dommages risquent de s'aggraver.

BRÛLURE CHIMIQUE

Les yeux peuvent être atteints par des substances corrosives, acides ou alcalis, sous forme liquide ou solide. Une brûlure chimique provoque ordinairement une douleur intense et une intolérance à la lumière. Il faut immédiatement obtenir des secours médicaux.

Les premiers soins consistent à expulser et à diluer le corrosif en irriguant immédiatement l'œil à grande eau. Les produits chimiques en poudre tels que la chaux doivent être d'abord doucement essuyés à sec puis expulsés par une irrigation de l'œil pendant au moins dix minutes.

Dans les lieux où le risque de brûlures chimiques aux yeux est grand, on devrait avoir sous la main l'équipement d'irrigation oculaire adéquat. Les employés devraient s'exercer à se rendre les yeux fermés à l'endroit où ces articles sont situés. Sinon, utiliser une des méthodes suivantes :

- faire asseoir ou allonger le blessé, la tête renversée vers l'arrière et légèrement tournée vers le côté blessé. Couvrir l'œil indemne. Irriguer l'œil atteint à l'eau tiède ou fraîche. Le blessé aura tendance à fermer l'œil; le secouriste doit doucement écarter les paupières pour laisser pénétrer l'eau et expulser le corrosif. Faute d'eau, se servir de lait;

- tenir la tête du sujet sous un robinet partiellement ouvert. En cas d'urgence on peut aussi se servir du jet d'une fontaine, d'un boyau d'arrosage ou d'une douche.

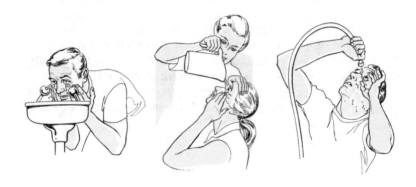

Fig. 18-7 Méthodes d'irrigation de l'œil

Après avoir expulsé le produit chimique de l'œil, couvrir les deux yeux de pansements propres et obtenir d'urgence des secours médicaux.

BRÛLURE THERMIQUE

Le blessé dont le visage est brûlé par le feu ferme les yeux rapidement devant la chaleur. C'est là une réaction instinctive qui protège les yeux; toutefois, les paupières demeurent exposées et sont parfois brûlées. Dans ce cas, la victime requiert des soins spéciaux. Le secouriste doit couvrir les paupières de pansements humectés d'eau fraîche et transporter immédiatement le brûlé vers un centre médical.

BRÛLURE PAR LUMIÈRE INTENSE

L'exposition à une lumière intense (rayons solaires directs ou réfléchis, éclat d'une soudeuse à arc, infrarouges ou lasers) peuvent endommager la rétine, partie sensorielle de l'œil. Ces brûlures ne sont pas toujours douloureuses, mais elles peuvent entraîner une perte de vision permanente.

Une personne qui ressent une sensation de brûlure aux yeux après avoir été exposée à une lumière intense devrait être examinée par un médecin au plus tôt. Les premiers soins consistent à couvrir les yeux de compresses humides assez épaisses pour bloquer la lumière et atténuer la douleur. Transporter la victime vers les secours sur un brancard.

NOTES

CHAPITRE 19

EFFETS DU FROID SUR L'ORGANISME

L'exposition au froid peut endommager localement les tissus épidermiques. Elle peut aussi produire un refroidissement général de l'organisme, trouble parfois mortel appelé hypothermie. La gravité des effets du froid dépend des facteurs suivants :

TEMPÉRATURE AMBIANTE DE L'AIR EN °C

VITESSE DU VENT EN km/h	0	-5	-10	-15	-20	-25	-30	-35	-40	-45	-50
8	-2	-7	-12	-17	-23	-28	-33	-38	**-44**	-49	-54
16	-8	-14	-20	-26	-32	-38	-44	-51	**-57**	-63	-69
24	-11	-18	-25	-32	-38	-45	-52	-58	**-65**	-72	-78
32	-14	-21	-28	-36	-42	-49	-57	-64	**-71**	-78	-85
40	-16	-23	-31	-38	-46	-53	-61	-68	**-76**	-83	-90
48	-17	-25	-33	-41	-48	-56	-63	-72	**-78**	-86	-94
56	-18	-26	-34	-42	-49	-57	-65	-73	**-81**	-88	-97
64	-19	-27	-35	-43	-51	-59	-66	-74	**-82**	-91	-98
72	-19	-28	-36	-43	-52	-59	-67	-75	**-83**	-91	-99
80	-20	-28	-36	-44	-52	-60	-68	-76	**-84**	-92	-100

PEU DANGEREUX

DANGEREUX gelure des tissus en moins d'une minute

TRÈS DANGEREUX gelure des tissus en moins de 30 secondes

Fig. 19-1 Facteur de refroidissement

- la température ambiante;

- la vélocité du vent;

- l'âge et l'état de santé de la personne;

- le degré de protection offert par les vêtements ou l'abri.

Le **facteur de refroidissement,** effet combiné de la température ambiante et de la vélocité du vent, accentue les effets du froid sur les parties du corps qui ne sont pas protégées. Par exemple, une température de −10°C sans vent ne présente que peu de danger mais, accompagnée d'un vent de 48 km à l'heure, elle atteint un facteur de refroidissement de −33°C, température où les dangers de gelure sont considérables comme en fait foi le tableau qui se trouve à la page précédente.

L'exposition au froid intense peut entraîner des troubles tels que la gelure ou l'hypothermie. D'autre part, des expositions répétées à des températures plus clémentes mais humides peuvent causer des engelures et ce qui est appelé le pied de tranchée ou d'immersion.

PRÉVENTION DES TROUBLES PHYSIQUES DUS AU FROID

On peut éviter les troubles physiques dus au froid en prenant certaines précautions élémentaires :

- **s'habiller chaudement** avec des vêtements qui retiennent la chaleur sans causer de transpiration. Plusieurs épaisseurs de vêtements légers et non serrés isolent les couches d'air et offrent plus de protection qu'une seule couche de vêtements lourds. Se couvrir la tête réduit la perte de chaleur. Éviter de porter des bijoux, des chaussures et des vêtements serrés. Porter des mitaines plutôt que des gants pour que les doigts conservent mieux leur chaleur;

- **se garder au sec;** éviter de se mouiller par transpiration, pluie ou neige, facteurs qui contribuent au refroidissement;

- **être prudent;** limiter la durée des expositions au froid intense et ne jamais s'aventurer seul. Utiliser le système de surveillance réciproque pour déceler les signes de gelure ou d'épuisement;

- **éviter le surmenage;** se reposer régulièrement à l'abri;

- **consommer des aliments énergétiques,** raisins secs, noix et autres denrées de même acabit, pour compenser toute perte d'énergie;

- **éviter l'alcool et le tabac;** ils augmentent la possibilité de troubles physiques dus au froid. La nicotine agit sur les vaisseaux sanguins tandis que l'alcool produit une fausse impression de réchauffement.

PREMIERS SOINS POUR LES TROUBLES PHYSIQUES DUS AU FROID – PRINCIPES GÉNÉRAUX

Pour les troubles physiques dus au froid, il faut observer les principes de premiers soins suivants :

- placer le sujet à l'abri du froid et lui donner de la chaleur et des liquides chauds à boire;

- desserrer les vêtements; retirer bottes, gants et bijoux constrictifs;

- enlever les vêtements mouillés et les remplacer par des vêtements secs et chauds;

- protéger le visage, les mains ou les pieds à l'aide de linges secs et chauds ou en transmettant sa propre chaleur corporelle;

- s'il est nécessaire de panser les surfaces gelées ou les ampoules, s'assurer que les bandages ne sont pas trop serrés;

- obtenir d'urgence des secours médicaux.

En traitant les troubles physiques dus au froid, le secouriste doit prendre les précautions suivantes :

- ne pas faire dégeler un membre gelé à moins que la victime puisse être gardée au chaud et recevoir promptement des soins médicaux;

- s'il faut dégeler un membre, n'utiliser qu'un bain d'eau chaude d'une température de 40°C. L'eau plus chaude accentuerait la douleur;

- ne pas appliquer de chaleur directe;

- ne pas appliquer de la neige ou de l'eau froide sur les surfaces gelées;

- ne pas frotter les surfaces gelées; les tissus gelés contiennent des cristaux de glace qui peuvent les couper et les détruire;

- ne pas frotter les extrémités ou faire bouger le sujet inutilement, ce qui aurait pour effet de stimuler la circulation; le sang froid des extrémités refroidirait encore plus la température centrale du corps;

- traiter avec beaucoup de précaution les parties gelées afin de prévenir l'aggravation des dommages tissulaires.

HYPOTHERMIE

L'hypothermie survient quand la température du corps descend au-dessous de la normale, généralement à la suite d'une exposition prolongée à de basses températures ambiantes. L'organisme cherche alors à compenser l'écart en attirant vers son centre la chaleur des extrémités afin de maintenir constante la température des organes vitaux. Le grelottement est un indice de cet effort de compensation. Une exposition prolongée entraîne une baisse de la température centrale et peut s'avérer fatale. Même si le sujet est à l'abri, sa température centrale continuera de descendre tant qu'il n'y aura pas compensation pour la perte de chaleur corporelle.

Voici quelques situations pouvant entraîner l'hypothermie :

● l'immersion dans l'eau froide ou l'exposition à l'air frais dans des vêtements mouillés. La gravité du refroidissement dépend de la température de l'eau et de l'air, de la durée de l'immersion et des circonstances de l'accident;

● l'exposition prolongée à de basses températures ambiantes, et ce, même à l'intérieur de maisons mal chauffées. Les bébés et les personnes âgées, les malades ou les blessés sont des sujets à risque. La consommation d'alcool, de drogues ou médicaments et la fatigue augmentent la vulnérabilité même chez les jeunes en santé.

La progression du refroidissement hypothermique entraîne l'inconscience graduelle ainsi qu'un ralentissement du pouls et de la respiration; elle se reconnaît à certains signes illustrés à la figure 19-2. L'hypothermie peut s'accompagner de gelures si la température ambiante est au-dessous du point de congélation.

Signes et symptômes

Les signes et les symptômes de l'hypothermie se manifestent progressivement, reflétant les différents stades de refroidissement de la température centrale du corps – de léger à modéré à grave. Même si ces stades ne sont pas clairement définis, il est possible de les reconnaître grâce aux signes et symptômes qui les caractérisent. De prompts secours aux premiers stades de l'hypothermie peuvent renverser la vapeur. Aux stades subséquents, l'administration des premiers soins devient plus difficile et peut, dans certains cas, être dangereuse. L'hypothermie grave peut être fatale. Sachez reconnaître cette première manifestation de signes :

● pouls normal;

● respiration normale;

● aspect physique et comportement — grelottement et difficulté à parler;

● degré de conscience — sujet conscient, attitude renfermée.

Lorsque la température descend au-dessous de 32°C, les signes se détériorent progressivement :

● le pouls devient lent et faible;

● la respiration devient lente;

● aspect physique et comportement — manque de coordination, trébuchement et interruption possible du grelottement;

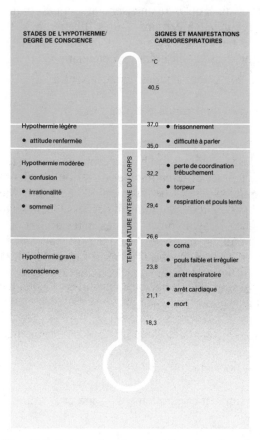

Fig. 19-2 Progression du refroidissement hypothermique

- degré de conscience — irrationalité, confusion et torpeur.

Un abaissement de la température au-dessous de 27°C produit les signes suivants :

- pouls faible, irrégulier ou absent;

- respiration lente ou absente;

- aspect physique et comportement — interruption du grelottement, possibilité d'inconscience;

- degré de conscience — coma.

PREMIERS SOINS POUR L'HYPOTHERMIE

Les premiers soins pour l'hypothermie visent à :

- prévenir une plus grande perte de chaleur;

- réchauffer le corps et stimuler la circulation.

Les circonstances de l'accident, telles que la distance à parcourir pour atteindre les secours médicaux, la durée et la gravité de l'exposition au froid, dicteront au secouriste lesquelles des mesures suivantes prendre :

- retirer le sujet de l'eau, de la neige ou de l'endroit mal chauffé;

- l'abriter du vent, de la neige ou de la pluie et l'isoler d'un sol froid et humide;

- remplacer ses vêtements mouillés par des vêtements secs;

- lui fournir de la chaleur pour éviter que sa température ne baisse davantage.

Faire réfléchir la chaleur d'un feu de camp, envelopper la victime d'un sac de chauffage préalablement chauffé et transmettre sa propre chaleur corporelle en se blottissant contre le sujet sont autant de gestes également recommandés. Le contact direct de l'épiderme aux régions du thorax, du cou, de l'aisselle ou de l'aine constitue un moyen très efficace pour transmettre sa chaleur. L'application de chaleur directe, bouillottes et bains chauds par exemple, est déconseillée.

Si la victime est consciente, faites-lui boire quelque chose de chaud et sucré pour maintenir un taux normal de sucre dans le sang et fournir de l'énergie.

Lorsque la perte de chaleur est subite, dans le cas d'une immersion dans l'eau ou d'une exposition prolongée au froid, la température du corps passera de 37°C, soit le degré normal, à 35°C ou plus bas. Le grelottement peut s'arrêter alors, signe de l'hypothermie légère ou grave. Il faut tout faire pour éviter une plus grande perte de chaleur et veiller au transport de la victime vers un centre médical où elle pourra être réchauffée graduellement et obtenir des soins professionnels. Il faut la manipuler aussi délicatement que possible pour ne pas perturber son rythme cardiaque.

La victime d'hypothermie grave ne grelotte plus, peut être inconsciente et même si on n'arrive pas à percevoir son pouls ou sa respiration, il ne faut pas conclure qu'elle est morte. Certaines personnes trouvées sans respiration ni pouls apparents ont déjà été réanimées.

Respiration artificielle en cas d'hypothermie

S'il n'y a pas signe de respiration, exécutez une des méthodes directes de respiration artificielle. (Les méthodes indirectes sont contre-indiquées en raison des mouvements qu'elles produisent chez le sujet, lesquels peuvent perturber sérieusement le rythme cardiaque.) Réduisez la fréquence des insufflations à 4 ou 5 par minute, soit une insufflation aux 12 à 15 secondes.

Allouez jusqu'à trois minutes à la prise du pouls carotidien pour percevoir un pouls même lent et faible. Si le pouls est moindrement perceptible, aussi lent et faible puisse-t-il être, c'est que le cœur bat – ne commencez pas la RCR.

Réanimation cardiorespiratoire en cas d'hypothermie

Si le pouls ne peut être perçu et des sauveteurs cardiaques sont sur place, vous devez décider s'il faut procéder ou non aux pressions thoraciques en plus des insufflations. Rappelez-vous que la RCR, une fois mise en oeuvre, ne peut être interrompue jusqu'à ce que la victime soit confiée aux secours médicaux. Les facteurs suivants doivent être pris en considération.

1. Les sauveteurs sont-ils eux-mêmes atteints d'hypothermie légère ou menacés d'hypothermie?

2. Les sauveteurs sont-ils capables physiquement de poursuivre la RCR durant tout le temps nécessaire pour atteindre des secours médicaux?

3. La distance à parcourir pour atteindre des secours médicaux est-elle si longue (trajet de plus d'une heure) qu'il sera vraisemblablement impossible de poursuivre la RCR?

Ne commencez pas la RCR si vous croyez ne pas être en mesure de l'administrer sans interruption. Transportez la victime vers des secours médicaux aussi rapidement que possible et avec précaution tout en continuant à ventiler les poumons.

Si vous déterminez qu'il sera possible de poursuivre la RCR tout au long du trajet vers les secours médicaux, modifiez alors la fréquence des compressions et des insufflations. Les compressions thoraciques devront être administrées à une fréquence plus lente que celle recommandée au chapitre 8. Quant aux insufflations, elles devront être exercées à une fréquence de 4 ou 5 par minute.

GELURE ET REFROIDISSEMENT

Une gelure est soit superficielle, quand seuls la peau et les tissus en surface sont atteints, ou profonde, quand les tissus sont gelés en profondeur et parfois détruits.

Une gelure s'aggrave progressivement. Si elle est vite décelée, il n'y aura pas de dommages tissulaires; le réchauffement graduel de la partie gelée suffira à empêcher les dommages aux tissus sous-jacents.

GELURE SUPERFICIELLE

Le plus souvent, une gelure superficielle touche les oreilles, le visage, les doigts et les orteils. La partie gelée devient blanche. Au début, il n'y a pas de douleur et la gelure peut passer inaperçue. En progressant, elle devient d'un blanc cireux; la région atteinte est insensible et ferme au toucher, bien que les tissus sous-jacents gardent leur souplesse et leur élasticité.

Si la gelure s'aggrave davantage et atteint les tissus plus en profondeur, ceux-ci peuvent se détériorer au point de causer une perte de fluide séreux qui fera naître des ampoules.

Pour les gelures superficielles, les premiers soins consistent à réchauffer graduellement la partie gelée par la pression ferme et soutenue d'une main chaude, le souffle d'une haleine ou en plaçant la surface gelée en contact avec un endroit chaud de votre corps, sous les aisselles ou entre les cuisses au niveau de l'aine, par exemple. L'un ou l'autre de ces traitements peut suffire.

GELURE PROFONDE

La gelure profonde est plus grave car elle touche le plus souvent les mains et les pieds. La partie gelée devient blanche, d'apparence cireuse, froide et dure au toucher. La victime requiert des soins médicaux immédiats et, si les pieds sont atteints, on doit la transporter sur un brancard. Toutefois, le fait de parcourir à pied une distance raisonnable n'envenimera pas les choses pourvu que les pieds n'aient pas été dégelés auparavant.

ENGELURES

Les engelures surviennent à la suite de brèves expositions au froid qui se répètent sur une longue période. Ces lésions dues au froid provoquent l'oedème et l'irritation de surfaces rougies, surtout aux doigts et aux orteils, et peuvent réapparaître aux mêmes endroits par temps froid. Le seul traitement pour les engelures consiste à prévenir leur réapparition en protégeant les surfaces touchées si on doit s'exposer au froid.

PIED DE TRANCHÉE OU D'IMMERSION

Le pied de tranchée ou d'immersion résulte du refroidissement des pieds en milieu humide, sur une longue période, à des températures au-dessus du point de congélation. Ce trouble est courant surtout chez les gens engagés dans une activité qui oblige une longue immersion des pieds dans l'eau froide ou la boue.

On peut prévenir le pied de tranchée en gardant les pieds aussi secs que possible. Il est recommandé d'apporter avec soi des bas supplémentaires que l'on garde bien au sec et au chaud, sous sa veste par exemple, et de les échanger souvent contre ceux qui sont devenus humides.

Au début, les pieds sont froids, d'apparence cireuse, enflés et parfois engourdis. Une fois réchauffés, ils deviennent rouges et brûlants; il y a parfois apparition d'ampoules. Les cas les plus graves peuvent entraîner la gangrène.

Les premiers soins consistent à retirer bottes et chaussettes mouillées, à réchauffer les pieds et à prévenir l'infection. La victime requiert des secours médicaux.

NOTES

CHAPITRE 20

EFFETS DE LA CHALEUR SUR L'ORGANISME

RÉGULATION DE LA TEMPÉRATURE DU CORPS

La température normale de l'organisme est de 37°C. Une personne en bonne santé, acclimatée à son milieu, maintient une température constante en conservant sa chaleur par temps froid et en la dissipant par temps chaud. La personne en mauvaise santé ou exposée à une chaleur extrême éprouve de la difficulté à garder une température normale. Une exposition prolongée à une chaleur intense peut engendrer un ou plusieurs des troubles suivants : les crampes de chaleur, l'épuisement par la chaleur et le coup de chaleur. Même si chaque trouble est distinct et influe différemment sur l'organisme, les mesures de prévention demeurent essentiellement les mêmes.

PRÉVENTION

Une personne en santé et en bonne condition physique s'adapte plus facilement à des températures élevées qu'une autre en mauvaise forme ou en mauvaise santé. Cependant, chacune d'elles doit doser ses activités physiques et éviter toute perte non compensée de liquides organiques et toute exposition excessive afin de prévenir les troubles dus à la chaleur.

Vous pouvez éviter les crampes de chaleur en remplaçant les liquides perdus par la transpiration. Pour ce faire, il est recommandé de boire de l'eau légèrement salée. La proportion indiquée est de 5 ml ou une cuillère à thé de sel de table par litre d'eau (solution saline à 0,5 %). Prévenez l'épuisement par la chaleur en vous gardant en forme et en vous adaptant graduellement à un climat chaud. Écartez le risque d'un coup de chaleur en évitant de trop vous exposer à un soleil ardent et en vous protégeant la tête.

CRAMPES DE CHALEUR

Les crampes de chaleur sont des spasmes musculaires douloureux, habituellement aux jambes et aux muscles abdominaux, provoqués par une activité physique trop intense et une transpiration excessive dans un milieu chaud. Il ne s'agit pas d'un trouble grave et les premiers soins suffisent habituellement à faire disparaître le mal.

Signes et symptômes

Les signes et les symptômes les plus manifestes des crampes de chaleur sont la transpiration excessive et les spasmes musculaires aux membres inférieurs et à l'abdomen.

PREMIERS SOINS

Placez d'abord la victime au repos à un endroit frais. Faites-lui boire un verre d'une solution saline (250 ml) à 0,5% (5 ml de sel dans un litre d'eau = 0,5%). Donnez-lui un autre verre d'eau salée dix minutes plus tard si les crampes persistent; ne pas en donner plus. Si les crampes ne sont toujours pas soulagées, ce peut être là le signe d'un trouble plus grave. Obtenez des secours médicaux.

ÉPUISEMENT PAR LA CHALEUR

L'épuisement par la chaleur survient lorsqu'une transpiration excessive entraîne une déplétion et lorsque les conditions empêchent le refroidissement de l'organisme par l'évaporation de la sueur. Travailler énergiquement dans un endroit très humide et porter des vêtements lourds par temps chaud sont des causes courantes de l'épuisement par la chaleur.

Signes et symptômes

Une personne souffrant d'épuisement par la chaleur peut présenter les signes et les symptômes suivants en partie ou en totalité :

- **température** légèrement au-dessus ou au-dessous de la normale (la peau peut être froide ou légèrement chaude au toucher);

- **pouls** faible et rapide;

- **respiration** rapide et superficielle;

- **degré de conscience** — vision embrouillée, étourdissements, maux de tête et perte de conscience possibles;

- **aspect physique** — peau pâle, froide et moite;

- **réaction musculaire** — crampes dans les membres inférieurs et à l'abdomen, nausées et vomissements.

PREMIERS SOINS

Les premiers soins pour l'épuisement par la chaleur tiennent à la fois du traitement des crampes de chaleur et de celui de l'état de choc :

- Placez la victime au repos à un endroit frais; allongez-la, les jambes et les pieds élevés.

- Desserrez les vêtements au cou et à la taille — enlevez tout vêtement inutile.

- Si la victime est consciente, faites-lui boire de petites quantités d'eau légèrement salée (solution saline à 0,5%).

- S'il y a perte de conscience, placez la victime en position latérale de sécurité.

- Surveillez attentivement son état respiratoire.

- Transportez-la vers un centre médical.

COUP DE CHALEUR

Une exposition prolongée à une très forte chaleur dans un milieu mal ventilé ou une exposition excessive au soleil ardent peut entraîner une défaillance du mécanisme de régulation de la température du corps. Le sujet cesse alors de transpirer et sa température monte rapidement pour atteindre un maximum variant entre 42°C et 44°C. Ce trouble, appelé coup de chaleur ou insolation, peut être fatal à moins de faire descendre la température du corps à un degré normal, soit environ 37°C.

Signes et symptômes

Le coup de chaleur s'accompagne des signes et symptômes suivants :

- **température** du corps élevée;

- **pouls** d'abord rapide et plein, puis allant en faiblissant;

- **respiration** bruyante;

- **degré de conscience** — maux de tête, étourdissements, agitation et convulsions, puis perte de conscience et coma;

- **aspect physique** — peau empourprée, chaude et sèche;

- **réaction musculaire** — convulsions, nausées et vomissements.

La température du corps et l'aspect physique de la peau sont deux éléments qui permettent de distinguer le coup de chaleur de l'épuisement par la chaleur. Dans le dernier cas, la température du corps est près de la normale et la peau est froide et moite. En ce qui a trait au coup de chaleur, la température du corps très élevée et la peau chaude et sèche indiquent l'urgence des premiers soins pour éviter des lésions cérébrales et sauver la vie du sujet.

PREMIERS SOINS

Il importe avant tout de faire descendre la température du corps. C'est une question de vie ou de mort. Procédez comme suit :

- placez la victime à un endroit frais, à l'ombre;

- enlevez tout vêtement inutile;

- placez la victime dans un bain d'eau fraîche ou épongez son corps à l'eau froide, particulièrement au niveau des aisselles, du cou, de la tête et de l'aine. Comme méthode de rechange, enveloppez la victime dans des draps mouillés et dirigez un courant d'air vers elle au moyen d'un ventilateur;

- placez la victime en position latérale de sécurité;

- surveillez attentivement sa température après l'avoir fait baisser;

- surveillez sa respiration;

- transportez la victime vers un centre médical dans une voiture ou une ambulance dans laquelle l'air a été refroidi.

	CRAMPES DE CHALEUR	ÉPUISEMENT PAR LA CHALEUR	COUP DE CHALEUR
Température	normale	peut être au-dessus ou au-dessous de la normale	élevée : aussi haut que 44°C
Pouls	faible et régulier	faible et rapide	rapide et plein, allant en faiblissant
Respiration	normale	rapide et superficielle	bruyante
Degré de conscience	sujet conscient	maux de tête, vision floue, étourdissements et perte de conscience	maux de tête, étourdissements agitation, inconscience et coma
Aspect physique de la peau	transpiration excessive	pâle, froide et moite	empourprée, chaude et sèche
Réaction musculaire	spasmes aux membres inférieurs et à l'abdomen	spasmes aux membres inférieurs et à l'abdomen	convulsions, nausées et vomissements

Fig. 20-1 Troubles dus à la chaleur –
signes et symptômes

NOTES

CHAPITRE 21

LES BRÛLURES

Les brûlures se caractérisent par une lésion de la peau causée par la chaleur, sèche ou humide, par les radiations ou par l'action de produits corrosifs. Les échaudures sont des brûlures causées par la chaleur humide, telle que les liquides chauds et la vapeur. Les brûlures sont une des causes premières de blessures au foyer, notamment chez les gens âgés et les jeunes enfants. La douleur extrême provoquée par une brûlure devrait suffire à inciter les gens à observer les règles de sécurité à ce sujet.

MESURES PRÉVENTIVES

Pensez à ce qui pourrait arriver aux membres de votre famille si les conditions de votre foyer n'étaient pas sûres. Réfléchissez aux conséquences et prenez les mesures nécessaires pour prévenir les brûlures. ET SI . . .

- le thermostat du réservoir d'eau chaude était réglé à plus de 54°C et si le robinet d'eau chaude était ouvert accidentellement?

- quelqu'un laissait couler l'eau chaude avant l'eau froide dans la baignoire?

- les poignées des casseroles dépassaient de la cuisinière et étaient ainsi à la portée des enfants?

- un enfant qui perce ses dents mordillait les fils électriques?

- les enfants ou les gens âgés portaient des vêtements inflammables, faits de coton brossé ou de rayonne?

- une personne âgée portait des vêtements amples près des flammes nues?

- des membres de votre famille fumaient au lit?

- les détecteurs de fumée n'étaient pas installés ou ne fonctionnaient pas bien?

- aucun plan d'évacuation n'était élaboré ou que les membres de votre famille n'en connaissaient pas le déroulement?

EFFETS DES BRÛLURES

Le rôle de l'épiderme est de protéger l'organisme contre les bactéries et l'infection et de contrôler la température interne (voir chap. 2). Quand la peau est brûlée, ces fonctions sont altérées; de plus, il y a épanchement de sang et de plasma. Quand les brûlures sont étendues, elles doivent être tenues pour graves.

Les effets des brûlures varient selon plusieurs facteurs; on peut en évaluer la gravité par :

- **l'étendue de la surface brûlée;**

- **l'endroit** de la brûlure. Par exemple, les brûlures au visage sont dangereuses en raison des difficultés respiratoires qu'elles peuvent entraîner et les brûlures à l'aine pour les risques d'infection grave qu'elles présentent;

- **le degré** de la brûlure, c'est-à-dire la profondeur des tissus atteints;

- **l'état de santé, la résistance et l'âge** du sujet. Une brûlure même bénigne peut être dangereuse pour les vieillards, les personnes handicapées et les jeunes enfants.

Il y a quatre principaux types de brûlures :

- **la brûlure thermique,** causée par le feu, le contact d'objets brûlants ou la vapeur;

- **la brûlure chimique,** causée par des produits corrosifs puissants comme les acides ou alcalis;

- **la brûlure électrique,** causée par un courant électrique ou par l'éclair;

- **la brûlure par radiation,** causée par une exposition prolongée au soleil, aux rayons X et à des substances radioactives.

Pour les besoins du secourisme, les brûlures sont classées d'après leur profondeur :

- la brûlure du **1er degré** se limite à la surface de l'épiderme et provoque la rougeur des tissus affectés;

- la brûlure du **2e degré** atteint les tissus sous-jacents de l'épiderme et, en plus de la rougeur, elle s'accompagne d'ampoules;

- la brûlure du **3e degré** détruit les chairs en profondeur; elle présente une surface blanchâtre et sèche, ou brune et calcinée; elle est indolore en raison de la destruction des extrémités nerveuses qui s'y trouvent. Le risque d'infection est grand, la peau étant lésée.

Les brûlures plus graves peuvent détruire toutes les structures du corps y compris les os.

COMPLICATIONS

Les brûlures se compliquent souvent de troubles provoqués par la destruction des tissus organiques :

- **l'état de choc** est provoqué par la douleur et la perte de sang ou de plasma dans les tissus environnants;

- **l'infection** constitue un danger grave quand l'épiderme est brûlé et que les tissus sous-jacents sont exposés à l'air;

- **les difficultés respiratoires** surviennent très souvent chez les victimes de brûlures graves au visage : elles peuvent avoir aspiré une fumée brûlante ou des vapeurs qui endommagent les voies respiratoires et les poumons;

- **l'oedème des tissus** est présent, particulièrement aux endroits gênés par des vêtements serrés ou des bijoux constrictifs.

PREMIERS SOINS POUR LES BRÛLURES THERMIQUES

Pour les brûlures superficielles, les premiers soins consistent à :

- **immerger** immédiatement la **partie brûlée** dans de l'eau glacée pour soulager la douleur et pour réduire l'oedème et la formation d'ampoules. Dans l'impossibilité d'immerger, il faut appliquer des compresses froides ou de la glace ou encore poser des linges humectés d'eau froide;

- **retirer les objets de nature à comprimer** comme les bagues, les bracelets et les chaussures avant que l'oedème n'apparaisse;

- **couvrir la brûlure** d'un pansement propre, non ouaté et de préférence aseptique, tel qu'un mouchoir de papier.

Le secouriste doit faire très attention à ne pas aggraver la blessure et à ne pas la contaminer davantage. Donc :

- ne pas appliquer de lotion, d'onguent ou de pansement enduit d'un corps gras;

- ne pas crever les ampoules;

- ne pas souffler ou tousser sur la surface brûlée et éviter d'y toucher;

- ne pas retirer le linge qui adhère à la brûlure.

Quand les brûlures sont plus graves, il faut obtenir d'urgence des secours médicaux. Les premiers soins consistent à :

- surveiller la respiration et donner la respiration artificielle au besoin (voir chap. 7);

- couvrir légèrement la surface brûlée d'un pansement propre, non mousseux et, de préférence, aseptique ou d'un mouchoir de papier;

- traiter les autres troubles physiques qui mettent la vie en danger immédiat;

- prévenir l'état de choc (voir chap. 10);

- organiser le transport immédiat du brûlé vers un centre médical.

PREMIERS SOINS POUR LES BRÛLURES CHIMIQUES

Les produits corrosifs, acides ou alcalis, causent des brûlures qui sont toujours graves. Les corrosifs continuent de brûler tant qu'ils restent sur la peau. Il faut donc les enlever immédiatement pour minimiser la blessure. Pour la brûlure chimique, les premiers soins consistent à :

- rincer abondamment la région atteinte avec de l'eau si le corrosif est liquide; ne pas attendre d'avoir enlevé le vêtement mais commencer' l'irrigation pendant qu'on le retire et continuer jusqu'à ce que le corrosif ait complètement disparu. Si le corrosif est sec, comme la chaux, il faut, avant de rincer abondamment, en ôter le plus possible;

- quand le produit a été éliminé, continuer de traiter ensuite comme pour la brûlure thermique; couvrir d'un pansement propre et obtenir des secours médicaux.

Dans ces cas, il est contre-indiqué de se servir comme antidote de produits comme le vinaigre, le bicarbonate de soude ou l'alcool, à moins qu'ils ne soient prescrits par le médecin.

Les techniques de premiers soins pour les blessures causées par certains produits chimiques tels que l'anhydride sulfureux peuvent ne pas être les mêmes que celles enseignées dans ce manuel et dépassent son objectif. Vous devez vous familiariser avec les produits chimiques qui sont utilisés dans votre milieu de travail et apprendre ensuite les façons de traiter les brûlures qu'ils peuvent causer.

PREMIERS SOINS POUR LES BRÛLURES ÉLECTRIQUES

Les brûlures par décharge électrique peuvent être plus graves qu'il n'y paraît surtout à cause des autres troubles, parfois fatals, qui les accompagnent. Il arrive fréquemment que le passage d'un courant électrique dans le corps dérègle les fonctions cardiorespiratoires. Il arrive que les électrocutés soient projetés par la violence du choc et subissent ainsi des fractures ou des luxations.

Après avoir coupé le courant ou soustrait l'électrocuté au danger (voir chap. 1), il faut immédiatement procéder à l'administration des premiers soins suivants :

- vérifier la respiration et donner au besoin la respiration artificielle; vérifier la circulation et donner la réanimation cardiorespiratoire si le pouls est absent et si on est initié à ces techniques (voir chap. 7 et 8).

Une fois la respiration rétablie, il faut :

- traiter les brûlures aux points d'entrée et de sortie du courant en les couvrant d'un pansement sec et propre;

- traiter les fractures et les luxations;

- obtenir des secours médicaux.

BRÛLURE PAR RADIATION

Bien que les brûlures par radiation causées par les rayons X ou des substances radioactives ne soient pas généralement du ressort du secouriste, il peut toutefois soigner les coups de soleil bénins en recouvrant les surfaces atteintes d'un linge trempé dans une solution d'un litre d'eau et de 10 ml de sel. Cette compresse calmera la douleur et rafraîchira l'épiderme. On peut aussi se servir des onguents et des lotions vendus dans le commerce. Si les ampoules sont crevées, il y a risque d'infection et la victime doit alors consulter un médecin.

CHAPITRE 22

POISONS, MORSURES ET PIQÛRES

POISONS

Toute substance qui, absorbée par l'organisme, trouble gravement ou interrompt les fonctions vitales est un **poison.**

Un **antidote** (ou contrepoison) est une substance qui combat ou neutralise l'action du poison dans l'organisme. Il existe peu d'antidotes; on ne peut les administrer que sous la direction d'un médecin.

Que ce soit au travail ou au foyer, les poisons font partie des aléas du quotidien. En voici quelques exemples :

- les drogues, les médicaments et l'alcool pris à l'excès;

- les hallucinogènes et les substances chimiques qui altèrent le comportement telles que certaines colles fortes, les amphétamines et le LSD;

- les produits de nettoyage composés d'acides, d'alcalis ou d'hydrocarbures liquides comme les polis à meubles, le kérosène et autres dérivés du pétrole;

- les aliments contaminés;

- les gaz ou produits chimiques d'usage domestique, agricole ou industriel tels que les combustibles pour le chauffage, les émanations de cyanures, les pesticides, les engrais, le sulphure d'hydrogène (gaz dégagé par le fumier) et le bioxyde d'azote (gaz présent dans les silos élévateurs);

- certaines plantes si elles sont ingérées, telles que le tabac, le muguet, le gui, le poinsettia, le rhododendron, le dieffenbachia et l'iris; et d'autres par simple contact comme l'herbe à puce et le sumac vénéneux.

PRÉVENTION

La manipulation irréfléchie et l'entreposage impropre des substances toxiques sont les principales causes de décès par empoisonnement. Pour prévenir l'empoisonnement accidentel, il faut observer les règles de sécurité suivantes :

- ranger les drogues, les médicaments, les poisons et les produits ménagers dangereux hors de la portée des enfants. Jeter les remèdes non utilisés aux toilettes et détruire les contenants;

- garder les médicaments et les produits ménagers dans leur contenant d'origine, sans abîmer l'étiquette indiquant le mode d'emploi. Ne jamais conserver les produits nocifs dans des contenants à nourriture ou à breuvage;

- lire attentivement les étiquettes du médicament ou du produit ménager et suivre les directives à la lettre;

- si l'on doit administrer un médicament à un enfant, il faut bien préciser qu'il s'agit là d'un remède et non d'un bonbon;

- jeter les aliments que l'on croit contaminés;

- apprendre à reconnaître les plantes toxiques et les tenir hors de la portée des enfants;

- s'assurer qu'il y a aération adéquate lors de l'utilisation de produits dont les émanations peuvent être toxiques;

- faire marcher les moteurs à combustion dans un endroit bien aéré;

- suivre les recommandations du manufacturier pour l'utilisation de produits agricoles ou industriels.

ANTÉCÉDENTS, SIGNES ET SYMPTÔMES

Malgré toutes les précautions raisonnables, l'empoisonnement accidentel est toujours possible. Il faut alors agir promptement, sans panique. Avant de donner les premiers soins, il faut tenir compte des quatre facteurs suivants :

- **identifier le poison.** Regarder s'il y a des bouteilles, des contenants, des pilules ou des restes de substances toxiques (même des vomissures) pouvant aider à identifier l'agent toxique;

- **déterminer la quantité absorbée.** Évaluer quelle quantité de poison a été absorbée en vous basant sur la dimension du contenant, la quantité de pilules ou d'agents chimiques contenus à l'origine et la portion restante;

- **identifier le mode de pénétration.** Le traitement varie selon que le poison a été ingéré dans l'estomac, aspiré dans les poumons, absorbé par la peau ou injecté dans le flot sanguin; il peut y avoir combinaison de plusieurs modes de pénétration;

- **déterminer combien de temps** s'est écoulé depuis l'absorption du poison.

Les signes et les symptômes peuvent se manifester rapidement ou à retardement. Si les antécédents/circonstances de l'accident ne fournissent pas assez de renseignements pour identifier le poison ou le mode de pénétration, les signes et les symptômes peuvent alors être d'un heureux secours :

- les poisons **ingérés** peuvent causer des nausées, des crampes abdominales, des vomissements et d'autres troubles gastro-intestinaux. Ils peuvent modifier la couleur des lèvres et de la bouche, causer des brûlures et donner à l'haleine une odeur particulière;

- les poisons **inhalés** affectent habituellement le système respiratoire et peuvent causer des troubles circulatoires et nerveux; les premiers symptômes sont : la toux, des douleurs thoraciques et une respiration rapide ou difficile. Dès le début, l'empoisonnement au monoxyde de carbone et au sulphure d'hydrogène provoque des étourdissements et des maux de tête. Une exposition prolongée au poison entraîne l'inconscience et éventuellement un arrêt respiratoire et cardiaque;

- les poisons **absorbés** par la peau peuvent causer des irritations dans la région touchée et affecter immédiatement ou à retardement le système nerveux central, et subséquemment, les systèmes respiratoire et circulatoire;

• les poisons **injectés** peuvent irriter la peau au point d'injection, mais les effets habituellement rapides seront surtout sentis au niveau du système nerveux central avec atteinte aux systèmes respiratoire et circulatoire.

PREMIERS SOINS EN CAS D'EMPOISONNEMENT

L'importance de commencer les premiers soins au plus tôt est capitale; il ne faut donc pas s'entêter à identifier le poison, mais plutôt transmettre au médecin ou au centre antipoison toute information recueillie et suivre leurs recommandations. Chaque secouriste doit avoir sous la main le numéro de téléphone du centre antipoison de sa région.

Si l'on ne peut joindre rapidement un médecin ou le centre, on doit administrer les premiers soins en vue d'éliminer le poison et d'en réduire les effets. Ne jamais tarder à transporter le sujet vers un centre médical.

Pour éliminer ou réduire les effets du poison

Les **poisons ingérés** doivent être dilués. Le sujet conscient doit boire plusieurs verres d'eau. Si le poison n'est pas un produit corrosif (aucune brûlure aux lèvres et à la bouche) ou un dérivé du pétrole, on peut alors provoquer le vomissement. Dans le cas contraire, ne pas faire vomir : les produits corrosifs aggraveraient les brûlures et les dérivés du pétrole pourraient causer une grave pneumonie par aspiration.

On ne doit pas provoquer le vomissement si le sujet est dans un état de somnolence, est inconscient ou saisi de convulsions. La même règle s'applique chez les bébés (âgés de moins d'un an), sauf sur avis contraire du centre antipoison ou du médecin.

Le centre antipoison ou un médecin peut prescrire l'administration de sirop d'ipéca pour provoquer le vomissement. Cette substance vomitive est disponible en pharmacie dans des fioles scellées à portions individuelles (14 ml). Il est conseillé d'en conserver une ou deux bouteilles à la maison. Suite à l'administration de sirop d'ipéca, on conseille habituellement de faire boire au sujet une certaine quantité de liquides clairs – eau ou jus. Ne jamais donner de lait, celui-ci neutralise l'action émétique du sirop d'ipéca.

Si l'on ne peut communiquer avec le centre antipoison, essayer de faire vomir le sujet conscient en lui donnant plusieurs verres d'eau chaude à boire. Si cela ne fonctionne pas, il faut lui demander de se chatouiller du doigt l'arrière-gorge. Pour éviter toute blessure, le secouriste devrait s'abstenir d'exécuter cette manœuvre, le sujet pouvant serrer les dents sous l'action d'un spasme musculaire. Le vomissement provoqué par le chatouillement de l'arrière-gorge est habituellement incomplet, de là la nécessité pour le sujet de voir un médecin.

Les **poisons inhalés,** tels les gaz, doivent être évacués des poumons aussi rapidement que possible en plaçant le sujet au grand air loin de l'agent toxique. Si la respiration fait défaut, l'administration de la respiration artificielle peut s'avérer nécessaire pour ventiler les poumons.

Les **poisons absorbés par la peau,** tels les produits chimiques liquides, doivent être enlevés en irriguant la surface atteinte à l'eau tiède, puis en la lavant au savon.

La propagation du **poison injecté** doit être endiguée au point d'entrée. Pour ce faire, il faut mettre le sujet au repos et garder le membre atteint au niveau du cœur. Rincer ensuite pour éliminer toute trace de substance à la surface de la peau.

L'administration des premiers soins en cas d'empoisonnement ne devrait pas retarder le transport du sujet vers un centre médical. En attendant l'arrivée des transports ou en route vers les secours médicaux, on doit :

- observer la respiration et la circulation de la victime; commencer la respiration artificielle et la RCR au besoin, si l'on est formé à ces techniques (voir chap. 8);

- placer le sujet inconscient en position latérale de sécurité (voir chap. 11);

- veiller à ce que la victime ne se blesse pas si elle est en proie à des convulsions;

- traiter l'état de choc (voir chap. 10).

MORSURES D'ANIMAUX

La morsure d'un animal cause habituellement une plaie pénétrante ou une lacération, blessures qui doivent être tenues pour graves en raison du risque d'infection inhérent à l'entrée de salive contaminée dans l'organisme.

La rage

La rage, maladie mortelle tant chez l'homme que chez l'animal, est due à un virus présent dans la salive d'animaux atteints. Le poil est également porteur du virus. L'on doit soupçonner la rage chez les animaux domestiques au comportement inhabituel. L'animal docile qui attaque sans raison apparente et qui a peur de son maître peut fort bien être enragé. Les animaux sauvages, tels le renard, la mouffette, le chat sauvage et la chauve-souris, sont souvent porteurs du virus. Ils peuvent le transmettre en s'attaquant à des animaux domestiques ou à l'homme. Le virus de la rage peut aussi être inoculé au simple contact de l'animal atteint ou de la région infectée.

Il faut prendre toutes les précautions nécessaires contre l'infection lorsqu'on administre les premiers soins à une personne qui a pu avoir été exposée au virus et que l'on manipule l'animal que l'on soupçonne d'avoir la rage, qu'il soit mort ou vivant. On doit se brosser les mains à fond immédiatement après tout contact direct et porter une attention toute particulière aux lésions cutanées – coupures ou gerçures aux mains. S'il faut toucher à l'animal, on doit prendre soin de mettre des gants.

Si l'on peut capturer l'animal sans danger, on doit lui faire subir un examen. S'il doit être abattu, l'on doit s'assurer de ne pas toucher à la tête. L'analyse de laboratoire demande que le cerveau de l'animal soit intact.

Une personne exposée au virus de la rage peut quand même prévenir le développement de la maladie si elle se fait vacciner dans les plus brefs délais. De nos jours, l'immunisation consiste en une série d'injections antirabiques données dans le muscle du bras ou de la jambe, et ne cause pas plus de douleur qu'une piqûre d'épingle. Cette nouvelle méthode est moins douloureuse que l'ancien traitement et présente moins de complications.

PREMIERS SOINS EN CAS DE MORSURES D'ANIMAUX

Les premiers soins en cas de morsures d'animaux ont pour objet d'enlever le plus possible l'agent contaminant de la région atteinte, de réprimer l'hémorragie et d'obtenir des secours médicaux. Les premiers soins consistent à :

- laisser saigner la plaie; un saignement modéré aide à la nettoyer; il faut cependant enrayer toute hémorragie grave;

- bien laver la plaie avec un savon antiseptique ou une solution détergente, puis irriguer avec de l'eau courante aussi chaude que possible ou avec une solution salée;

- poser un pansement et un bandage et transporter le sujet vers un centre médical.

MORSURES DE SERPENT

Au Canada, seul le serpent à sonnettes est venimeux. On en retrouve différentes espèces dans certaines régions de la Colombie-Britannique, de l'Alberta, de la Saskatchewan et de l'Ontario. Ils sont peu répandus et les morsures sont rares. La morsure d'un serpent à sonnettes laisse sur la peau deux petites perforations et une sensation de brûlure dans la région affectée. La morsure est suivie d'oedème, de coloration anormale, de douleurs intenses, de faiblesse, de transpiration, de nausées, de vomissements et de frissonnements. Il peut également y avoir difficulté respiratoire.

L'objectif des premiers soins est de prévenir la propagation du venin dans l'organisme et d'obtenir des secours médicaux aussi rapidement que possible. Pour ce faire :

● placer la victime au repos, soutenir et maintenir immobile le membre atteint; tout mouvement stimule la circulation et accélère la propagation du venin dans l'organisme;

● rassurer et calmer la victime : l'appréhension et l'angoisse peuvent aggraver l'état de choc;

● rincer la région atteinte à l'eau savonneuse; éviter d'appliquer de la glace ou de rafraîchir la morsure;

● immobiliser le membre atteint à l'aide d'attelles;

● garder le membre atteint au même niveau que le cœur;

● obtenir des secours médicaux dans les plus brefs délais.

Ne jamais donner d'alcool à la victime d'une morsure de serpent, cela ne pourrait qu'aggraver son état. Ne jamais essayer aussi de sucer le venin, lequel peut être absorbé dans le sang par voie de la muqueuse buccale et faire du même coup une autre victime. Il est contre-indiqué de pratiquer des incisions dans la région de la morsure; des dommages tissulaires et de l'infection pourraient s'ensuivre.

PIQÛRES D'INSECTES

Chez la plupart des gens, une piqûre d'insecte ne fait que produire une enflure irritante avec rougeur et démangeaison. Cependant, les piqûres de guêpe ou d'abeille déclenchent parfois chez certaines personnes une réaction allergique grave qui peut se traduire par la manifestation des signes et symptômes suivants :

● difficultés respiratoires;

● nausées et vomissements;

● urticaire et enflure autour des yeux et de la bouche.

Devant une telle réaction, il faut obtenir sans délai des secours médicaux. En attendant :

● aider la personne à prendre le remède contre l'allergie que lui a prescrit le médecin;

● surveiller sa respiration et donner la respiration artificielle au besoin;

● appliquer de l'alcool à friction, une faible solution d'ammoniaque ou une pâte faite de bicarbonate de soude et d'eau; ne pas appliquer l'alcool à friction ou la solution d'ammoniaque près des yeux;

● extraire le dard de la peau en grattant délicatement le dard et le sac de poison; ne pas utiliser de pinces d'aucune sorte parce qu'une compression du dard risque d'injecter encore plus de venin;

● si la piqûre se trouve dans la bouche, donner un rince-bouche fait d'une cuillère à thé de bicarbonate de soude par verre d'eau ou un morceau de glace à sucer. Si l'enflure dans la bouche est prononcée ou s'il y a difficulté respiratoire, il faut observer étroitement la victime et la placer en position latérale de sécurité.

AUTRES TYPES DE MORSURES

Les **sangsues** se trouvent dans les marais, les eaux stagnantes et les lacs; certaines espèces se nourrissent du sang de l'homme ou de l'animal. Les petites lésions qu'elles produisent peuvent ne pas être ressenties sur-le-champ. Une fois les sangsues accolées à la peau, toute tentative de les déloger par la force peut demeurer vaine et accroître les risques d'infection.

Les premiers soins pour les lésions causées par les sangsues consistent à :

- déloger la sangsue en y appliquant une épingle chauffée, la flamme d'une allumette, une cigarette allumée, du sel, du kérosène, de la térébenthine ou de l'huile. L'insecte se détachera alors de la peau en un seul morceau. Ne jamais essayer de déloger une sangsue ou une tique en grattant la peau;

- laver la région atteinte et soulager l'irritation avec une solution de bicarbonate de soude ou d'ammoniaque.

Les tiques se trouvent en abondance dans certaines forêts du Canada. Elles se laissent tomber des arbres sur les animaux et les humains, piquent la peau et s'ancrent dans les tissus. Leur venin peut être nocif et il faut les enlever. Si on trouve un de ces insectes sur soi, bien examiner son corps et ses vêtements car il risque d'y en avoir d'autres.

Les premiers soins pour les morsures de tiques consistent à :

- déloger la tique en la saisissant le plus près possible de la peau et en la retirant d'un geste ferme et soutenu. Il est préférable d'utiliser des pinces à épiler à cette fin. Si vous devez déloger la tique à l'aide de vos doigts, couvrez-les d'un mouchoir de papier ou enfilez des gants. Gardez la tique pour fins d'identification;

- nettoyer la région atteinte afin de prévenir toute infection. Lavez-vous ensuite les mains;

- obtenir des secours médicaux en raison du risque de transmission de maladies par la tique. La tique qui aura été délogée doit être remise au personnel médical pour qu'il puisse en faire l'identification.

CHAPITRE 23

ACCIDENTS NAUTIQUES

Les accidents nautiques sont toujours graves et se terminent souvent par une noyade. Fréquemment aussi, ils se compliquent de traumatismes tels que fractures, plaies et hypothermie. Dans les cas d'accidents nautiques, le sauveteur s'expose à des dangers, de là l'importance de veiller d'abord à sa propre survie.

PRÉVENTION

Toute activité nautique, que ce soit la natation, le plongeon, la navigation, le ski nautique ou la planche à voile, exige le respect de certaines règles élémentaires de sécurité :

- apprendre la natation; nager dans un endroit sûr et bien surveillé; ne pas nager seul;

- surveiller les autres nageurs; clôturer les piscines;

- ne pas plonger dans des eaux dont on ne connaît pas la profondeur, le fond et les courants; éviter d'hyperventiler pour augmenter la durée sous l'eau, ce qui réduit le taux de gaz carbonique dans le sang et peut causer l'évanouissement;

- ne pas nager au secours de quelqu'un à moins d'être bon nageur et de bien connaître les techniques de sauvetage;

- porter un gilet de sécurité pour skier ou naviguer sur l'eau; en eau profonde, ne pas se servir de matelas pneumatique, de chambre à air ou de jouets gonflables;

- ne pas se tenir debout dans une petite embarcation et ne pas la surcharger;

- éviter l'alcool : il affecte le jugement et rend les activités nautiques plus dangereuses.

NOYADE

La noyade se définit comme une suffocation dans l'eau. Dans certaines noyades, un spasme du larynx bloque les voies respiratoires. La victime cesse alors de respirer. Le terme "quasi-noyade" désigne la survie passagère du sujet à la suffocation dans l'eau.

SAUVETAGE

La survie d'une personne qui est en train de se noyer dépend de la rapidité du sauvetage et de la promptitude des premiers soins. Le secouriste, cependant, doit user de prudence afin de ne pas courir les mêmes risques. Les règles à suivre pour un sauvetage nautique sont les suivantes :

- **lancer** ou tendre un objet flottant à la personne en détresse. Une chambre à air, un gilet de sauvetage, ou même un aviron peuvent l'aider à flotter;

- **la remorquer** à l'aide d'une corde ou d'un câble;

- **se rendre** jusqu'à elle dans une embarcation, sur une planche à surf ou autre, ou à l'aide d'équipement flottant;

- **se rendre à la nage** seulement si on a reçu l'entraînement approprié. Seuls les sauveteurs qualifiés devraient entreprendre un tel sauvetage.

PREMIERS SOINS EN CAS DE QUASI-NOYADE

Il ne faut pas attendre que la victime d'une quasi-noyade soit sortie de l'eau pour commencer les premiers soins. Dès que son visage émerge, il faut immédiatement chercher à rétablir sa respiration. Ceci est d'importance capitale et constitue l'essentiel des premiers soins en cas de noyade. Les sauveteurs compétents sauront les mettre en oeuvre pendant que la victime est encore dans l'eau :

● dégager les voies respiratoires pour en retirer tout corps étranger visible;

● commencer la méthode directe de respiration artificielle si la respiration ne se rétablit pas spontanément (voir chap. 7);

● si l'accident résulte d'un plongeon, d'une chute à skis ou d'un accident de bateau, ou encore si le sujet présente des signes de blessure au cou et au dos, le traiter comme s'il avait une blessure à la colonne vertébrale (voir chap. 16).

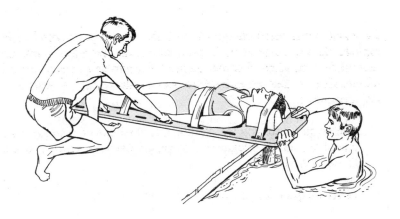

Fig. 23-1 Planche dorsale ou autre objet flottant

Le nageur victime d'une blessure à la colonne vertébrale est souvent trouvé flottant sur le ventre. Dans ce cas, le sauveteur doit relever la tête du sujet de l'eau avec précaution pour ne pas plier le cou. La tête et le cou doivent être soutenus jusqu'à l'installation d'un objet flottant. Pendant qu'on retire le sujet de l'eau, il faut en même temps commencer la respiration artificielle et la continuer jusqu'à ce qu'il reçoive des soins médicaux.

Dès que la victime est sur une surface ferme, il faut vérifier sa circulation en prenant son pouls carotidien (voir chap. 5). Si le pouls est absent, le sauveteur doit commencer la réanimation cardiorespiratoire s'il y est formé (voir chap. 8). La respiration artificielle ou la RCR doit être administrée sans arrêt jusqu'à ce que la victime se rétablisse ou qu'elle soit confiée aux secours médicaux.

Administrer les premiers soins pour l'hypothermie, s'il y a lieu (voir chap. 19).

ACCIDENTS DE PLONGÉE

L'adepte de plongée sous-marine s'expose à la noyade et à l'hypothermie tout comme le simple nageur; les premiers soins dans ces cas sont les mêmes. Toutefois, le plongeur court d'autres risques liés aux variations de pression.

Quand le plongeur descend ou remonte dans l'eau, son corps subit des pressions variées. Ces changements de pression influent sur l'air et sur les autres gaz contenus dans les cavités de l'organisme telles que les poumons, l'oreille moyenne et les sinus. Si son état de santé est bon et s'il effectue ses plongées selon les règles, son corps s'ajustera à ces changements de pression. Par contre, si le plongeur souffre d'un rhume de cerveau ou de troubles respiratoires, ou s'il fait incorrectement sa descente ou sa remontée, les gaz emprisonnés vont se comprimer ou se dilater causant ainsi des dommages plus ou moins graves à certains organes internes.

Signes et symptômes

Même s'il est difficile pour le secouriste d'évaluer avec exactitude les dommages, il est important qu'il sache les reconnaître et prendre les mesures appropriées. Les signes et les symptômes suivants peuvent se manifester en partie ou en totalité chez la victime d'un accident de plongée :

● rougeurs et démangeaison;

● écume, souvent sanguinolente, à la bouche et au nez;

● douleurs aux muscles et aux articulations;

- maux de dents intenses;

- difficultés respiratoires;

- étourdissements, vomissements, difficulté à parler et à voir;

- paralysie et inconscience.

PREMIERS SOINS

L'évaluation des troubles physiques susmentionnés comporte un danger, celui de ne pas en reconnaître la gravité. La victime requiert d'urgence des soins médicaux. Les premiers soins consistent à :

- rassurer la victime;

- traiter l'asphyxie (voir chap. 7);

- traiter l'état de choc (voir chap. 10);

- obtenir des secours médicaux.

Les autres plongeurs doivent accompagner le blessé au centre médical où on le conduit. Il faut apporter l'équipement de plongée et la bouteille d'oxygène de la victime.

NOTES

CHAPITRE 24

L'ACCOUCHEMENT EN
SITUATION D'URGENCE

Le secouriste peut se trouver en présence d'une femme qui accouche soit parce que la naissance est prématurée ou soit parce qu'elle n'a pas pu obtenir des soins médicaux à temps. L'objectif des premiers soins dans une situation d'accouchement inopiné est d'aider la mère à accoucher et de la protéger elle et son enfant jusqu'à ce qu'ils puissent être transportés vers des secours médicaux.

ANATOMIE

Une connaissance de base du système reproducteur féminin et sa relation avec l'enfant qui n'est pas encore né vous renseignera sur les soins à donner et la protection nécessaire pendant un accouchement d'urgence.

Le **foetus** (enfant pas encore né) se développe à l'intérieur d'une membrane remplie de liquide appelée **sac amniotique.** Ce sac se trouve dans **l'utérus,** l'organe féminin dans lequel le foetus se développe. Lors de son développement, celui-ci reçoit du sang, de l'oxygène et des nutriments de sa mère grâce au **placenta** et au **cordon ombilical.** Le placenta est un organe gros, plat et spongieux qui adhère aux parois de l'utérus. Le cordon ombilical relie le placenta au foetus. Ces deux derniers éléments sont délivrés après la naissance du bébé. Le **col de l'utérus** est l'ouverture par laquelle le foetus passe pour se rendre dans le **vagin** (canal d'expulsion) pour enfin naître.

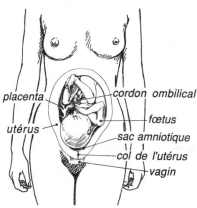

Fig. 24-1 Système reproducteur féminin

DOULEURS – SIGNES ET SYMPTÔMES

Les douleurs désignent le processus physiologique qui accompagne les contractions utérines au cours de l'accouchement. Normalement, lorsque les premières douleurs se font sentir, il reste suffisamment de temps pour transporter la mère à l'hôpital. Un accouchement se divise en trois phases dont la première se reconnaît à :

- dilatation du col utérin habituellement accompagnée de douleurs;

- rupture du sac amniotique et fuite du liquide qu'il contient par le vagin;

- écoulement léger de mucus et de sang du vagin.

Transportez la mère à l'hôpital dès les premières douleurs afin d'éviter un accouchement en situation d'urgence.

ACCOUCHEMENT IMMINENT – SIGNES ET SYMPTÔMES

Les contractions de l'utérus deviennent plus pénibles, durent plus longtemps et sont plus rapprochées. La naissance est proche. La mère peut éprouver le besoin de soulager ses intestins et, par expérience ou par instinct, sent que la naissance est proche. Le col du vagin se dilate et la tête du bébé apparaît. Ces signes indiquent le début de la deuxième phase des douleurs.

SOINS À LA MÈRE AVANT L'ACCOUCHEMENT

Dès la deuxième phase de l'accouchement, il est trop tard pour transporter la mère à l'hôpital. Essayez d'obtenir des soins médicaux ou trouvez de l'aide, une femme si possible. Lavez-vous soigneusement les mains et rassemblez le matériel nécessaire à la protection de la mère et de l'enfant. Cherchez les articles suivants :

- serviettes propres pour couvrir la mère et pour recevoir et sécher le nouveau-né. Des draps propres préférablement de flanelle peuvent aussi être utilisés;

- une couverture douce pour envelopper le bébé;

- serviettes hygiéniques ou autre matériel absorbant afin d'enrayer le saignement vaginal qui se produit après l'accouchement;

- sac de plastique avec des attaches afin de conserver le placenta et le cordon ombilical;

- savon, eau et serviettes pour vous laver les mains;

- bandes en rouleau étroites et stériles ou ruban qui servira, si nécessaire, à faire une ligature du cordon.

Certains de ces articles, tels que les couches et les couvertures pour envelopper le bébé, peuvent déjà se trouver dans un sac que la mère avait préparé en vue de son séjour à l'hôpital.

Préparation de la mère à l'accouchement

Pendant le travail, la mère doit avoir été placée dans la position qu'elle trouve la plus confortable, généralement sur le côté gauche. Quand la naissance semble imminente, couchez-la sur le dos, les genoux fléchis et la tête bien appuyée sur des oreillers.

Couvrez la mère de draps ou de serviettes afin qu'elle ne soit pas exposée inutilement et isolez-la si possible. Rassurez-la et gardez une attitude calme et décontractée.

Placez des serviettes propres ou un drap sous les fesses et entre les cuisses de la mère. Mettez aussi une serviette propre entre ses jambes afin d'y étendre le nouveau-né.

SECOURS LORS DE L'ACCOUCHEMENT

Le rôle du secouriste dans une situation d'accouchement inopiné consiste à aider la mère à accoucher et à protéger le bébé pendant et après l'accouchement. Aidez l'enfant à naître sans toutefois forcer le processus normal de l'accouchement.

Accouchement normal

Dans un accouchement normal, c'est la tête du bébé qui se présente d'abord et tourne d'un côté pour faciliter le passage des épaules. L'expulsion rapide de la tête peut être dangereuse pour l'enfant. Pour éviter un tel danger, recommandez à la mère de contrôler ses efforts d'expulsion pendant que vous retenez légèrement la tête de l'enfant avec vos mains. Laissez la tête sortir lentement. Après l'apparition de la tête du bébé, encouragez la mère dans ses efforts d'expulsion.

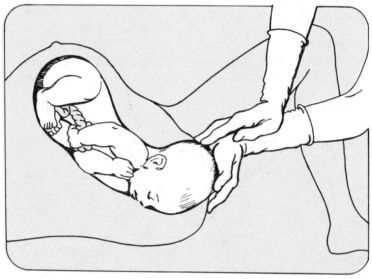

Fig. 24-2 Prévention d'une expulsion rapide de la tête

Durant la naissance, soutenez doucement la tête puis le corps du bébé. Il arrive que le cordon ombilical s'enroule autour du cou du bébé. Dans ce cas, desserrez-le et passez le soit par-dessus la tête ou les épaules de l'enfant. Ne tirez pas sur le cordon et n'employez pas de force. Il devrait être assez lâche pour vous permettre de l'enlever d'autour du cou du bébé.

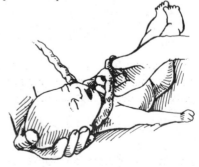

Fig. 24-3 Dégagement du cordon d'autour du cou du bébé

Présentation de l'enfant autre que par la tête

Toute présentation autre que par la tête, c'est-à-dire par le siège, les genoux ou les pieds, est peu fréquente mais dangereuse même à l'hôpital, dans de bonnes conditions. Si la mère ne peut être transportée vers des secours médicaux, il vous faudra alors soutenir la partie de l'enfant qui se présente, encourager la mère dans ses efforts d'expulsion et laisser les extrémités, l'abdomen et le thorax sortir. À ce moment, mais pas avant, exercez une traction douce mais ferme tout en élevant (tournant) le bébé vers l'abdomen de la mère afin de dégager la bouche et le nez du vagin.

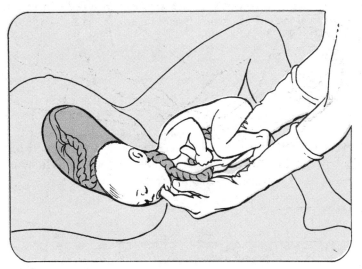

Fig. 24-4 Présentation de l'enfant autre que par la tête –
dégagement des voies respiratoires

Si le cordon est enroulé autour du cou du bébé, tirez légèrement dessus pour le desserrer et le glisser par-dessus la tête de l'enfant ou le passer par-dessus ses épaules.

Dégagement des voies respiratoires

Essuyez le visage du nouveau-né avec un linge propre ou des mouchoirs de papier pour dégager le nez et la bouche des mucosités. Il faut en assurer l'écoulement immédiatement après la naissance. Une des méthodes consiste à élever légèrement le bas du corps et les pieds du bébé. Le nouveau-né est couvert d'une substance visqueuse appelée **vernix,** ce qui le rend très glissant. Prenez-le fermement mais délicatement des deux mains. Tenez les pieds dans la main gauche, l'index entre les chevilles, le pouce encerclant l'une des chevilles et les autres doigts autour de l'autre cheville. La main droite soutient l'arrière de la tête, le cou et les épaules de l'enfant. Levez légèrement les jambes et le dos de l'enfant, juste assez pour permettre l'écoulement des mucosités de son nez et de sa gorge.

Généralement, l'enfant pleure immédiatement; son visage devient rose quand il remplit ses poumons d'air et commence à respirer. Si le bébé est pâle, sans mouvements et ne respire pas, commencez la respiration artificielle (voir chap. 7). Lorsqu'il respire à nouveau, veillez à ce que rien ne fasse obstacle à la liberté de ses voies respiratoires, par exemple, la couverture dans laquelle il est enveloppé ou sa position sur le ventre de la mère.

Gardez le bébé au chaud. Séchez-le avec une serviette propre et chaude, puis enveloppez-le avec une autre serviette chaude ou tout autre linge propre qui le gardera au chaud. Placez le bébé sur le côté, en travers du ventre de sa mère, le visage tourné du côté opposé à celui de l'accouchée. Les mucosités pourront ainsi s'écouler plus librement et vous pourrez également surveiller la respiration.

SOIN DU CORDON OMBILICAL ET DU PLACENTA

Le cordon ombilical, qui relie le bébé au placenta, est un organe délicat ayant ses propres veines et artères. Le placenta est normalement expulsé dans les vingt minutes qui suivent la naissance du bébé. On peut aider l'expulsion du placenta en faisant un léger massage à l'abdomen de l'accouchée. Il n'y a cependant aucune raison de s'alarmer si le placenta prend du temps à sortir. **N'essayez en aucun cas de forcer l'expulsion du placenta, de tirer ou d'exercer une pression sur le cordon ombilical.**

Recueillez le placenta dans une serviette propre et protégez-le à l'aide d'un sac en plastique propre. Gardez toutes les parties du placenta et des membranes qui ont été expulsées, pour les emmener avec la mère, à l'hôpital.

Il ne faut pas couper le cordon ni faire de ligature, sauf dans le cas où le placenta saigne abondamment. Si cette situation se présente, on fait alors une ligature à l'aide d'un ruban propre ou d'une ficelle épaisse, à une distance de 15 à 30 cm de l'abdomen du bébé. Ne pas utiliser de ficelle ou de fil, car cela pourrait couper le cordon.

Gardez le placenta à la même hauteur que le bébé. Vous pouvez le mettre dans sa couverture.

SOIN DE L'ACCOUCHÉE

La mère saigne après avoir expulsé le placenta. On peut normalement enrayer le saignement en faisant un massage ferme de l'abdomen au-dessus de l'utérus, la boule dure que l'on peut sentir dans l'abdomen. Appliquez des serviettes hygiéniques afin d'absorber le saignement. S'il n'est pas enrayé, élevez les pieds et les jambes de la mère et transportez-la immédiatement vers un centre médical.

SOUVENEZ-VOUS

(1) Soutenez l'enfant en train de naître, délicatement mais fermement.

(2) Assurez-vous que l'enfant respire et maintenez ses voies respiratoires ouvertes.

(3) Séchez l'enfant rapidement et enveloppez-le chaudement.

(4) Ne coupez pas le cordon ombilical; ne le tirez pas. Si le cordon ou le placenta saigne, faites une ligature du cordon avec du ruban propre ou une ficelle épaisse, à une distance de 15 à 30 cm de l'abdomen du bébé.

(5) Installez la mère et l'enfant confortablement et au chaud. Placez l'enfant en contact avec la peau de sa mère.

(6) Emmenez-les à l'hôpital le plus rapidement possible.

Transportez à l'hôpital aussitôt que possible la mère allongée sur le dos et l'enfant bien enveloppé dans ses bras. Si le transport vers l'hôpital risque d'être long, laissez la mère allaiter son enfant. Ceci permet au bébé de bénéficier des premières sécrétions des seins, qui contiennent une grande proportion d'anticorps et lui confèrent une certaine immunité. En tétant, l'enfant stimule les seins, ce qui provoque la contraction de l'utérus et la diminution du saignement.

CHAPITRE 25

TROUBLES CARDIAQUES ET ACCIDENTS CÉRÉBRO-VASCULAIRES

TROUBLES CARDIAQUES

C'est par les artères coronaires que le cœur reçoit le sang oxygéné qui est nécessaire à son fonctionnement. Si ces artères sont rétrécies ou bloquées, la section du muscle cardiaque qu'elles approvisionnent cesse de bien fonctionner. Même si une partie du muscle cardiaque est déficiente, le cœur peut généralement continuer de pomper du sang. Cependant, si le muscle cardiaque est gravement atteint, le cœur ne pourra faire circuler assez de sang pour répondre aux besoins de l'organisme. Ce sera alors la défaillance cardiaque. Une détérioration lente du muscle cardiaque peut causer des troubles physiques à long terme; une détérioration rapide provoque un état de choc et la mort.

CRISE CARDIAQUE – PRÉVENTION

Certains facteurs sur lesquels l'on a que très peu d'influence prédisposent certaines personnes aux crises cardiaques. Si le passé médical de votre famille est empreint de troubles cardiaques, si vous avez déjà eu une crise cardiaque ou si vous êtes diabétique, vous êtes alors un sujet à risque. D'autres facteurs toutefois sont liés à un mode de vie malsain. Connaître les facteurs de risques, éviter un style de vie qui contribue aux troubles cardiaques et adopter une attitude positive à l'égard de la santé peut prévenir la maladie ou en ralentir la progression et assurer une bonne qualité de vie pendant plusieurs années.

FACTEURS DE RISQUES

Prenez des mesures positives afin de réduire les risques de crise cardiaque en suivant les conseils de santé appropriés et en agissant sur les facteurs qui ont un rapport avec l'incidence des troubles cardiaques, tels le tabagisme, l'hypertension artérielle, la cholestérolémie, l'embonpoint et le stress.

Tabagisme. Les fumeurs sont plus sujets aux troubles cardiaques que les non-fumeurs. Toutefois, les dommages imputables à la cigarette sont réversibles et les personnes qui cessent de fumer perdent habituellement leur étiquette de sujet à risque.

Hypertension artérielle. L'hypertension artérielle est reliée aux accidents cérébro-vasculaires et aux défaillances rénales et cardiaques. Il est possible de contrôler la tension artérielle, mais pour ce faire elle doit d'abord être évaluée. Il est donc important de faire vérifier régulièrement sa tension artérielle pour que tout problème d'hypertension soit décelé et traité dès les premier stades.

Cholestérolémie. Un taux élevé de cholestérol, autre facteur important agissant sur la progression des troubles coronariens, peut être contrôlé lorsqu'il est décelé. Les examens physiques périodiques devraient inclure des tests de cholestérol. Prévoyez au moins un examen par année, de préférence pendant le mois de votre naissance pour ne pas l'oublier.

Autres facteurs. L'embonpoint, le manque d'exercice et le stress sont tous des facteurs qui contribuent à l'incidence des troubles cardiaques. Efforcez-vous de suivre les conseils de votre médecin lorsque vous surveillez votre poids, entreprenez un programme d'exercice et cherchez à réduire votre stress.

TYPES DE TROUBLES CARDIAQUES

Les trois types de troubles cardiaques les plus courants qui exigent des premiers soins sont **l'angine de poitrine,** la **crise cardiaque** et **l'insuffisance cardiaque.** Bien que la connaissance des signes et les symptômes de chaque trouble permette de les identifier, le traitement est essentiellement le même. Les cardiaques portent souvent sur eux une identification médicale de type Medic-Alert le plus souvent, qui donne des renseignements sur les médicaments à utiliser.

ANGINE DE POITRINE

L'angine de poitrine est une douleur causée par une diminution graduelle de l'apport sanguin au muscle cardiaque. Elle résulte d'un rétrécissement du diamètre interne des artères qui n'arrivent plus à fournir au muscle cardiaque une quantité de sang suffisante quand le cœur est soumis à un trop grand effort. La surexcitation ou le surmenage oblige le cœur à travailler plus fort, ce qui provoque des douleurs thoraciques qui souvent irradient vers le cou, les épaules, les bras et les doigts. Habituellement, la crise proprement dite ne dure que peu de temps (quelques secondes ou quelques minutes). Le repos et l'absorption d'un médicament font cesser les douleurs.

La personne qui souffre d'angine de poitrine arrive à mener une vie normale grâce à certains médicaments qui augmentent le flot sanguin nourrissant le cœur.

CRISE CARDIAQUE

La crise cardiaque (infarctus du myocarde) se produit lorsque l'obstruction d'une artère coronaire ou d'une de ses branches entraîne l'arrêt ou la diminution de l'apport sanguin vers le cœur. La victime peut refuser d'admettre qu'elle fait une crise cardiaque même si elle présente, en totalité ou en partie, les signes et symptômes suivants :

- douleur qui peut forcer le malade à s'asseoir ou à chercher un appui;

- douleur, généralement concentrée en arrière du sternum, peut être très intense, en étau, ou produire une sensation d'écrasement; il arrive aussi qu'elle soit bénigne, au point de passer pour des symptômes d'indigestion. La douleur peut irradier aux membres supérieurs, à la gorge et aux mâchoires; elle ressemble à celle qui est causée par l'angine de poitrine mais le repos et un médicament ne parviennent pas à la soulager;

- angoisse et appréhension;

- pâleur;

- nausées et parfois vomissements;

- sueurs abondantes;

- étourdissements;

- souffle court;

- état de choc ou inconscience;

- arrêt cardiaque.

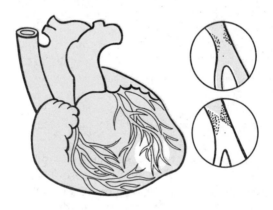

Fig. 25-1 Apport de sang insuffisant au muscle cardiaque

INSUFFISANCE CARDIAQUE

L'insuffisance cardiaque est un autre trouble cardiaque majeur. Elle se produit au cours d'une maladie chronique du cœur, quand celui-ci ne peut plus assurer une distribution normale de sang oxygéné dans l'organisme. Les signes et les symptômes d'insuffisance cardiaque sont :

- respiration anormalement haletante résultant de l'exercice physique;

- difficulté respiratoire en position couchée;

- expectoration sanguinolente;

- bleuissement (cyanose) autour des lèvres, aux oreilles, aux ongles et à d'autres parties du corps;

- œdème des chevilles.

PREMIERS SOINS

Les premiers soins que doit prodiguer le secouriste sont essentiellement les mêmes pour tous les troubles cardiaques; ils visent à réduire le travail du cœur, prévenir une détérioration de l'état du malade et rétablir la circulation si cela s'avère nécessaire. Les premiers secours à donner à la victime d'un trouble cardiaque sont les suivants :

- ne pas déplacer le malade inutilement;

- le placer au repos dans une position qui lui est confortable; le plus souvent en position semi-assise, la tête et les épaules soutenues;

- desserrer ses vêtements au cou, à la poitrine et à la taille;

- rassurer le malade pour calmer son angoisse et sa peur;

- si sa respiration s'arrête, commencer immédiatement la respiration artificielle (voir chap. 7);

- obtenir des secours médicaux sur place ou organiser son transport vers le centre hospitalier le plus proche;

- si le cœur s'arrête, administrer la RCR si on y est formé (voir chap. 8).

Le secouriste doit vérifier si la victime porte sur elle une identification médicale qui pourrait l'éclairer sur son état et l'aider à prendre les médicaments que lui aurait prescrits son médecin.

L'ACCIDENT CÉRÉBRO-VASCULAIRE (ACV)

L'accident cérébro-vasculaire est un arrêt des fonctions cérébrales dans une partie du cerveau qui ne reçoit pas assez de sang oxygéné. Il est causé soit par la rupture d'un vaisseau sanguin dans le cerveau, soit par un blocage de la circulation sanguine dans ou vers le cerveau.

L'accident cérébro-vasculaire grave peut entraîner la mort; dans les cas moins graves, il cause des dommages au cerveau qui entraînent la perte de certaines fonctions corporelles. Les attaques ischémiques passagères sont des ACV de courte durée (passagère) marquées par une interruption de la circulation sanguine vers le cerveau (ischémique) ayant un effet immédiat sur celui-ci (attaque). Le sujet peut présenter certains signes et symptômes de l'ACV et se rétablir sans trop d'effets apparents. Ce type d'ACV trahit un état pathologique beaucoup plus grave qui doit être traité par un médecin pour prévenir un ACV plus grave.

L'ACV peut se produire à tous les âges mais ses victimes sont ordinairement d'âge mûr ou avancé; il existe peut-être un lien entre l'hypertension et l'ACV. Celui-ci peut survenir durant le sommeil sans même que personne ne s'en aperçoive.

Il est parfois difficile de poser le diagnostic d'un accident cérébro-vasculaire; l'âge de la victime et la soudaineté de l'attaque peuvent être les seuls indices révélateurs.

Dans le cas d'un ACV, **les signes et les symptômes** varient selon la partie du cerveau qui a été atteinte. Le secouriste reconnaîtra l'ACV à la présence d'un ou des signes et symptômes suivants :

- changement du degré de conscience (voir chap. 11);

- pupilles inégales;

- paralysie ou affaiblissement des muscles faciaux; difficulté à parler ou à avaler;

- engourdissement ou paralysie des membres;

- état de confusion;

- perte de contrôle de la vessie ou de l'intestin (incontinence);

- convulsions.

Fig. 25-2 Pupilles inégales – accident cérébro-vasculaire
ou blessure au cerveau

PREMIERS SOINS

Dans le cas d'un ACV, le rôle du secouriste se limite à des mesures de protection et d'encouragement. En attendant l'arrivée des secours médicaux, il doit :

- installer le sujet le plus confortablement possible, en position semi-assise, s'il est conscient;

- placer le sujet inconscient en position latérale de sécurité, sur le côté paralysé pour faciliter la respiration;

- desserrer ses vêtements;

- si le sujet est inconscient, ne rien lui donner par la bouche mais s'il demande à boire, lui humecter les lèvres et la langue à l'aide d'un linge mouillé;

- bien le protéger au cours des manoeuvres de transport; le surveiller de près en cas de convulsions;

- le rassurer et éviter toute excitation;

- ne pas appliquer de coussin chauffant ou de bouillotte; il y aurait risque de brûlure en raison de l'insensibilité des membres atteints.

CHAPITRE 26

DIABÈTE, ÉPILEPSIE, CONVULSIONS, HERNIE ET RÉACTION ALLERGIQUE

LE DIABÈTE

Le **diabète** est causé par un mauvais fonctionnement du mécanisme qui régularise le taux de sucre dans le sang. Chez le sujet normal, une certaine quantité de sucre est toujours présente dans le sang où il est utilisé comme source d'énergie. Le pancréas sécrète de **l'insuline** qui régularise le niveau de sucre dans le sang; une urgence diabétique survient seulement lorsque la quantité d'insuline produite est trop grande ou trop faible.

Une urgence diabétique peut se manifester soit sous forme de **choc insulinique,** quand il y trop d'insuline, ou de **coma diabétique,** quand il y a manque d'insuline. Pour régulariser le taux de sucre, le diabétique doit prendre des doses prescrites d'insuline.

Dans les cas d'urgence diabétique, le sujet conscient connaîtra peut-être la raison de son malaise et il faudra alors l'encourager à expliquer ce dont il a besoin. Rappelez-vous qu'il peut être troublé. S'il a pris de l'insuline mais n'a pas mangé, ou a fait trop d'exercice, il se trouvera sans doute en état de choc insulinique et aura besoin de sucre. S'il n'a pas pris d'insuline, il s'agira sans doute de coma diabétique et dans ce cas, il aura besoin d'insuline.

Si le sujet est inconscient, le secouriste devra vérifier s'il porte une identification médicale qui pourrait signaler qu'il est diabétique. Le diabétique devrait faire part de sa maladie à ses compagnons de travail pour que ceux-ci soient en mesure de l'aider en cas d'urgence.

Les signes permettant de déterminer si le malade a besoin de sucre ou d'insuline figurent dans le tableau suivant :

	CHOC INSULINIQUE (besoin de sucre)	COMA DIABÉTIQUE (besoin d'insuline)
Pouls	plein, rapide	faible, rapide
Respiration	superficielle	profonde, soupirante
Degré de conscience	faiblesse ou inconscience survenant rapidement	le malade tombe graduellement dans le coma
Peau	pâle, moite	empourprée, sèche
Haleine	inodore	sent les pommes moisies, le vernis à ongle (acétone)
Autres signes et symptômes	– mal de tête – tremblements – confusion – attitude agressive (parfois)	

PREMIERS SOINS

L'objectif des premiers soins est d'empêcher la détérioration de l'état du sujet et d'obtenir des secours médicaux le plus vite possible. Si vous ne savez pas s'il faut donner de l'insuline ou du sucre au sujet, n'hésitez pas à lui faire boire une boisson à laquelle vous aurez ajouté deux cuillères à soupe de sucre ou toute autre substance sucrée. Cela peut améliorer l'état du sujet et ne lui fera aucun mal.

Si son état ne s'améliore pas, il perdra peut-être conscience. Traitez-le comme tout sujet inconscient et placez-le en position latérale de sécurité. Quand un diabétique est dans cet état, on doit recourir d'urgence à des secours médicaux.

L'ÉPILEPSIE

L'épilepsie est un trouble du système nerveux caractérisé par des crises au cours desquelles il y a perte de conscience et parfois des convulsions. Les crises mineures sont appelées "petit mal" et les crises majeures, "grand mal".

La crise mineure d'épilepsie se caractérise par la pâleur et le regard fixe du sujet qui, pendant quelques secondes, perd conscience de ce qui l'entoure. Cet état peut ressembler à un évanouissement et doit être traité comme tel (voir chap. 11).

L'épileptique sur le point d'avoir une crise majeure en a quelquefois le pressentiment, annoncé par une sensation caractéristique brève (aura) qui précède la crise. La crise typique présente quatre phases :

- le sujet perd soudain conscience et s'affaisse;

- il devient rigide pendant quelques secondes; son visage et son cou sont congestionnés et cyanosés;

- on note des convulsions, une respiration bruyante; il y a parfois écume à la bouche et grincement des dents;

- vient ensuite une période de relaxation des muscles et reprise de conscience.

Redevenu conscient, le sujet aura perdu toute mémoire des événements récents et paraîtra stupéfié et troublé. Cette phase est suivie d'une sensation d'épuisement et il tombe dans un profond sommeil. On doit alors le placer en position latérale de sécurité et le laisser se reposer.

PREMIERS SOINS

L'objectif des premiers soins est de protéger le malade des blessures qui pourraient se produire lors des convulsions. Éloignez les curieux et gardez le sujet à l'écart le plus possible. Administrez les premiers soins de la façon suivante :

- guider les mouvements du sujet sans les restreindre;

- le protéger de blessures éventuelles;

- essuyer l'écume de sa bouche, mais **ne pas lui ouvrir de force;**

- le garder à l'écart le plus possible; éloigner tous les curieux;

- ne pas le laisser seul car une seconde crise est toujours possible; obtenir des secours médicaux si besoin est.

LES CONVULSIONS INFANTILES

L'enfant qui a une forte fièvre sera parfois victime de convulsions; celles-ci se reconnaissent aux contractions musculaires du visage et des extrémités. Le corps devient rigide et arqué vers l'arrière; l'enfant retient souvent son souffle et l'écume peut lui venir à la bouche.

PREMIERS SOINS

Pour apporter les premiers soins, procédez de la façon suivante :

- maintenez avec précaution les voies respiratoires ouvertes;

- desserrez les vêtements de l'enfant;

- à l'arrêt des convulsions, placez-le en position latérale de sécurité, la tête abaissée et tournée de côté;

- rassurez ses parents;

- obtenez des secours médicaux.

LA HERNIE

La **hernie** se caractérise par une protubérance à la paroi musculaire de l'abdomen, causant une enflure ou une saillie dans la région abdominale. Elle se produit le plus souvent à l'aine et peut être le résultat d'une activité physique ou d'un effort violent, comme soulever un fardeau trop lourd.

La hernie peut se manifester sous la forme d'une protubérance sans douleur ou d'une douleur accompagnée de nausées. Le secouriste ne doit pas tenter de repousser la protubérance à l'intérieur. Il doit allonger le sujet sur le dos, la tête et les épaules plus basses que le tronc. Cette position maintenue pendant quelque temps peut faire disparaître la protubérance. Si le sujet souffre de nausées ou de troubles respiratoires, il faut le placer en position latérale de sécurité et obtenir sans tarder des secours médicaux.

RÉACTION ALLERGIQUE

Il y a réaction allergique quand l'organisme réagit à une substance à laquelle il est déjà très sensible. La réaction tend à être violente et affecte principalement la respiration, la circulation, la digestion et la peau. La gravité de la réaction peut aller de l'inconfort, démangeaison et éternuement par exemple, à l'urgence vitale, détresse respiratoire et état de choc (choc anaphylactique) entre autres.

ANTÉCÉDENTS

Tout ce qui est présent dans l'environnement, ou à peu près, peut provoquer une réaction allergique – pollen et poussière dans l'air, aliments et médicaments, produits chimiques et plantes, toxine et venin des piqûres d'insectes et morsures de serpents, voire même les rayons du soleil. Il est important de connaître la cause d'une réaction allergique pour assurer l'efficacité du traitement, mais il est plus important encore de reconnaître une réaction dès les premières manifestations, d'en éliminer la cause et de prendre toutes les mesures nécessaires pour veiller à la sécurité du sujet pendant son transport vers les secours médicaux.

SIGNES ET SYMPTÔMES

Regardez s'il y a difficulté respiratoire, changement de l'état circulatoire, trouble digestif et irritation de la peau. Les signes et les symptômes suivants peuvent se manifester en partie ou en totalité.

- Éternuement et toussottement. Le sujet éprouve une douleur et une sensation de crispation dans la poitrine. La respiration peut devenir plus difficile et être accompagnée d'un sifflement à l'exhalation et s'arrêter si les tissus enflés obstruent les voies respiratoires.

- Le pouls peut être faible et le sujet présentera des signes d'hypertension artérielle — étourdissements, pâleur, inconscience.

- Le sujet peut souffrir de crampes abdominales, de nausées, de vomissements et de diarrhée, particulièrement si la substance a été ingérée.

- Le sujet est pris de fortes démangeaisons surtout aux endroits où la peau est empourprée ou quand il y a urticaire (éruptions cutanées).

- Enflure du visage, de la bouche et de la gorge.

- Cyanose (bleuissement des lèvres).

PREMIERS SOINS

Une réaction allergique grave ne peut être traitée que par des professionnels de la santé. Les premiers soins se limitent à traiter l'état de choc (voir chap. 10), assurer la respiration et la circulation (voir chap. 7 et 8) et transporter le sujet vers un centre médical dans les plus brefs délais. Les premiers soins en cas de piqûres d'insectes et de morsures de serpents sont expliqués en détail dans le chapitre 22.

Certaines personnes qui souffrent d'allergies peuvent porter une identification Medic-Alert et avoir en leur possession des médicaments prescrits sous forme de pilules ou de liquides injectables. Les liquides sont habituellement contenus dans une seringue hypodermique placée dans une trousse. N'administrez pas les médicaments vous-même, mais aidez le sujet du mieux que vous pouvez à les prendre.

CHAPITRE 27

COMPORTEMENTS ANORMAUX

TROUBLES ÉMOTIFS

Les meilleures armes pour faire face aux troubles émotifs sont l'éducation et l'entraînement pratique. L'éducation devrait inclure l'étude des catastrophes, les types de réactions possibles chez les victimes de catastrophes et les principes fondamentaux des premiers secours psychologiques.

Les blessures à la tête et nombre d'autres troubles d'ordre médical peuvent provoquer des comportements inhabituels; ils sont décrits ailleurs dans ce manuel. La présente section est consacrée aux comportements bizarres ou anormaux résultant spécifiquement d'un choc nerveux grave, de l'absorption d'alcool ou de drogue ou de troubles mentaux.

Identifier la cause d'un comportement anormal permettra au secouriste de prodiguer les premiers secours psychologiques appropriés. Le secouriste qui sait faire face à ce type d'urgence saura contrôler la situation et empêcher qu'elle ne devienne dangereuse pour le sujet lui-même ou pour son entourage.

TYPES DE RÉACTION

Certains types de comportement résultent d'un choc émotionnel grave; ils ont été classés en plusieurs catégories :

- **la réaction normale.** L'individu paraît calme bien qu'il puisse trembler et transpirer. Il peut avoir des nausées et ira peut-être jusqu'à vomir; dans la plupart des cas, le sujet se rétablit assez rapidement et revient à un comportement presque normal;

- **la panique individuelle,** qu'on appelle parfois hystérie; le sujet n'accepte pas la réalité, cherche refuge dans une activité physique effrénée, pleure de façon incontrôlable, tente de prendre la fuite. Deux ou trois personnes dans cet état risquent de créer une panique collective;

- **la dépression.** C'est l'opposé de la panique; le sujet ne réagit pas, il est prostré, figé, indifférent à tout ce qui l'entoure et incapable de s'aider lui-même ou de venir en aide aux autres;

- **la surexcitation.** Le sujet manifeste une activité débordante et désordonnée. Il peut répandre des rumeurs, se montrer exigeant, dépasser les limites de sa compétence et risquer de gêner le travail des secouristes s'il ne se calme pas;

- **l'affliction** est caractérisée par des vagues intermittentes de détresse physique : étouffement, serrement de la gorge, respiration courte et angoisse intense. Le sujet est agité, se soucie peu des autres et rejette avec irritabilité ou colère toute tentative d'aide;

- **la réaction physique** ou hystérie de conversion peut causer des pertes de fonction comme la surdité, la perte de la vision ou de l'usage de certains membres. Inconsciemment, le sujet transforme son intense sentiment de peur en une conviction qu'une partie de son corps ne fonctionne plus. Le secouriste doit bien comprendre que ces troubles sont réels et que le malade n'est pas de mauvaise foi.

PREMIERS SECOURS PSYCHOLOGIQUES

Ces divers types de réactions face à un traumatisme psychologique requièrent des traitements différents. Il est cependant possible que le comportement du sujet corresponde à plusieurs catégories, simultanément ou successivement. Si le sujet reçoit des soins immédiats, il est peu probable que son comportement évolue d'un type de réaction à un autre plus grave.

Les premiers soins à prodiguer aux victimes de détresse psychologique sont de nature assez limitée. Vous devez être calme et compréhensif, rassurer les personnes qui ont subi un choc nerveux et faire appel à des secours médicaux. Dans les accidents ou catastrophes impliquant un grand nombre de personnes, il est important de les aider à garder leur calme pour qu'elles ne retardent pas les sauveteurs et pour qu'elles aident même à prendre soin des autres. Vous devez approcher le sujet agressif avec prudence car votre aide peut être interprétée comme une menace qui provoquera parfois une réaction violente. Rassurez le sujet agressif quant à vos intentions.

Si, pour protéger les autres, vous devez utiliser la force, faites-le rapidement mais avec bienveillance et n'hésitez pas à vous faire aider. Ne tentez pas de restreindre une personne violente avant d'avoir l'aide nécessaire. Dans la mesure du possible, obtenez l'aide de la police.

Traitez les victimes de troubles émotifs selon les principes suivants :

- les personnes dont la réaction est normale retrouvent leur calme quand on les rassure, les encourage et leur demande d'aider les autres;

- les personnes qui paniquent devront être isolées et être confiées aux soins de deux autres personnes ou plus qui auront gardé leur sang-froid et à qui on aura expliqué la situation. L'isolement réduit la possibilité d'une panique collective et aide les victimes de tels troubles à retrouver leur calme;

- les déprimés et les apathiques devront être réunis en petits groupes et encouragés à s'aider mutuellement;

- les surexcités ont besoin d'activité physique, de préférence sur-veillée et loin des autres. Canalisez leur énergie vers des tâches utiles, comme s'occuper de l'équipement et du matériel;

- les sujets présentant des signes d'affliction auront peut-être besoin de soins médicaux, les premiers secours ayant souvent peu d'effet;

- les hystériques devront être encouragés à aider du mieux qu'ils peuvent malgré leurs symptômes, ce qui les aidera à reprendre un peu de calme en attendant l'arrivée des secours médicaux.

Il faudra réconforter les victimes de traumatismes psychologiques et porter attention à leurs besoins physiques (douleur, soif, et autres causes de malaises). Si les secours médicaux tardent à venir, subvenez aux besoins des traumatisés de votre mieux. Si la personne peut boire, donnez-lui des breuvages non stimulants (lait ou chocolat chaud) et de préférence chauds, ce qui favorise la relaxation. Rassurez ces personnes et protégez-les jusqu'à ce qu'elles soient confiées aux secours médicaux.

HYPERVENTILATION

L'hyperventilation équivaut à une trop grande fréquence respiratoire et est provoquée par une grande angoisse ou une tension nerveuse ou encore est causée par un manque de drogue ou un empoisonnement à l'aspirine. Les premiers soins peuvent enrayer l'hyperventilation reliée à la tension mais celle due au manque de drogue doit être traitée par un médecin.

Signes et symptômes

Une personne qui souffre d'hyperventilation respire plus rapidement mais peut se sentir à court de souffle. Elle peut se plaindre de douleurs à la poitrine, d'engourdissement et d'étourdissements; elle peut avoir les mains et les pieds froids et éprouver une sensation de picotement. Même si la respiration et le pouls sont rapides, la peau de la victime est de couleur normale et elle ne présente pas de signes de cyanose.

PREMIERS SOINS

L'objectif des premiers soins pour l'hyperventilation est de calmer le sujet et le rassurer sur son état physique. Pour l'hyperventilation due à la tension, le secouriste n'a qu'à réconforter le sujet et l'encourager à ralentir sa fréquence respiratoire. Cela soulagera la victime et les symptômes seront atténués. Les cas reliés à la drogue ne peuvent pas être traités aussi facilement parce que la fréquence respiratoire est déterminée par la drogue même.

Les victimes d'hyperventilation doivent être transportées vers des secours médicaux afin d'être examinées et de recevoir d'autres soins. Certains troubles médicaux graves peuvent ressembler à l'hyperventilation. Le recours à des secours médicaux s'impose alors.

LES MODIFICATIONS DU COMPORTEMENT DUES À L'ALCOOL ET À LA DROGUE

Les accidentés sont quelquefois sous l'influence de l'alcool ou d'une drogue et peuvent dans ce cas présenter un comportement anormal. Vous devrez vous assurer qu'une blessure grave ou un trouble d'ordre médical n'est pas masqué par le comportement bizarre du sujet; l'abus d'alcool ou de drogue peut dissimuler certains signes et symptômes, comme par exemple dans le cas de blessures à la tête et du coma diabétique, où la taille des pupilles et l'odeur caractéristique de l'haleine peuvent être masquées (voir chap. 25 et 26).

Le sujet ivre ou drogué refusera peut-être tous les soins qu'on voudra lui donner. Vous aurez peut-être besoin d'assistance pour le calmer et le rassurer (de la police de préférence, mais sinon, vous devrez demander à deux ou trois passants de vous aider à retenir le sujet avec fermeté mais douceur). Ne jamais utiliser de liens ou de couvertures pour l'immobiliser. Vous pourrez procéder à l'évaluation des signes et symptômes du sujet une fois qu'il sera calmé, et lui prodiguer les premiers soins appropriés.

LES TROUBLES DE LA PERSONNALITÉ ET LE COMPORTEMENT SUICIDAIRE

À défaut de toute autre cause, on peut supposer qu'un comportement inhabituel résulte d'une maladie mentale. Le malade mental présente parfois un comportement similaire à celui de la victime d'une catastrophe, mais les symptômes persistent et il peut avoir des tendances suicidaires. Vous devrez vous assurer que ce comportement aberrant n'est pas attribuable à une autre cause, comme une blessure à la tête ou une crise de diabète et vous devrez transporter le sujet à l'hôpital.

Il faut empêcher les personnes qui ont tenté de se suicider de renouveler leur tentative, soigner leurs blessures et obtenir des secours médicaux. Informez le personnel médical s'il y a eu tentative de suicide.

NOTES

CHAPITRE 28

SAUVETAGE ET TRANSPORT

Il peut être dangereux de déplacer une victime. Une manipulation incorrecte, hâtive ou brutale risque de causer des troubles graves. C'est pourquoi il est recommandé de ne pas déplacer les victimes, sauf dans les situations suivantes :

- quand votre sécurité ainsi que celle de la victime est menacée, par exemple, par un incendie, une explosion, des émanations de gaz ou une inondation;

- quand les soins d'urgence ne peuvent pas être administrés sur place ou sans modifier la position du sujet;

- quand les secours médicaux ne peuvent pas se rendre sur les lieux et qu'il est nécessaire de transporter le sujet vers un centre médical;

- quand l'état du sujet permet son transport sans risque de danger grave;

- quand il est possible de soutenir et d'immobiliser le sujet pendant son déplacement.

S'il faut déplacer le sujet, il importe de choisir la méthode qui lui offrira le maximum de protection et comportera le minimum de risques pour le secouriste. Une blessure subie pendant les manoeuvres de sauvetage peut vous empêcher de porter secours aux autres victimes.

Le secouriste présent sur les lieux d'un accident s'expose à un certain nombre de dangers. Certains sont décrits au chapitre 1. Le risque le plus courant est l'élongation musculaire, résultant généralement d'un non respect des principes de mécanique corporelle pour soulever ou déplacer les accidentés. L'observation des techniques de relevage décrites au chapitre 17 permettra d'éviter de telles blessures.

SAUVETAGE

Le sauvetage, c'est le déplacement d'un blessé ou d'un malade sur une distance aussi courte que possible, afin de le soustraire au danger et de lui prodiguer des soins d'urgence. Le sauvetage va du simple relevage à l'immobilisation ou au dégagement du blessé, et cela souvent dans une situation urgente et dangereuse. Il n'est pas toujours possible de bien soutenir les parties atteintes. Le secouriste doit évaluer les risques et prendre les décisions qui lui paraissent les meilleures.

DÉGAGEMENT

Il arrive souvent qu'au cours d'un accident, les victimes soient ensevelies ou incapables de se libérer. On procède alors à une manoeuvre appelée "dégagement". Au cours du sauvetage, le secouriste doit soutenir le blessé du mieux qu'il peut et, si possible, soigner et immobiliser les blessures qui peuvent être traitées sur place. S'il soupçonne des blessures au dos ou au cou, il devra alors immobiliser le tronc, le cou et la tête au moyen d'une planche dorsale (voir chap. 16). Si le blessé est assis, on peut utiliser une planche dorsale courte.

LA PLANCHE DORSALE COURTE

L'utilisation de la planche dorsale courte nécessite au moins deux sauveteurs. L'un d'eux soutient le cou et la tête du blessé dans un axe rigide, jusqu'à ce que l'immobilisation soit complète. Le deuxième prépare la planche dorsale courte en glissant des bandes larges ou des courroies dans les trous aménagés à cet effet sur les bords de la planche. On passe les bandes ou les courroies derrière la planche et on les noue temporairement sur un des côtés.

Pendant que le premier secouriste soutient fermement le blessé, le deuxième place la planche dorsale le long du dos, l'extrémité inférieure plus basse que le bassin et l'extrémité supérieure atteignant au moins le sommet de la tête. Toutes les courbes naturelles doivent être rembourrées, surtout au niveau du cou, pour que celui-ci et la tête demeurent dans la position dans laquelle ils ont été blessés. On place du rembourrage de chaque côté de la tête pour empêcher toute rotation.

La tête est maintenue en contact avec la planche au moyen d'une bande étroite autour du front et d'une bande large autour du menton. Les bras du blessé reposent sur ses flancs. Attacher la poitrine à la planche au moyen de l'une des bandes ou courroies préparées. La partie inférieure du tronc est assujettie avec une autre courroie ou bande.

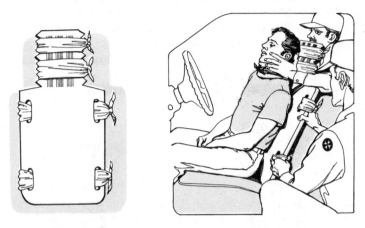

Fig. 28-1 Planche dorsale courte préparée

Fig. 28-2 Planche dorsale courte en place

On peut alors dégager le blessé hors de l'automobile ou le déplacer du lieu de l'accident. Quand on le soulève, ne pas insérer les mains dans les fentes réservées aux courroies. Ceci pourrait aggraver sérieusement les blessures. Les sauveteurs doivent supporter le poids-du sujet avec leurs bras et leurs mains pour ne pas faire bouger la planche.

LE DÉGAGEMENT D'URGENCE

Si la situation est très dangereuse et pressante et qu'un seul sauveteur doive déplacer un blessé en position aissise sans l'aide d'une planche dorsale courte, procédez de la manière suivante :

- dégagez les pieds s'ils sont coincés dans les débris de la voiture et déplacez-les vers le point de sortie;

- glissez un avant-bras sous l'aisselle du blessé, du côté du point de sortie, en soutenant son menton de votre main;

- inclinez la tête de l'accidenté délicatement vers l'arrière pour la soutenir de votre épaule tout en maintenant le cou aussi rigide que possible;

- glissez l'autre avant-bras sous l'aisselle opposée et saisissez le poignet du sujet se trouvant du côté du point de sortie;

- en prenant soin de bien garder votre équilibre, pivotez avec le blessé dont le cou devra rester aussi rigide que possible;

- transportez l'accidenté à la distance nécessaire pour échapper au danger, en infligeant le moins possible de torsion et de flexion à la colonne vertébrale.

Fig. 28-3(a) Soutien en vue du dégagement

Fig. 28-3(b) Déplacement d'urgence – sujet en position assise

Déplacement d'urgence

La méthode du déplacement d'urgence consiste à traîner la victime en lieu sûr tout en lui assurant le maximum de protection à la tête et au cou. Parce qu'il y a risque réel d'aggraver les blessures, le déplacement d'urgence ne doit être utilisé que lorsque la vie du sujet est en péril.

Dans la section précédente consacrée au dégagement d'urgence, on a décrit la méthode de déplacement pour une victime en position assise.

Cette méthode peut aussi être utilisée en présence d'une victime étendue sur le dos.

Pour ce faire, tenez-vous debout à la tête de la victime, face à ses pieds. Accroupissez-vous de façon à pouvoir saisir les vêtements de la victime au niveau des épaules. Soutenez sa tête entre vos avant-bras afin de prévenir toute rotation (mouvement d'un côté à l'autre) et toute flexion (inclinaison vers l'avant). Reculez lentement et traînez la victime en veillant à ne la transporter qu'à la distance nécessaire pour échapper au danger. Si le temps le permet, attachez les mains de la victime ensemble au travers de sa poitrine avant de la mouvoir. Si vous devez déplacer une victime dans des escaliers, saisissez-la sous les bras, soutenez sa tête et son cou contre votre poitrine et descendez les marches à reculons sur vos genoux.

Fig. 28-4 Déplacement d'urgence

LES TRANSPORTS IMPROVISÉS

Ces méthodes sont utilisées pour transporter d'urgence le blessé vers un abri peu éloigné, pour le soustraire à un danger ou pour lui permettre d'atteindre un endroit où il bénéficiera d'un meilleur moyen de transport. Ces méthodes nécessitent un, deux ou trois sauveteurs.

La béquille humaine

Vous pouvez utiliser votre corps comme béquille pour aider un blessé à marcher. Vous devez soutenir de vos épaules le poids du côté blessé en saisissant le poignet du sujet et en plaçant son bras autour de votre cou. En vous servant de l'autre bras, soutenez le dos du blessé et agrippez ses vêtements ou sa ceinture à la taille. Dites-lui de commencer à marcher en même temps que vous en partant du pied qui se trouve au centre. Cela vous permettra de soutenir le poids du sujet du côté du pied atteint. Le blessé pourra également s'aider d'une canne.

Fig. 28-5 La béquille humaine

La méthode à dos

On utilise la méthode à dos pour transporter le sujet conscient qui a subi des blessures aux membres inférieurs, mais qui peut se servir de ses bras.

Fig. 28-6 Méthode à dos   *Fig. 28-7 Méthode à dos avec siège*

Il doit pouvoir s'agripper au sauveteur ou du moins être assis sur une chaise ou une table. Accroupissez-vous entre ses genoux et assurez-vous qu'il s'agrippe fermement autour de votre cou. Soutenez les jambes du sujet de vos avant-bras et soulevez en vous servant des muscles des cuisses et des jambes. Gardez le dos droit.

Si le trajet s'annonce long, vous pouvez improviser un siège pour le blessé. Il s'agit alors de faire au moyen d'une courroie ou de ceintures un long anneau ajustable, d'y enfiler un bras comme si on mettait une veste et de placer la surface plate de l'anneau derrière la nuque; on passe alors l'autre bras dans l'anneau qui tombe librement jusqu'au niveau des fesses. Les jambes du blessé sont glissées dans cette partie inférieure de l'anneau de chaque côté du secouriste. L'anneau forme une sangle sur laquelle s'asseoit le blessé; le secouriste en ajuste la longueur afin que le poids soit bien distribué et que la position soit confortable pour le transport. Le blessé doit s'agripper autour du cou du secouriste; celui-ci peut libérer ses mains en terrain accidenté.

Transport dans les bras

C'est une méthode qui peut servir au transport des enfants et des personnes de poids léger. Demandez au blessé de vous entourer le cou de son bras le plus proche. Glissez un avant-bras sous les genoux du sujet et l'autre, sous ses aisselles. Écartez vos pieds pour maintenir un bon équilibre et soulevez le sujet en vous servant des muscles des jambes et des cuisses, et en gardant le dos bien droit.

Fig. 28-8(a) Transport dans les bras – secouriste prêt à relever

Fig. 28-8(b) Transport dans les bras

Si le sujet est allongé sur le sol, vous devez soulever en deux étapes. D'abord, posez sur le sol le genou le plus près de la tête du sujet. Placez ensuite un bras sous ses aisselles et l'autre sous ses genoux. Soulevez maintenant jusqu'à ce que la victime puisse reposer sur le genou surélevé. En utilisant les muscles des deux jambes, levez-vous d'un mouvement continu et sans soubresauts.

Technique du pompier

Elle sert surtout au transport de personnes impotentes et qui ne sont pas trop lourdes. On peut les soulever à partir du sol en procédant de la manière suivante : faisant face au sujet, fléchissez ses genoux de manière à ce que ses talons rejoignent ses fesses; puis placez vos pieds et ceux du blessé bout à bout. Saisissez ensuite ses poignets et levez-le vers vous. En ne lâchant pas prise, pivotez et penchez-vous pour faire passer le haut du corps du sujet au travers de vos épaules.

Fig. 28-9(a) Technique du pompier – position de départ

Fig. 28-9(b) Technique du pompier – position de relevage

D'un mouvement sans secousses et continu, levez progressivement le sujet pour qu'une fois debout, vous puissiez le faire passer sur vos épaules.

Inclinez-vous pour bien équilibrer son poids et pour placer ses jambes à califourchon sur votre épaule. Passez le bras entre ses jambes et saisissez son poignet. Ce geste stabilise la position du blessé sur vos épaules et laisse votre autre main libre.

Fig. 28-9(c) Technique du pompier

TRANSPORT À DEUX SECOURISTES

Quand un secouriste fait appel à des passants pour aider au déplacement d'un blessé, il lui incombe de respecter les principes suivants :

- il doit demeurer responsable du malade ou du blessé;

- il doit informer précisément la personne non initiée de ce qu'elle doit faire et des précautions à prendre pour la sécurité du blessé;

- il doit coordonner les gestes de sauvetage avec des ordres clairs et précis comme par exemple, "Attention pour lever. Levez". Le secouriste doit expliquer ce que veulent dire les ordres et même démontrer à l'avance les gestes qu'il faudra exécuter.

Le siège à quatre mains

Pour transporter le sujet conscient et capable de tenir le haut de son corps droit, deux secouristes peuvent former un siège à quatre mains en joignant les mains et les poignets. Chaque secouriste saisit son poignet gauche de la main droite et saisit ensuite de la main gauche le poignet droit de l'autre secouriste pour former un siège solide à quatre mains.

Le siège à quatre mains est placé sous les fesses du sujet, qui s'est soulevé en prenant appui sur les épaules des secouristes, puis est glissé jusqu'à l'arrière de ses genoux pour bien répartir le poids. Le malade ou le blessé garde son équilibre en entourant, avec ses bras, les épaules des secouristes. Ceux-ci commencent à marcher en même temps, en partant du pied qui est au centre.

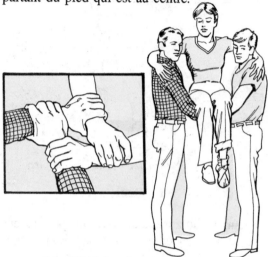

Fig. 28-10 Le siège à quatre mains

Le siège à deux mains

Si le sujet est incapable de tenir le haut de son corps droit, deux secouristes peuvent le transporter par la méthode du siège à deux mains. Les secouristes, accroupis, se placent de chaque côté du sujet. Un léger rembourrage ou un mouchoir plié est placé entre les doigts repliés des mains qui vont former le siège; au niveau des fesses du sujet, chaque secouriste recourbe les doigts d'une main et les accroche solidement à ceux de son partenaire. De leur main libre, ils em-

Fig. 28-11(a) Position des mains – siège à deux mains

poignent les vêtements ou la ceinture du sujet à la taille en croisant leurs bras dans son dos. Les deux secouristes soulèvent le sujet en gardant le dos bien droit et en se servant des muscles des jambes et des cuisses. Le secouriste responsable dirige l'opération de ramassage avec les ordres : "Attention pour lever. Levez". Une fois debout, ils ajustent la position de leur bras sur le dos du sujet et commencent à marcher avec le pied qui est au centre.

Fig. 28-11(b) Le siège à deux mains – agripper et relever

Fig. 28-11(c) Le siège à deux mains

La chaise

La méthode de la chaise est surtout utile pour transporter une personne, consciente ou non, dans d'étroits couloirs ou pour monter ou descendre un escalier; elle requiert deux secouristes. Si le sujet est inconscient ou sans force, on doit alors attacher son torse et ses bras au dossier de la chaise avec une bande étroite.

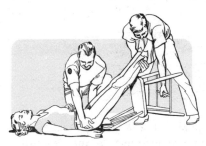

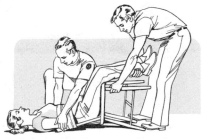

Fig. 28-12(a) La méthode de la chaise – position de la chaise

Fig. 28-12(b) La méthode de la chaise – immobilisation du sujet

Pour placer sur une chaise une personne qui est inconsciente et allongée sur le sol, on soulève ses jambes et on glisse le dossier de la chaise sous ses jambes, ses fesses et son dos. Après lui avoir attaché le torse au dossier de la chaise, on fait pivoter le siège pour le redresser.

Deux sauveteurs orientés dans la même direction, un devant et l'autre derrière, transportent la chaise; celui qui est derrière s'accroupit et agrippe les pieds de la chaise juste en bas du siège; celui qui est devant s'accroupit pour saisir les pieds de la chaise presque au niveau du sol. Le secouriste responsable peut alors diriger le mouvement de levée. Les sauveteurs ne marchent pas au pas.

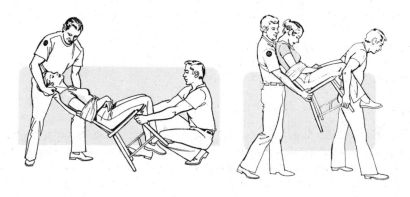

Fig. 28-12(c) La méthode de la chaise – redressement de la chaise

Fig. 28-12(d) La méthode de la chaise

Pour descendre, le blessé ou le malade doit faire face à l'escalier. Les secouristes s'assurent d'une bonne prise; celui qui est devant descend à reculons. Il serait prudent d'avoir une troisième personne pour guider, et peut-être assister, le secouriste qui pourrait trébucher.

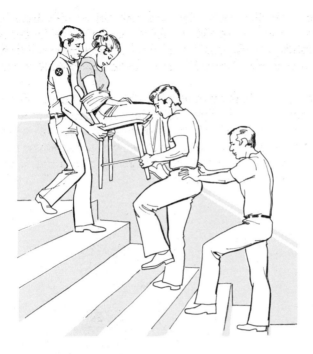

Fig. 28-12(e) La méthode de la chaise – descente d'un escalier

Déplacement par les extrémités

Faute de chaise, si le sujet ne souffre pas de fractures ou de blessures graves du tronc, deux secouristes peuvent le transporter par les jambes et les bras. L'un d'eux passe ses bras sous les aisselles du sujet, saisit ses poignets et les croise sur la poitrine. Le deuxième secouriste, accroupi de dos entre ses genoux, empoigne chaque jambe, juste en haut des genoux. Le mouvement de levée se fait sous la direction du secouriste responsable. À l'ordre "Avancez", ils commencent à marcher en partant du même pied. Pour le confort du sujet, il est préférable de ne pas marcher au pas.

Fig. 28-13 Déplacement par les extrémités

TRANSPORT

Dans certaines situations, il est impossible d'alerter les secours médicaux ou il peut leur être impossible de se rendre sur les lieux de l'incident. Dans un tel cas, le secouriste doit organiser le transport du blessé ou du malade à un centre médical; si celui-ci est incapable de marcher, ou si son état requiert un transport sans heurts, on doit alors se servir d'un brancard.

BRANCARDS

Le brancard est soit fait commercialement soit improvisé. Le plus courant des brancards vendus dans le commerce est constitué de deux hampes qui retiennent une surface de toile. À chaque extrémité, il y a une traverse à charnière qui, une fois tendue, maintient le brancard ouvert.

Brancards improvisés

On peut improviser un brancard au moyen d'une porte, d'une table ou de deux longs bâtons et d'une couverture. Il faut s'assurer que le brancard improvisé, s'il s'agit d'une porte, puisse passer par toutes les issues (portes, corridors). Quel que soit le type de brancard utilisé, on doit bien vérifier s'il sera assez solide pour supporter le poids du malade ou du blessé.

Fig. 28-14 Brancard de toile à hampes rigides

Voici comment improviser un brancard au moyen de deux longs bâtons et d'une couverture : placez un des bâtons au tiers de la couverture et rabattez l'extrémité par-dessus le bâton; placez le deuxième bâton à environ 15 centimètres du bord rabattu; rabattez l'autre extrémité par-dessus les deux bâtons. Le poids du sujet sur la couverture gardera le tout en place pour former un brancard non rigide. Ce type de brancard n'est pas recommandé pour le transport de victimes chez qui l'on soupçonne des blessures au dos et au cou.

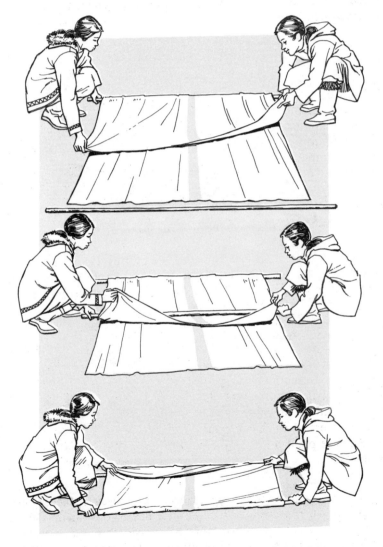

Fig. 28-15 Brancard improvisé avec une couverture

On peut aussi improviser un brancard non rigide à l'aide de deux manteaux et de deux bâtons. Boutonnez ou remontez la glissière des manteaux et rentrez les manches à l'intérieur. Placez les manteaux sur le sol, la bordure supérieure d'un manteau contre la bordure inférieure de l'autre. Glissez les bâtons dans les manches des deux manteaux pour former le brancard. Si la victime est grande, préparez un autre manteau en procédant de la même façon que précédemment et ajoutez-le au brancard, la bordure supérieure en premier.

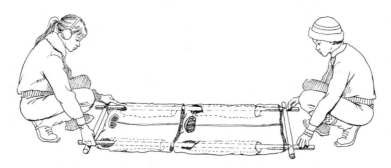

Fig. 28-16 Brancard improvisé au moyen de manteaux

Des sacs et des bâtons peuvent aussi être utilisés. Percez des petites ouvertures dans les coins inférieurs de deux sacs de céréales ou de pommes de terre. Étendez les sacs sur le sol, les ouvertures bout à bout. Passez les bâtons dans les ouvertures de chaque côté pour obtenir un brancard. Un troisième sac, ouverture en premier, peut être ajouté pour les victimes de grande taille.

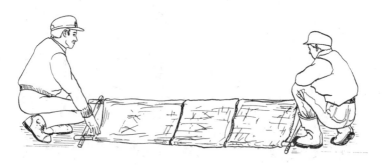

Fig. 28-17 Brancard improvisé au moyen de sacs

Si vous avez le temps et le matériel nécessaire, utilisez deux baguettes de bois assez longues pour garder les bâtons éloignés l'un de l'autre sur la largeur. Glissez les baguettes dans chaque ouverture et nouez-les aux deux extrémités.

Demandez à une personne du même poids que la victime, ou plus lourde, de vérifier si le brancard est assez solide. Cela rassurera la victime et évitera qu'un accident se produise. Les brancards non rigides sont contre-indiqués pour les victimes chez qui l'on soup-çonne des blessures au dos et au cou.

DISPOSITION DES COUVERTURES SUR LE BRANCARD

On peut se servir d'une ou deux couvertures pour tenir au chaud le blessé ou le malade transporté sur un brancard. Les deux méthodes suivantes offrent un maximum de chaleur et un minimum de poids; elles permettent aussi d'exposer facilement le siège des blessures au besoin durant le déplacement. Si d'autres couvertures sont dis-ponibles, une couverture pliée à la dimension du brancard peut être placée sous la couverture qui enveloppe le sujet. Une autre, pliée en deux, peut recouvrir le sujet déjà enveloppé d'une première couverture.

Une seule couverture

Quand on se sert **d'une seule couverture,** il faut la placer en diago-

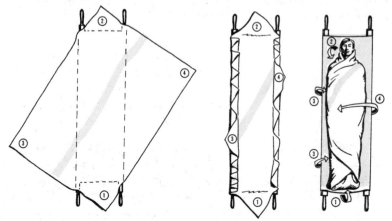

Fig. 28-18 Brancard avec une couverture

nale sur le brancard et relever les pans qui pourraient traîner sur le sol (voir figure 28-18). Après avoir installé le sujet au centre de la couverture, on doit rabattre la pointe inférieure (1) sur ses pieds en la ramenant entre ses chevilles; la pointe supérieure (2) recouvre sa tête et est insérée à la poitrine.

On enroule ensuite le pan (3) de la couverture autour du sujet, que l'on glisse sous lui et, avec le deuxième pan (4), on répète le même geste.

Deux couvertures

La préparation du **brancard avec deux couvertures** se fait de la façon suivante : la première couverture, entièrement déployée mais non centrée, est placée en largeur sur le brancard, le haut dépassant la toile de celui-ci pour permettre de recouvrir la tête du sujet, ce qui représente habituellement la moitié ou les trois quarts de la longueur totale des hampes.

La deuxième couverture est pliée en trois sur la longueur et placée assez bas sur le brancard pour permettre d'envelopper les pieds du sujet. Ouvrir les pointes de la couverture au pied du brancard sur une longueur de 60 cm environ.

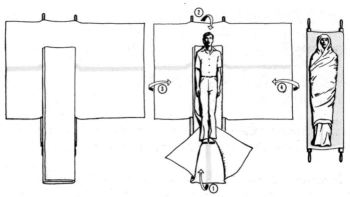

Fig. 28-19 Brancard avec deux couvertures

Les pans (3 et 4 de la figure 28-18) de la première couverture sont pliés en éventail jusqu'aux bords du brancard, pour recevoir le blessé ou le malade. Une fois le sujet installé sur le brancard, couvrez ses pieds et rembourrez entre ses chevilles avec les pointes (1) de la couverture.

Ramenez le pan supérieur (2) de la première couverture sur la tête et les épaules du sujet. Ramenez le côté le moins large (3) sur le tronc et les cuisses du sujet en l'enroulant bien autour du sujet. Pour compléter l'installation, enroulez le pan le plus large (4) autour du sujet pour que la couverture ne puisse s'ouvrir.

INSTALLATION SUR LE BRANCARD

L'installation du blessé ou du malade sur le brancard peut se faire avec quatre ou trois porteurs. Les principes de relevage et d'installation sur un brancard sont les suivants :

- avant de procéder à l'installation du blessé sur un brancard, il faut s'assurer que les premiers soins ont été administrés et que les blessures ont été immobilisées;

- on doit apporter le brancard, préparé à l'avance, (rembourrage et couvertures) vers le blessé plutôt que de transporter le blessé jusqu'au brancard;

- le secouriste responsable se place là où il pourra surveiller les régions du corps les plus vulnérables, ordinairement la tête et les épaules du blessé;

- le secouriste responsable explique clairement la manœuvre aux autres porteurs. Si le déplacement s'annonce difficile et si le temps le permet, le secouriste organisera une répétition générale avec quelqu'un qui jouera le rôle du blessé. Cet exercice réduit la possibilité de faux mouvements et rassure la victime toujours consciente;

- le secouriste responsable dirige les manœuvres et coordonne les mouvements à l'aide de commandements clairs.

Le relevage sur couverture avec quatre porteurs

Quatre porteurs peuvent placer un blessé sur un brancard à l'aide d'une couverture ou d'une carpette, de la manière suivante :

- rouler la moitié de la couverture ou carpette dans le sens de la longueur. Placer la partie roulée près du sujet;

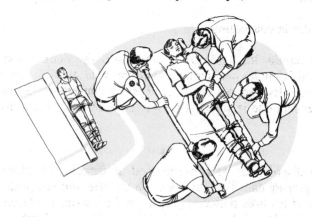

Fig. 28-20(a) Le blessé est placé sur une couverture

- deux porteurs soutiennent fermement la tête et les pieds pendant que le secouriste responsable et un porteur font pivoter le sujet sur le côté en respectant l'axe rigide tête-cou-tronc; il faut se conformer à l'axe naturel du corps sans plier ou tordre le cou ou le tronc;

- placer la partie roulée de la couverture sous le dos du sujet;

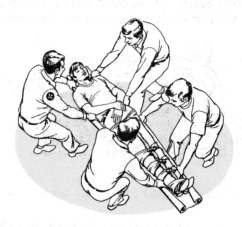

Fig. 28-20(b) Le relevage sur couverture avec quatre porteurs

● faire rouler le sujet dans le sens inverse par-dessus la couverture roulée;

● dérouler la couverture.

On roule ensuite les bords de la couverture, des deux côtés; les porteurs saisissent les bords roulés au niveau de la tête et des épaules et au niveau des hanches et des jambes. La couverture doit rester tendue pendant que le sujet est soulevé et placé sur le brancard.

La méthode à quatre porteurs, sans couverture

Si on ne dispose pas de couverture ou de carpette, on place un brancard préparé dans l'axe du sujet, soit à la tête, soit aux pieds. Le secouriste et les trois porteurs, genou gauche à terre, se placent de chaque côté du blessé. Le secouriste se tient au niveau de la tête et des épaules, le porteur n° 2 se place à côté du secouriste, au niveau des hanches du sujet; le porteur n° 3, près des jambes, toujours du même côté. Le porteur n° 4 se place de l'autre côté du tronc et des hanches; c'est lui qui joindra ses mains à celles du secouriste et du porteur n° 2; il positionnera également le brancard sous le blessé, quand le secouriste lui en donnera l'ordre.

Le secouriste indique aux trois porteurs où ils doivent placer leurs mains et leurs avant-bras, et leur explique quelles précautions prendre. Il démontre également comment joindre les mains, les doigts repliés en crochet, avant de commencer la manoeuvre.

Fig. 28-21(a) Méthode à quatre porteurs – position pour relever

Le secouriste glisse une main sous la nuque du sujet et agrippe l'épaule opposée. Il glisse son autre main sous le dos du blessé pour la joindre à celle du porteur n⁰ 4. Le porteur n⁰ 2 glisse une main sous les reins pour rejoindre celle du porteur n⁰ 4; il place son autre main sous les cuisses. Le porteur n⁰ 3 glisse ses mains sous les cuisses et les jambes.

Quand le secouriste s'est assuré que tous les porteurs tiennent et supportent fermement le sujet, il les avertit: "Attention pour lever", puis leur donne l'ordre : "Levez". Le sujet est soulevé sans heurts jusqu'au niveau des genoux levés. À l'ordre "Repos", le blessé est délicatement placé sur les genoux du secouriste et des deux porteurs (n⁰ˢ 2 et 3). Le secouriste commande alors au porteur n⁰ 4 de placer le brancard contre les orteils des autres porteurs et de reprendre ensuite sa position comme porteur n⁰ 4, joignant ses mains à celles du secouriste et du porteur n⁰ 2.

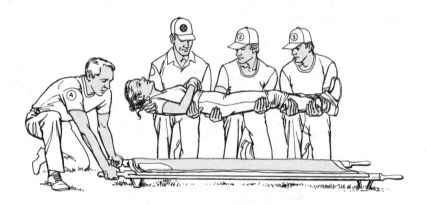

Fig. 28-21(b) Méthode à quatre porteurs – position de repos

Fig. 28-21(c) Méthode à quatre porteurs – position pour poser

Quand tout est prêt, le secouriste donne l'ordre : "Attention pour lever. Levez"; les porteurs soulèvent le blessé de leurs genoux. À l'ordre : "Attention pour poser. Posez", ils déposent délicatement le sujet sur le brancard.

La méthode à trois porteurs, sans couverture

Cette méthode est essentiellement la même que la méthode à quatre porteurs, à la seule différence que le secouriste et un porteur supportent le sujet d'un côté. Le troisième porteur, de l'autre côté, joint ses mains à celles du secouriste, soutenant ainsi la tête et le tronc. Le sujet est soulevé, supporté par les genoux des porteurs pendant que le brancard est mis en position, puis le porteur n° 3 joint de nouveau ses mains à celles du secouriste pour aider les deux autres à déposer le sujet sur le brancard.

Fig. 28-22 Relevage à trois porteurs

BRANCARDAGE

Le brancard se transporte par équipe de deux ou de quatre porteurs. Le secouriste décide de la méthode à suivre et informe les porteurs de leur rôle. Le secouriste responsable se place de façon à pouvoir observer le blessé et coordonner en même temps les mouvements des porteurs. Si l'équipe de porteurs est complète, le secouriste responsable peut alors marcher à leur côté pour continuer à observer le sujet et diriger le déplacement du brancard.

Le plus souvent, on transporte les blessés et les malades les pieds en premier; toutefois, certaines circonstances ou blessures exigent qu'ils soient transportés tête première :

- quand il s'agit d'une blessure aux membres inférieurs et qu'il faut descendre une longue pente ou un escalier. Dans ce cas, la position tête première réduit la pression sur les membres inférieurs ainsi que la douleur;

- pour monter une pente ou un escalier, pourvu qu'il n'y ait pas de blessures aux membres inférieurs. La position tête première réduit l'intensité du flot sanguin au cerveau et offre plus de confort;

- pour placer le brancard dans une ambulance ou pour transférer le sujet à un lit. Dans ces cas, la manoeuvre comporte moins de risques et le sujet est plus facilement observable.

Équipe de quatre porteurs

Après s'être assuré que la personne est bien retenue au brancard par des courroies, le secouriste responsable se place près de sa tête et demande aux trois autres porteurs de prendre place aux autres coins du brancard. Quand tous sont à leur poste et ont le brancard bien en main, le secouriste responsable donne l'ordre : "Attention pour lever. Levez". À l'ordre : "Avancez", ils commencent tous à marcher au

Fig. 28-23 Transport du brancard – quatre porteurs

même rythme partant du pied au centre. Quand c'est le moment d'arrêter, le secouriste responsable donne les ordres suivants : "Halte", et "Préparez-vous à poser. Posez."

Équipe de deux porteurs

Les deux porteurs, accroupis entre les poignées du brancard, font face à la route qu'ils doivent emprunter, le secouriste responsable placé à l'endroit qui lui permet d'observer le sujet. Des deux mains, chaque porteur saisit les poignées du brancard et coordonne ses mouvements en suivant les ordres du secouriste responsable, de la même manière qu'en équipe de quatre. Les deux porteurs s'entendent pour partir du même pied. Toutefois, pour que le transport se fasse en douceur, ils veilleront à ne pas marcher au pas.

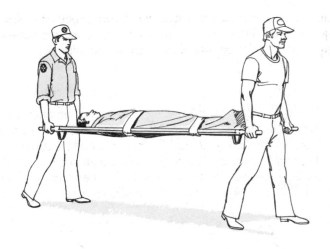

Fig. 28-24 Transport du brancard – deux porteurs

Transport sur terrains accidentés

Quand le **parcours est difficile ou cahoteux,** le brancard doit être transporté par une équipe de quatre porteurs de manière à demeurer aussi stable que possible. Ils doivent ajuster la hauteur du brancard selon les courbes du terrain. Si la distance est brève, les quatre porteurs se font alors face pour permettre d'ajuster plus facilement la hauteur du brancard.

Fig. 28-25 Transport sur terrains accidentés

Même si le trajet se trouve allongé, il faut **éviter de franchir une clôture ou un muret.** S'il est essentiel de le faire, il faut soulever le brancard sur l'obstacle à franchir jusqu'à ce que les hampes avant le dépassent quelque peu. Pendant que le brancard est maintenu à niveau par les porteurs arrière, les porteurs avant franchissent le mur. Ensemble, tous les porteurs avancent le brancard jusqu'à ce que les hampes arrière reposent sur le mur. À leur tour, les porteurs avant maintiennent le brancard à niveau pour permettre aux porteurs arrière de franchir le mur et de reprendre leur place. Les quatre porteurs abaissent le brancard et continuent leur trajet.

INDEX

Secourisme

Moi, j'aide
Un cours de secourisme et d'éveil à la sécurité qui plaira à tous les enfants de 7 à 10 ans.
S'intègre facilement aux cours du primaire (cycle moyen) et aux activités de jeunesse.

Programme pour les écoles, les collèges et les universités
Adaptation des cours Secourisme d'urgence et Secourisme général orienté vers la sécurité; les
leçons sont divisées en modules pour permettre un horaire très souple pouvant s'adapter à
n'importe quel emploi du temps. Ce programme complet de secourisme, qui comporte des
leçons déjà préparées et des moyens audio-visuels, minimise le travail de préparation du
professeur.

Priorité Survie : introduction au secourisme pour gens affairés
Dans ce cours, les étudiants apprennent les méthodes de base du secourisme, qui peuvent
s'avérer nécessaires pour sauver une vie. Des modules peuvent venir s'ajouter au cours afin de
répondre aux besoins de groupes particuliers, conducteurs et entraîneurs d'équipes sportives
entre autres.

Secourisme d'urgence - cours modulaire
Cours d'une durée de 6 heures 30 minutes composé de 5 modules obligatoires et de 16 modules
facultatifs étayés de montages audio-visuels. De par sa flexibilité, ce cours peut s'adapter aux
exigences en matière de secourisme des secteurs de l'industrie, des affaires, du gouvernement et
de l'éducation.

Secourisme général - cours modulaire
Cours approfondi d'une durée de 13 heures composé de 5 modules obligatoires et de 18
modules facultatifs étayés de 16 montages audio-visuels. Le volet RCR du cours donne droit à
un certificat de compétence de niveau Cardio-secours. De par sa flexibilité, ce cours peut
s'adapter aux besoins des secteurs de l'industrie, des affaires, du gouvernement et de l'éducation.

Secourisme avancé, niveau I
Cours qui enseigne la théorie et la pratique des techniques de secourisme à un niveau plus
avancé. Il est recommandé à tous ceux qui ont des responsabilités particulières en matière de
secourisme.

Secourisme avancé, niveau II
Cours exhaustif d'une durée de 70 heures destiné à former des préposés au secourisme en milieu
industriel.

Ambulance Saint-Jean

Cours de l'Ambulance Saint-Jean

Programme national de formation des instructeurs (PNFI)
Porte sur les principes et les méthodes que les étudiants doivent connaître pour enseigner le secourisme et la RCR. Des exercices pratiques sont inclus.

RCR

Cardio-secours
Cours d'introduction à la réanimation cardiorespiratoire (RCR) convenant au grand public et aux écoliers à partir de la 10e année. L'étudiant peut choisir le volet RCR administrée à un adulte ou RCR administrée à un enfant ou un bébé.

Soins immédiats en RCR
Cours de RCR plus complet que Cardio-secours, conçu pour des groupes spécifiques tels que dispensateurs de soins de santé et sauveteurs professionnels.

Soins de santé

Soins de santé en milieu familial
Cours qui enseigne comment prendre soin d'un malade ou d'un convalescent à la maison.

Je sais garder les enfants
Cours qui enseigne la garde des bébés, des tout-petits et des enfants d'âge préscolaire. On y met l'accent sur les urgences et les responsabilités qu'implique le gardiennage.

Le soin de l'enfant à domicile
Enseigne le soin des bébés et des enfants d'âge préscolaire. Traite des maladies infantiles bénignes. Ce cours intéressera particulièrement les parents et les moniteurs ou monitrices de garderie.

Aînés en santé
Cours présenté de façon informelle et détendue. Son objectif est de transmettre aux aînés les connaissances qui leur permettront de mener une vie saine et productive.

Soins de santé pour les aînés
Cours qui enseigne les techniques fondamentales de soins à domicile nécessaires à ceux et celles, membres de la famille, monitrices familiales et autres dispensateurs de soins, qui veillent au bien-être d'une personne âgée à domicile.

Programme national de formation des instructeurs en soins de santé
Programme qui enseigne les principes d'apprentissage et les méthodes d'enseignement dans l'optique des cours de soins de santé.

Au service
de la collectivité...

- ❋ Enrichissez-vous de connaissances précieuses du secourisme et des soins de santé.
- ❋ Mettez en pratique vos connaissances du secourisme en situation réelle.
- ❋ Soyez à l'écoute des autres et aidez-les.
- ❋ Faites de nouvelles rencontres.
- ❋ Nouez des amitiés durables.

Les membres de la Brigade servent les membres de leur collectivité lors d'événements variés, des concerts rock aux rodéos en passant par des conférences à l'intention des handicapés et des parties de hockey et de football. Vous aussi pouvez améliorer la qualité de vie dans votre communauté en rendant le milieu plus sûr et en faisant la promotion du mieux-être. Vous aurez la satisfaction de savoir que vous avez rendu service à autrui. Il y a une place pour vous dans la Brigade. Pour tout renseignement, informez-vous auprès de votre instructeur ou communiquez dès aujourd'hui avec le bureau de l'Ambulance Saint-Jean de votre localité.

...Joignez-vous à la Brigade.

Ambulance Saint-Jean

TROUSSES DE SECOURISME OFFICIELLES

Vous avez les techniques... et la trousse alors?

TROUSSE DE SECOURISME GÉNÉRAL*

Cette trousse souple et coussinée peut être placée en toute sécurité dans la voiture, le bateau ou l'avion. Elle peut même servir d'oreiller.

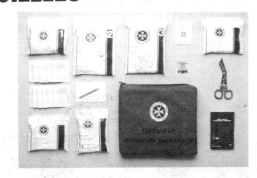

TROUSSE DE SECOURISME D'URGENCE

Cette trousse est idéale pour les cyclistes, les amateurs de randonnées pédestres et les travailleurs de la construction.

...pour plus de détails, voyez votre instructeur.

Conseils provinciaux
Saint-Jean

Territoires du Nord-Ouest
C.P. 2640
Yellowknife, X1A 2P9
(403) 873-5658

Colombie-Britannique
6111, rue Cambie
Vancouver, V5Z 3B2
(604) 321-2651

Alberta
10975, 124e rue
Edmonton, T5M 0H9
(403) 452-6565

Saskatchewan
2625, 3e avenue
Regina, S4T 0C8
(306) 522-7226

District fédéral
30, Driveway
Ottawa, K2P 1C9
(613) 236-3626

Québec
405, boul. de Maisonneuve est
Montréal, H2L 4J5
(514) 842-4801

Manitoba
535, rue Doreen
Winnipeg, R3G 3H5
(204) 774-1851

Ontario
46, rue Wellesley est
Toronto, M4Y 1G5
(416) 923-8411

Nouveau-Brunswick
C.P. 3599, succursale "B"
Fredericton, E3A 5J8
(506) 458-9129

Nouvelle-Écosse
88, rue Slayter
Dartmouth, B3A 2A6
(902) 463-5646

Île-du-Prince-Édouard
C.P. 1235
Charlottetown, C1A 7M8
(902) 368-1235

Terre-Neuve
C.P. 5489
St-Jean, A1C 5W4
(709) 726-4200

Ambulance Saint-Jean

Qu'en pensez-vous?

Le matériel de formation de l'Ambulance Saint-Jean, y compris le présent manuel de secourisme, fait l'objet d'une mise à jour permanente afin de refléter l'évolution des techniques de premiers soins et du marché.

Nous, du Siège national, savons reconnaître la valeur de vos observations, réflexions et opinions. Si vous désirez faire quelque commentaire sur le présent manuel ou sur tout autre document, matériel, cours ou service offert par l'Ambulance Saint-Jean, utilisez l'espace ci-dessous.

_____

_____

_____

_____

_____

_____

_____

_____

_____

_____

_____

_____

_____

_____

_____

_____

_____

_____

_____

_____

_____

Siège national de l'Ambulance Saint-Jean
a/s de l'agent des publications
312, avenue Laurier est
C.P. 388, succursale "A"
Ottawa (Ontario)
K1N 8V4